王莽 我理想中的天下

令狐马 著

中国国际广播出版社

图书在版编目（CIP）数据

王莽：我理想中的天下 / 令狐马著. —北京：中国国际广播出版社，2020.1
ISBN 978-7-5078-4589-1

Ⅰ.①王… Ⅱ.①令… Ⅲ.①王莽（约前45-23）－政治思想－研究 Ⅳ.①D092.341

中国版本图书馆CIP数据核字（2019）第290038号

王莽：我理想中的天下

著　　者	令狐马
责任编辑	高　婧　张娟平
版式设计	国广设计室
责任校对	张　娜
出版发行	中国国际广播出版社［010-83139469　010-83139489（传真）］
社　　址	北京市西城区天宁寺前街2号北院A座一层 邮编：100055
网　　址	www.chirp.com.cn
经　　销	新华书店
印　　刷	天津市新科印刷有限公司
开　　本	710×1000　1/16
字　　数	300千字
印　　张	21
版　　次	2020年4月 北京第一版
印　　次	2020年4月 第一次印刷
定　　价	49.00元

欢迎关注本社新浪官方微博
官方网站 www.chirp.cn

版权所有
盗版必究

序言

  本书所讲的，是两千年前、公元元年前后发生在这片土地上的历史。有关汉朝的通俗历史作品，除了汉高祖和汉武帝的较多，其余皇帝的并不多见，至于两汉之间的新莽（包括王莽前面的元、成、哀、平皇帝）更是少得可怜。这段历史更多是作为西汉到东汉的过渡桥段出现。

  但谈论中国历史又很难忽略王莽，他的"新"王朝虽然只存在了十五年，你评价它时却不能像对待其他短命王朝那般一笔带过。这都是因为在这十五年间王莽开展了一场轰轰烈烈的涉及政治、经济、文化、社会等方方面面的改革。其理念之超前令许多人叹服，后人甚至戏称他是个"穿越者"，其改革的得失成败至今仍被人讨论和研究。

  王莽是中国历史上第一个通过和平手段当上皇帝的人，他推行的土地国有化改革、货币改革、计划经济等，理念都很好，也的确对广大贫苦百姓有益，如果成功了，很可能改变中国的历史，可是在当时为何变成一地鸡毛呢？

  王莽在登基之前好评如潮，他建立的"新"王朝曾给了百姓们很大希望，可这个"新"王朝为何只存在了短短十五年就消亡了呢？王莽做错了什么，导致老百姓对他由爱戴变为愤恨，人们不但要对他群起而攻，甚至要在其死后生啖其肉。王莽那些看上去很美的改革究竟有何漏洞，他之失败又有哪些原因呢？

  回顾那段历史会发现，在王莽家族崛起的过程中伴随着西汉政权的衰亡。大汉帝国的国力在汉宣帝手中达到顶峰，然而宣帝之后仅过了五十多年这个政权就消亡了，西汉统治者做错了什么，将那么强大的国力消耗殆尽呢？

这个过程中的元帝、成帝、哀帝和平帝，你也许并不熟悉他们，但许多发生在那时候的故事你是知道的：

流传千古的昭君出塞，那是汉元帝时代的故事，不过有两个版本；那句流传甚广的"犯强汉者，虽远必诛"，其实是陈汤给上级领导写的上报材料中的话；人们熟知的"燕瘦环肥"，那个"燕"，就是汉成帝的皇后，人们称之为赵飞燕的；甚至还有一些污糟的东西，比如断袖之癖——发生在汉哀帝和董贤之间的故事，出自《汉书·佞幸传》……

王莽是个极具争议的人物，后人对他毁誉参半。赞美者，说他"不失为中国史上最有胆识的一位政治家"（翦伯赞《秦汉史》）；"所施行则经纬万端"（吕思勉《秦汉史》）；"王莽所从事的是一项惊天动地的全面社会大革命"（柏杨《柏杨曰：读通鉴·论历史》）……批评者说"王莽的政治，完全是一种书生的政治"（钱穆《国史大纲》）；"他的政策只不过是为兼并土地、高利贷剥削和奴隶制残余的存在加上一层伪装而已"（安作璋《秦汉史十讲》）；"这些改制的依据，不是现实的实际需要，而是儒家经典和一些符命图谶，所以它们便很少有实际作用和意义，多数只是徒自增加混乱与麻烦而已"（罗琨、张永山《中国军事通史（第五卷）》）……不同的人对王莽的评价可谓天差地别。那么，当我们看到同样的史料时，会如何评价王莽和王莽的改革呢？

亲爱的读者朋友们，这是一本全面讲述王莽及其时代的作品。翻开它，除了可看到他由弱而强、代汉立新、最终覆灭的整个过程，还会在翻阅的同时，与作者一同走进那个时代，思考那一切背后的深层原因，想一想倘若换成自己，会不会比当事人更加高明。人们能在看到真实的历史后，对历史事件做出自己的评判；还能看到一个鲜活的、复杂的王莽，看到他为了理想中的天下，做过哪些努力……

令狐马

2019 年 11 月

目录

【第一章】 昆阳之战
1　动乱 ———— 001
2　溃败 ———— 003

【第二章】 百姓暴动
1　起事 ———— 011
2　平乱 ———— 015
3　舆论 ———— 020

【第三章】 追根溯源
1　红衣 ———— 025
2　太子 ———— 030

【第四章】 王氏崛起
1　五侯 ———— 035
2　权斗 ———— 040
3　反杀 ———— 044
4　王凤 ———— 051
5　诸舅 ———— 056

【第五章】 外戚势力

1. 皇后 —— 061
2. 帝陵 —— 065
3. 告状 —— 068
4. 接班 —— 070

【第六章】 燕啄皇孙

1. 天象 —— 073
2. 飞燕 —— 075
3. 文妖 —— 078
4. 治国 —— 086
5. 成帝 —— 090

【第七章】 哀帝之哀

1. 名分 —— 104
2. 换人 —— 112
3. 朱博 —— 118
4. 冤案 —— 125
5. 封侯 —— 129
6. 断袖 —— 136
7. 哀帝 —— 145

第八章 改朝换代

1. 夺权 — 153
2. 安汉 — 161
3. 宰衡 — 167
4. 摄政 — 172
5. 新朝 — 178
6. 元后 — 184

第九章 新莽改制

1. 新政 — 190
2. 王田 — 196
3. 经济 — 200
4. 混乱 — 208
5. 官爵 — 212

第十章 边疆各族

1. 郅支 — 220
2. 豪言 — 227
3. 陈汤 — 238
4. 出塞 — 242
5. 换印 — 247

6	索地	249
7	积怨	252
8	对峙	257
9	夜郎	264

【第十一章】 穷途末路

1	困兽	272
2	终结	278
3	更始	283
4	赤眉	289
5	东汉	296

附：理想主义者王莽和他的短命王朝 303

本书主要历史大事件 319

主要参考书目 324

第一章 昆阳之战

> 当此之时,汉军呼声震天,无不以一当十,对着那没有统一指挥的庞大军团不断冲击、切割、围歼。那围住昆阳的士卒成了乌合之众,大声呼号,毫无章法,只顾逃命。他们一面被汉军追杀,一面相互践踏,死者不计其数,路上到处都是尸体。

1. 动乱

公元 23 年,是新王朝皇帝王莽取代汉、建立新朝的第十五个年头,二月的一天,他得到消息:不久前,在宛县(今河南省南阳市)城外的淯水河畔举行了一场登基大典,妄称天子的人叫刘玄,建的政权是他之前取代的汉。那些人装模作样,大赦天下,将此年,也就是地皇四年改称更始元年,还东施效颦,弄了一堆狗屁不通的官职,封给了一帮阿猫阿狗:刘玄的叔叔刘良为国三老,王匡为定国上公,王凤为成国上公,朱鲔为大司马,刘縯(字伯升,也叫刘伯升)为大司徒,陈牧为大司空……其余人不是将军,就是九卿。

他也听说了一些现场的情况,觉得有些滑稽。那个刘玄,面对台下密密麻麻、向他高呼万岁的将士，居然羞愧不已：他面红耳赤，汗流浃背，想说点什么，可是张了张嘴说不出来，又颤颤巍巍举起手，也不知道做个什么手势，最终放下（《后汉书·刘玄刘盆子列传》：羞愧流汗，举手不能言）。

但王莽轻松不起来。不论刘玄如何可笑，人家总是把事情搞完了，他们的十余万军队刚刚击败他派往前线的将领，正围住宛县，还在不停地攻占地盘。

何况他的危机不仅是刘玄的汉军。

在青州、徐州、兖州①等地，落草为寇者数不胜数，其中最厉害的，是以樊崇为首的赤眉军，人数已达数十万，数量上远超汉军。不仅东部，就连天子脚下的京畿地区，也是民变纷起，盗贼如麻（《汉书·王莽传》：三辅盗贼麻起）。

面对要推翻自己的各路武装，王莽是忧愁的（《汉书·王莽传》：莽闻之忧惧）。但作为皇帝，必须给群臣百官做出一副临危不乱的样子，好让大家觉得自己心中有数，根本就没把刘玄那一帮人放在眼里，只当他们是跳梁小丑罢了。

两年前，王莽的结发妻子去世，他一直没有续弦，如今为了显示淡定和王朝的雄厚实力，他把杜陵史氏姑娘纳为新的皇后，出资三万斤黄金作为聘礼，还有耗资数以亿计的车马、奴婢、布帛、珍宝等。

他把这次婚礼看得很重。其时六十九岁的他，须发已白，但为了看起来年轻健康有精神，他把胡子和头发都染黑了。婚礼当天，还亲自跑到前殿的台阶上迎接皇后。他又以这次婚礼为契机，加强后宫管理，给所有后宫嫔妃分了等级，数量以三的幂次方增加：三个和人，地位等同

---

① 汉末到王莽时期，天下被分为十二个州：冀州、兖州、青州、徐州、扬州、荆州、豫州、益州、雍州、幽州、并州、交州。按照辛德勇的研究成果，在汉平帝元始二年（2）时，青州包括平原郡、济南郡、千乘郡、齐郡、甾川国、北海郡、高密国、胶东国、东莱郡，大约在今天山东省北部；徐州包括琅琊郡、东海郡、楚国、临淮郡、泗水国、广陵国、鲁国，约今天江苏省北部；兖州包括东郡、陈留郡、淮阳国、定陶国（济阴郡）、山阳郡、泰山郡、东平国、城阳国，约今天山东省西部。

公；九个嫔人，地位等同卿；二十七个美人，地位等同于大夫；八十一个御人，地位等同于元士。公、卿、大夫、元士这些级别皆非汉制，是王莽改的新名。

但是他做这些事，不过是给摇摆不定之人和他自己增加些信心，并不能消灭敌人。

婚后，老王莽一边按照方士传授的方法跟新媳妇享受新婚生活（《汉书·王莽传》：莽日与方士涿郡昭君等于后宫考验方术，纵淫乐焉），一边调兵遣将，攻打汉军。

他兵分两路，一路由太师王匡、国将哀章挂帅，领兖州、扬州等地的三十多万士兵攻打青州、徐州一带的赤眉军，太师、国将都是王莽朝廷屈指可数的顶级官员；另一路由严尤、陈茂负责，攻打南阳郡（王莽称前队）的汉军，其中的严尤算得上是王莽朝廷最具军事才能之人。

他又下诏书警告：降者不杀，但是执迷不悟者，要杀之必尽。还说，新王朝有个"威宝之臣"（《汉书·王莽传》），倘若奸贼们还不解散，就要派"威宝之臣"率领百万之师杀光他们。言外之意是自己还没有使出撒手锏。

诏书不论内容还是文字，都是威风凛凛的。

但这次军事部署的效果并不明显。严尤、陈茂在宛县吃了败仗，正被汉军主力层层包围；汉军将领刘秀在三月带领一队人马绕过宛县，向北边的颍川郡进军，而且很快就占领了昆阳（今河南省叶县）、郾县（今河南省郾城区）、定陵（今河南省郾城区西北）等城池。

汉军的行动超出了王莽的预料。王莽慌了，不得不拿出压箱底儿的宝贝。

2. 溃败

这个宝贝，就是王莽口中的"威宝之臣"——新王朝大司空王邑。

对王邑，王莽是信心十足的，因为他有过辉煌的战绩。

在王莽没当皇帝前，出现过几波反对力量，其中势力最大、影响最广也最令王莽头疼的，就是公元7年东郡太守翟义起兵。

当时，翟义立了天子，封了大臣，声称王莽毒死了汉平帝刘衎，且正准备谋朝篡位。他讨伐王莽的檄文很有煽动力，一经发出，郡国皆震，响者云集。翟义向西进军，部队迅速壮大，很快就达到十余万众。

与此同时，茂陵以西二十三个县的强盗土匪们在一夜之间全都冒了出来，响应翟义。赵朋、霍鸿为首领，将这些人组织起来，形成了一支约十万人的队伍。这支队伍力量很强，他们虽然还不能攻打长安，但是给王莽带来了很大震撼，有人甚至已潜入未央宫，在未央宫前殿放火了。

当时，王莽还是个臣子，虽擅于权谋，却从未被如此针对过，更没打过仗，整日惶恐。他抱着皇太子刘婴在高庙中祷告，还发表讲话，写文章，只为了陈述翟义所说子虚乌有。

王邑作为虎牙将军参与了征讨翟义的战争。翟义九月起兵，到十二月，就被王莽的大军击败，王邑在这个过程中发挥了重要作用。接着，王邑掉转头，回到关中，用一个月的时间就击败了赵朋和霍鸿。

曾经在王莽急得吃不下饭的时候，是王邑挺身而出，将几十万人的动乱平息，如今又到了危急时刻，王莽希望王邑再一次站出来。

当年（23）三月，王邑到洛阳，与司徒王寻会合，召集军队，制订方案。

王莽对王邑寄予厚望，也给了王邑非常大的权力，前线的所有事务皆由王邑决定。王邑甚至可以享受部分皇帝的特权：封爵位。秦汉时，没有任何将领获得过如此信任。

"威宝之臣"出征，如猛虎出山、利剑出鞘，声势极为浩大：数百名兵法专家[①]聚于军营，训练军队、招募兵士；各地方倾尽所有，供给王邑；为壮大声势、显示富饶、震怖山东，珍宝、猛兽也随军出动。据史书记载，王邑到洛阳后，从各地挑选精兵，最终确定了四十二万大军。

---

① 合计六十三家。

远远望去，路上的旌旗、辎重绵延千里而不绝，出征盛况秦汉以来未尝有也。

五月，王邑、王寻自洛阳南下，到颍川郡与严尤、陈茂会合。

那些正在颍川郡攻城略地的汉军被这股来势汹汹的军队吓住了，慌不择路，一股脑儿跑到昆阳城内。进了城，稍一安定，看到靠近的王邑大军，心里哆嗦，又担心家人和自己在别处的财产，就准备逃走。

这时二十九岁的刘秀站了出来，稳住了汉军的阵脚。他跟诸将领分析了形势：第一，只有同心协力方能退敌，各顾各逃命，谁都不能免祸；第二，必须守住昆阳，否则城破之日就是丧命之时；第三，要守住昆阳，没有任何依靠，因为汉军主力正在攻打宛县。

所以最终结论是：诸将想要活命，必须坚定信念，死守昆阳。

当探子回报，王邑、王寻的大军已经压境，即将抵达昆阳城北的时候，诸将都没了主见，一切由刘秀定夺。

然而城中只有八九千人，王邑、王寻的部队有数十万众，单单来到城下的，就有近十万人，一眼望不到头，硬碰便是痴人说梦。

当务之急是补充兵源。

刘秀命麾下王凤驻守昆阳，而他率领着十三个人到他们占领的一些地方召集兵马去了。

其实，面对一个仅数千守军的昆阳，王邑是没必要把主力大军放在这里徒耗精力的，因为急需支援的是昆阳以南的宛县。那里被汉军围困已久，城里没有粮食，已经到了人吃人的地步，距离崩溃不远了。

严尤就觉得这么做不妥。他认为大军应该向南，直捣宛县，因为天子刘玄就在那里，昆阳毕竟只是个小地方。只要击破了宛县汉军，昆阳自然是手到擒来。

这是个擒贼先擒王的策略，也很有道理。但王邑有自己的想法。他想取胜，但取胜的方式不能平庸，得配得上"威宝之臣"的名号，所以他要胜得有气势、有排场。按照他的设想，得先将昆阳屠城，再凶猛前进，一路上神挡杀神，辅之以歌舞伴奏，吹吹打打，从精神和军事上摧毁对手。

有了这个作战方针，王邑就把自己搞得很有气势了。他的大军将昆阳围了数层，锣鼓之声响彻数十里之外；军中旌旗招展，遮天蔽日；云车高耸，将领们居高临下、俯瞰昆阳城，犹如观赏猎物；还有士兵挖地道，战车撞城门。隔一段时间，就万箭齐发，矢如雨下，城中人外出打水，都不得不扛一块门板。

王邑还没有攻城，昆阳守将王凤就被吓惨了，乞求投降。

但王邑不许。他和王寻在城外一点也不着急，因为昆阳乃囊中之物，城破不过旦夕之间。如今，他们要像猛兽一样，捉住猎物后慢慢折磨，以展示自己的力量和愤怒。要把这些狂徒戏弄够了、折磨惨了，听他们求饶、号哭，直至崩溃，方能罢休。

只有严尤提出反对意见：最好把昆阳城留一个口子，让城内人看到生还希望。

这是个中肯的建议，因为只要给城里人活命的希望，他们想到的就是如何逃生，而非鱼死网破了。倘若王邑断绝了城内人的希望，他们肯定会拼尽全力抵抗的。在二百多年前，项羽和韩信就都曾以置之死地而后生的方式以弱胜强，前者取得巨鹿之战的胜利，后者背水一战灭掉赵国。

但王邑还是不听：我有十万大军，你们拼命又如何？不过困兽之斗罢了。

时间很快就到了六月。当王邑、王寻在城外欣赏自己的杰作时，召集兵马的刘秀回来了。

只是刘秀带来的人马不过数千人，跟王邑的围城大军相比微不足道。

但这是刘秀的最大能力了。他去那几个城池时，守将居然表示，要留些人保护家眷和财宝，他费了好大劲才说服这些将领把全部军队给他。

只有硬拼了。刘秀担任前锋，率领千余骑兵，推进至距离王邑四五里^①的地方扎营。

王邑、王寻见状,派数千人应战。面对数倍于己的敌人,刘秀展示出了不同寻常的一面。他一马当先,冲入阵中厮杀,几个回合下来,不但没有丧命,还将十余名敌人斩落马下。熟悉刘秀的人都知道,刘秀平时遇到小股敌人都会胆怯,实在没想到这个时刻会如此勇猛。大家见刘秀都这么拼命了,且有所斩获,不由得精神大振,纷纷请命:再去打,让我打头阵,帮助将军。(《后汉书·光武帝纪》:且复居前,请助将军。)

这一下势头又不一样了。刘秀手下的人都被身先士卒的刘秀所激发,没有退路,愈战愈勇,王邑、王寻虽然人多,但斗志跟汉军差一大截,根本抵不住刘秀的猛冲,不住地退却。刘秀乘胜追击,在敌军撤退之际,连砍带杀,斩首上千人。

屡次战胜让汉军诸将尝到甜头,胆气横生。王邑死围昆阳,还不接受投降,让他们更加相信:丢了昆阳,所有人都没有活路。于是他们抱着必死的决心、必胜的信念,继续前进。

但是几千个人和十万人硬拼,可以赢得了一时,却终究会寡不敌众。

刘秀想让王邑的军队先自乱阵脚。

他安排了个假使者,带上书信,内容是"宛县的汉军主力马上就到",然后假装不小心弄丢,"恰好"被王邑捡到,好让王邑相信:宛县的汉军主力快来了。

这一招果然奏效,王邑、王寻看到这个"来之不易"的情报,想到汉军主力也有十万之众,围困昆阳的想法就不再那么执着。

有了退缩的想法,战意也就没有之前强烈了,顺风仗也许还能打得虎虎生风,可一旦逆风,必然丧失意志,想着逃命。

刘秀率领了三千敢死队,从昆阳城西发起进攻。

王邑、王寻已经将城内围困得不能动弹,看到在城外跳腾的刘秀,

---

① 汉代一里约相当于今天414米。

就想像对付城内守军那样，把刘秀玩儿死。于是他们亲自率领了一万余人去跟刘秀交战。在王邑、王寻眼里，刘秀不过是用来衬托自己威猛的道具，算不上真正意义上的敌人，所以在出发时就没做别的安排。王邑麾下其他将领的任务很简单，就是保持现状，看刘秀如何束手就擒。

但成千上万人打仗，绝不是找个开阔地儿一对一单干，那是要讲究战法的，你的人多，可如果没有正确利用，就没有最大化利用资源。刘秀的军队士气旺盛，豪气冲天，王邑、王寻只是纸面实力强悍，根本挡不住刘秀那进退一体、极具气势的冲击，被打得连连败退。而王邑之前哪料到自己的一万多人敌不过刘秀，出击时就没做其他部署。其他军队看他打得激烈，没有接到命令也不敢擅自出击。

战场上的形势瞬息万变，王邑、王寻抵挡不住，其余军队没有增援，军队开始混乱。刘秀越战越猛，王邑军队则越战越惊，渐渐地，阵形乱了，有人向前冲，有人往后逃，乱军之中首领王寻都被斩了。

这一下汉军更是士气大振。城外军队奋勇作战，城内部队也趁机杀出，内外夹击，王邑的将士不知道汉军的具体情况，只感受到来势凶猛，不可力敌。

然而为时已晚，他那一万多战败的人就像导火索，将这种不安和混乱传到了其他阵营。当此之时，汉军呼声震天，无不以一当十，对着那没有统一指挥的庞大军团不断冲击、切割、围歼。那围住昆阳的士卒成了乌合之众，大声呼号，毫无章法，只顾逃命。他们一面被汉军追杀，一面相互践踏，死者不计其数，路上到处都是尸体。

屋漏偏逢连夜雨。当王邑的军队正抱头乱窜时，忽然间狂风大作，电闪雷鸣，暴雨如注。王邑带来的那些猛兽见到这骇人的天气，皆恐惧战栗。一时间河水暴涨，士兵们慌不择路，跑到河边才发现后有追兵，前有洪水，无奈之下都往下跳，在河中被溺死者数以万计，河水被尸体堵住，不能流动。

王邑、严尤和陈茂等将领无可奈何，也只好骑着马，踏着河中的尸体逃到对岸。

第一章　昆阳之战

　　雨过天晴，王邑终于摆脱追兵。他清点人数后，才知道原来自己只剩下几千名士兵了，那都是来自关中、想要跟他回家的子弟。在战场上没有死掉的，都不再为他卖命，跑回家了。

　　这是一次出人意料的战争，也许连汉军的指挥者刘秀，在战前也没有想到自己能够这么容易就破掉王邑的数十万大军。王邑来时风光无限，各地为了支持他倾尽所有，然而这些军用物资转眼都变成汉军的了。

　　前往洛阳途中的王邑心中五味杂陈，这一次出征王莽动用了新王朝的所有力量，是只许胜不许败的，而今还没有跟汉军的主力交火，就已经丢盔弃甲，更别提东部那数十万赤眉军了。

　　王邑战败的消息传到关中，无人不震惊惶恐。经此一战，局势已经明朗，敏锐的人应该能看出来，这次昆阳之战是王莽由强变弱的转折点，从此之后，王莽很难有机会翻身。

　　于是群雄响应，豪杰并起，他们杀死地方官员，自称将军，使用汉的年号，等待汉政权的号令。形势不可阻挡，数月之间响应者遍布天下。

　　得到消息的王莽也许已经虚脱。这一败，败得遗憾、败得无奈、败得莫名其妙。这哪里是实力不济，分明是王邑轻敌。

　　可王邑做错了什么呢？他的十万大军围住昆阳，没有交战就逼得守将举手投降，即便不是战果，也算不上错误。面对刘秀好说歹说、从外面带来的几千名战士，他亲率一万余人迎战，也称不上轻敌了。你不能要求他在面对刘秀的几千名士兵时，设计一个高明复杂的策略，交给一万多人去执行，还让没参战的十万人做好准备。你也不能要求他像后代史官一样，在打仗之前就将刘秀的几千人定义为"敢死者"（《后汉书·光武帝纪》），毕竟那些人没有带上相关的袖章。从事后诸葛亮的角度看，王邑是有过错的，比如他可以听严尤的，不把主力耗在昆阳；比如他作为大军统帅，可以不去跟刘秀直接作战……

　　可即便王邑按照事后诸葛亮的要求做了，杀到宛县去跟汉军的主力作战，或者自己不冲锋陷阵，就能够取得胜利吗？

最大的问题也许不是王邑的策略。你会发现，整场战争下来，刘秀没有多少阴谋诡计，也没有在战前挑选精锐，可是就这么以少胜多了。他没有如项羽般破釜沉舟，没有似韩信般背水而战，然而这帮前些天还嚷嚷着回家陪老婆孩子的人，进入战阵后就突然"胆气益壮，无不以一当百"（《后汉书·光武帝纪》），王邑、王寻精挑细选的士兵跟远远少于自己的军队一交战，就"不利""阵乱"（《后汉书·光武帝纪》）了。从史书记载看，没有多少复杂，就是他们"阵乱"后，"汉兵乘锐崩之"（《后汉书·光武帝纪》），接着杀死王寻，最后"莽兵大溃"（《后汉书·光武帝纪》）。

王邑的军队也没有在战争中死光，然而战后除了几千名来自关中的人跟着王邑去了洛阳，其他人都跑回家了。如果王邑手下的军士是这样的态度，军队是这样的士气，那么策略上的得与失就不是成败的关键了。

事情本不该糟糕至此的。

第二章 百姓暴动

王莽十四年（地皇三年，22），王莽派了一批官员，到地方上推广新技术。新技术就是如何用草木煮羹。

百姓喝了，要么直咧嘴，要么成天拉稀，总之没法吃。这么瞎折腾一番，不但未解决问题，还加重了负担。

～～～～～～～～～～～～～～～～～～～～～～～～～～～～

1. 起事

刘秀跟他的哥哥刘縯起兵于王莽十四年（地皇三年，22）十月，在他们之前，已经有许多起义部队了。

有关民不聊生导致老百姓落草为寇的记载，最早出现于王莽九年（天凤四年，17）。那一年，临淮人瓜田仪（复姓瓜田）和琅琊女子吕母造反了。

那几年，青州、徐州等地发生了严重饥荒，百姓活不下去，很多人都落了草，史书曰"寇贼蜂起"（《后汉书·刘玄刘盆子列传》）。在泰山，有个叫樊崇的人也带着一百余人起兵，到王莽十年（18），周边的盗贼首领们尽皆归附，队伍已壮大至一万多人。王莽十四年（地皇三年，22）时，王莽派廉丹、王匡东征，樊崇的军队为了作战时分清敌我，把眉毛染成赤色,因而也被称为赤眉军。

到王莽十三年(地皇二年,21)时,除了在青州、徐州、兖州等地发展壮大的赤眉军,在南部的绿林山,也形成了一支数万人的武装,荆州州牧曾发兵讨伐,却惨败而归。绿林山的部众越来越多,最多时达到五万人,地方官府根本无可奈何。后来,绿林山的人分成两路,一支以王常、成丹为首领,向西进入南郡,号称"下江兵";一支北入南阳,以王凤、王匡、马武等为首领,号称"新市兵"。之后,平林人朱鲔、陈牧为了响应"新市兵",又组建了一支"平林兵"。除了赤眉军和绿林山的部队,规模大点的还有南郡秦丰、平原女子迟昭平,部下皆有近万人。

所以,在刘縯、刘秀起兵之前,大的武装有赤眉、下江、新市和平林几支。然而这些武装都有几个共同特点:第一,不立天子,内部管理不正式,所用名称都很简易;第二,除非万不得已,否则不杀高官,有时甚至把抓到的朝廷命官送回去;第三,内部没有公文、旗帜、口号,也不占领城池,到一个地方抢些东西就跑了;第四,没有推翻王朝、号令天下的举动①,他们所想的,只是度过这段难挨的日子,等家乡丰收了回去。(《汉书·王莽传》:常思虑岁熟得归乡里。)可以说,在相当长的一段时间里,这些武装都没有多大野心,人数虽众,但各自为政,总体上呈纷乱的状态。比如来自绿林山的军队,想的不是如何夺取政权,而是吃饱穿暖有女人,后来王莽的攻势凶猛,就跟刘縯、刘秀兄弟合作,以图自保;刘縯、刘秀兄弟吃了败仗,他们就想着各走一方;等刘縯、刘秀兄弟发展壮大了,又觉得跟他们太累,想办法把刘玄推上皇位。

也就是说,从瓜田仪、吕母、樊崇等起兵开始(17)到刘縯、刘秀兄弟揭竿起义、明确提出推翻王莽政权(23)之前,这期间落草的人越来越多,从开始的数百人到千人万人,而王莽有六年时间去安抚百姓,

---

① 有一个例外。在王莽十二年(地皇元年,20)时,巨鹿郡男子马适求等打算发动燕国和赵国境内的军队造反,但是被一个叫王丹的人发觉,王丹上报后,王莽立即派人抓捕。在这个案子中,数千人都被牵连致死。

第二章 百姓暴动

不至于使事情变得这么糟糕。

这六年间，王莽做了什么呢？

王莽也没有从一开始就征讨，他曾经派了一批使者去赦免那些山大王。

有的使者冒着生命危险跑到山沟沟里，跑到密林大泽里，凭一张嘴跟山大王们斡旋，好不容易说服了那些头头儿，头头儿们也表示理解朝廷，就解散队伍。然而没过多久他们就又聚起来了。

使者就问他们为何反复，得到的答复是：严苛的法律太多，没办法好好劳动，努力干活挣的钱，也不足以缴纳赋税。想待在家里务农，可又会因为邻居铸钱携铜而连坐获罪，贪官污吏还要趁机欺负百姓。我们穷得过不下去了，只好沦为贼寇。（《汉书·王莽传》：民穷，悉起为盗贼。）

一些使者就把他们了解到的情况向王莽如实汇报了，可王莽听了之后很生气，他把这么说的使者都免职了。

他喜欢听的是：造反的百姓太奸诈狡猾，所以该杀。还喜欢听人说：那些人不过是沾了点运气，但终究成不了气候，很快就会灭亡。使者如此说，王莽就龙颜大悦，给他升官。

一个叫费兴的人被任命为荆州牧，临行前，王莽问他到了荆州如何作为。费兴言：广泛告知盗贼们回家，专心从事生产，借给他们耕牛和粮食，减轻赋税，这样地方上就能安定。

但王莽还是把费兴免了。不是费兴的办法不好，而是费兴的理由不好。费兴认为：老百姓之所以沦为强盗劫匪，皆因国家的六莞政策。朝廷对老百姓在山林池泽中所得到的收益进行征税，抢走了百姓利益，碰到连年干旱，以致百姓饥穷，最终被逼为贼。

王莽不让说，于是当王莽十三年（地皇二年，21），南郡秦丰和平原女子迟昭平手下各自有近万人起兵，王莽召集群臣商讨方略时，群臣的口径都很统一：这都是些犯了天大罪过的犯人，马上就会被消灭了。（《汉书·王莽传》：此天囚行尸，命在漏刻。）

但他邀请了一个特别的人：在汉朝时担任左将军的公孙禄。公孙禄的发言是毫不留情的。朝堂之上，他当着百官的面，把王莽手下的几个重臣狠狠骂了一通，并希望王莽把这些人杀了以谢天下。他还说，如今新王朝最大的忧患在国内而非国外。

公孙禄的这番"高论"，都快把王莽气死了，王莽赶紧打住，让孔武有力的虎贲郎把老头子"扶"走。

那一年，还有个官员到豫州出差，被变民抓了去，差点送了命，后来又被送到当地官府。他回到长安，就写材料给王莽汇报工作。

然而等王莽阅毕他的材料，就直接将他关进了监狱。因为他说，自己当了俘虏后，数次责备反贼为什么造反，反贼的回答是太穷了活不下去。他还说反贼不敢与朝廷为敌，所以才把自己送回。

那些说百姓因为贫穷造反的人，被免的免，被关的关。这种话听得多了，王莽也沉下心思考起来。

经过一番思虑，王莽认为，这种思想是错误的，也是很危险的。他下了一道诏书，认真分析了当前的复杂形势：百姓如果真是因为贫困饥寒无法生活，无外乎当强盗或小偷，但无论如何也不至于结为数千人的造反团体。百姓谋逆到如此猖狂的境地，就绝不是贫穷所致了。王莽在诏书中指出，那些认为造反为贫穷饥寒所致的观点，都是错误的、值得警惕的，可怕的是这个观点还很流行。他对持有该观点的人进行了严厉批评，要求官员们不得发表这种错误观点，否则朝廷会从严处置、依法处置。他希望各级官吏善待百姓，贯彻落实朝廷的政策，抓紧时间平乱。

这是一道非常重要的诏书，因为从此之后，臣子们开始害怕，再也不敢跟王莽说反贼的真实情况了。地方上在平乱时也畏首畏尾，不敢擅自出兵，于是变民越来越多，且逐渐无法收拾。（《汉书·王莽传》：于是群下愈恐，莫敢言贼情者，亦不得擅发兵，贼由是遂不制。）

百姓明明是活不下去才落草为寇，可王莽不相信，也不让人说，那么他那些平乱的方案就都不能从根本上解决问题了。

在消灭乱民这件事上，王莽做了很多，首先就是武装镇压。

2. 平乱

王莽十年（天凤五年，18），樊崇已经发展至上万人的时候，王莽派地方部队攻打，但未能战胜。（《汉书·王莽传》：遣使者发郡国兵击之，不能克。）

王莽十一年（19），派遣士孙喜专项负责平乱工作，但史书上除了一句"太傅牺叔士孙喜清洁江湖之盗贼"（《汉书·王莽传》），就再也没有下文了。

王莽十三年（地皇二年，21），派遣太师牺仲①景尚、更始将军护军王党率兵攻打青州、徐州一带的叛军，根据地理位置，他们的目标主要应该是樊崇。

但景尚和王党不行，《汉书·王莽传》说他们不但"击贼不能克"，还军纪涣散，为非作歹，加重沿途百姓负担。

这时候，一个叫田况的人脱颖而出。此人在与起义军的交锋中颇有战功，也愿意跟着王莽建功立业。

只是田况没被重用。

当王莽手下的官员都唯唯诺诺想着明哲保身的时候，冀平郡的连率（太守）田况仍然相信王莽。

田况跟王莽说，自己所在的冀平，上报百姓资产时存在少报漏报现象，他对这部分资产进行了重新征税。王莽对此非常赏识，认为田况是"忧国"（《汉书·王莽传》）之臣，说的是"忠言"（《汉书·王莽传》），将他封为伯爵，赏钱二百万。

这下田况来了劲头，他在老百姓的一片叱骂声中硬是发动了四万多人，给他们分发武器，组成武装。田况的军纪严明，在冀平郡筑起了一

---

① 牺仲，是太师的属官。

道坚固堡垒。樊崇的部队虽然勇猛，却也不敢到冀平撒野。

当时，全国各地的起义多如牛毛，官府就没有几个能打胜仗的，这个一枝独秀的田况，理应得到王莽的嘉奖。

可田况被批评了：你没有接到朝廷的虎符就擅自动用军队，是轻率用兵，违反军纪。王莽还表示：由于田况自己夸下海口能够剿灭盗贼，所以暂且不处理他。（《汉书·王莽传》：以况自诡必禽灭贼，故且勿治。）

田况是个想干一番事业的人，他拼死拼活，最终竟拼了个"处分"，在这个非常时刻，真是滑天下之大稽。不过这盆冷水并没有使田况气馁，他又向王莽主动请缨，说要到冀平以外的地方平乱。田况也的确有两下子，所过之处尽皆平定。

先前派出的景尚和王党，进攻青州和徐州等地，但作战效果不佳。这时王莽注意到了田况，他让田况行使青、徐二州州牧的权力，负责平乱。然而，就在田况准备大干一场的时候，他忽然得知，王莽准备派遣太师王匡和更始将军廉丹再到前线。

田况立即给王莽上书，阐述自己对青州、徐州战事的看法。

田况不希望太师和更始将军过来。因为自洛阳以东，粮食已经非常昂贵了。太师和更始将军这样的大员来了，如果随行者少，无法宣扬天子之威；如果随行者多，又劳民伤财，加重地方负担。如今的情况是，朝廷为了平乱，派出的使者连绵不绝，地方官府早已不堪其扰，看到他们比看到叛军还头疼。（《汉书·王莽传》：郡县苦之，反甚于贼。）

田况根据自己的战斗经验分析了叛军众多的原因：地方官员办事不力，不想着如何剿灭叛军，而是挖空心思应付上级，一些叛军本来都打算投降了，可有些地方居然在这个时候攻打，叛军就再也不相信朝廷，更加惶恐，反而聚集起更多的人。

所以综合起来，田况认为王莽此时不应派过多的使者，而是抓好地方上的吏治，让他们全身心投入剿贼的工作中。他自己也下了军令状：肯定能平定青州和徐州的叛军。（《汉书·王莽传》：委任臣况以二州盗贼，必平定之。）

田况的上书指出了王莽当前剿匪政策的弊端，尤其朝廷那无休无止的使者给地方带来的叨扰。可他万万没想到，他那一番谋国之言，不但没能阻止王莽继续派遣使者，反而惹得王莽一怒之下把他撸了。至于他的破敌之策，就当白说了。

田况被召回中央闲置了，他负责的地区在他走后就完全乱了。（《汉书·王莽传》：况去，齐地遂败。）

田况走后第二年（22）二月，之前派来的太师牺仲景尚就被樊崇杀了。

四月，太师王匡和更始将军廉丹向东出发。

在青州、徐州一带活跃的樊崇部队，起初就是一帮乌合之众，只因穷困饥饿才聚在一起，所以虽然跟朝廷对抗，但并无攻城略地的想法。他们即便发展到几万人，也没有提出明确的斗争口号，甚至连军队该有的纪律和制度都没有，只有一个效法当年刘邦"约法三章"的约定：杀人者死，伤人者也要接受惩罚。他们靠着口头交流传播讯息，没有文书、号令等。

王匡和廉丹率领的是十余万正规军，樊崇要和朝廷的部队作战，最大的担忧是：一旦交战起来，自己手底下这帮乌合之众，会不会分不清敌我自相残杀呢？

樊崇自然没办法给底下的将士制作统一军服，他最终想了个简单易行的法子：所有人都把眉毛涂成红色。（《后汉书·刘玄刘盆子列传》：乃皆朱其眉以相识别。）所有士兵的眉毛都是红色的，于是人们就称这支队伍为"赤眉军"。

其实赤眉军并非人们想象的"义军"，他们在发展壮大的过程中，也会掳掠百姓（《后汉书·刘玄刘盆子列传》：所过虏掠），所以老百姓对他们是惧怕的。

但老百姓更怕的是，那些名义上应该解救他们的朝廷部队。《汉书·王莽传》曰：太师、更始合将锐士十余万人，所过放纵。官方军队对百姓的骚扰，比强盗还要厉害，朝廷派那么多高官给地方上带来的灾难甚于反贼。在百姓眼里，他们宁愿碰到赤眉军，也不愿碰到太师王匡的军队。但相比之下王匡算是好的了，老百姓更头疼更始将军廉丹的部队，因为他的军队不仅抢掠，还要杀人，百姓编出段子，曰："宁逢赤眉，不逢太师！太师尚可，更始杀我！"（《汉书·王莽传》）

那时候，王莽除了要面对国内越来越多的叛军，还得对付四方边境的敌人，钱粮渐空。他需要王匡和廉丹尽快取得立竿见影的战果，所以当听说无盐人①索卢恢起兵造反占领了无盐城时，非常着急，立即给廉丹发了一道诏书，催促廉丹快点开战：我的粮仓快见底了，库存钱财也快光了，你可以威武一些，可以出战了吧。将军身负国家重任，若不战死于原野，就无法报答皇恩、尽自己的责任。（《资治通鉴第三十八》：仓廪尽矣，府库空矣，可以怒矣，可以战矣！将军受国重任，不捐身于中野，无以报恩塞责！）

廉丹看到这道诏书，内心非常惶恐，因为王莽说得明明白白：你若不战死，就是辜负了我，就是没有尽到职责。他半夜里召来属官冯衍，问怎么办。

冯衍先分析当前的形势：人心思汉。他建议廉丹不要妄动，而是带着军队驻扎在一个大一点的郡，安抚吏民，招贤纳士，培养自己的势力和威望，争取民心，等到形势发生变化，就可以为民除害，建功立业。

所以冯衍认为，廉丹听从王莽的话，战死于原野，是不值当的。

事实上，廉丹在军中有很高的威望，大家对他很信服。那时天下大乱，他麾下有数万之众，在一个富裕的地方拥兵自重、等待时机，也是一个可取的选择。何况，这个要求他付出生命去维护的政权，如今被天下人唾弃。他做不到暂时跟王莽反目，但可以静观其变。

---

① 无盐县，今山东省东平县以东无盐村，王莽改无盐县为有盐亭。

第二章 百姓暴动

然而廉丹没有。他带着军队行进到睢阳（今河南省商丘市南部），冯衍再次劝谏，他还是没听。他继续向东，朝着那个埋葬他的地点——无盐进发。

廉丹和王匡对无盐展开了猛攻。

无盐城陷落，廉丹、王匡斩首一万余级。

这个捷报于王莽而言如同久旱逢甘霖，他立即派人去前线慰劳廉丹和王匡，赏赐有功的将士，廉丹和王匡都被封为公爵——这是新王朝最尊贵的爵位。

无盐的胜利让王匡看到了叛军的实力，于是想着再立新功。他听说在梁郡集结着数万赤眉军，就急不可耐，想立即南下，一举荡平。但廉丹不同意。他觉得军队刚刚攻下无盐，正人困马乏，应当休养。然而王匡想一鼓作气，就带着人马走了。廉丹也只好跟上。

大军离开无盐不久，就在无盐旁边的成昌遇到了赤眉军的大部，王匡、廉丹惨败。

王匡再也没有之前的豪气，仓皇逃走。留下来收拾残局的是当初不同意南下的廉丹。他派人拿着王匡的印信和调军符节，让人转告王匡：小孩子可以逃走，但我不能。当王匡在品味着廉丹的讥刺之言时，廉丹正在后方整理军队，掉过头来跟赤眉军大战。

廉丹终究没打赢赤眉军。这个大军统帅居然在两军交锋时被杀了。廉丹的部下正在别处作战，听闻廉丹战死，大恸，皆曰："廉公已死，吾谁为生？"（《资治通鉴第三十八》）他们冲向赤眉军的阵地，与之搏杀，全部战死。

廉丹死了，东方越来越乱，那些老百姓攻打城邑的消息越来越频繁地传到王莽耳中。没有了廉丹，王莽又派遣国将哀章到东部跟王匡合作，这两个人，一个是国将，一个是太师，都是位高权重之人，但自那之后基本没有给王莽汇报过胜利的消息。

几年下来，王莽使用武装镇压的方案，总体上是失败的。

除了武装镇压，为平息动乱，王莽很重视舆论引导，好让人们觉得他是厉害的、胸有成竹的，就像他六十九岁时给自己染胡子和头发一样。

3. 舆论

王莽十一年（天凤六年，19）时，起义百姓已经很多，樊崇等人也成了气候，王莽为了让百姓觉得自己的新王朝有上天支持，可以传之于万世，要求太史令推演新的历法。新历法说了，新王朝会很长很长，三万六千年才轮一个周期，新历法还要求，新王朝要每六年改元一次。他还发了一个文件，写了一堆难懂的话，说自己领悟了上天的指示，他所做的这一切都是为了顺应天意。据史书说，他希望以这种方式来炫耀自己、诓骗百姓，减少起义军的数量。然而百姓见了之后，都嘲笑他。（《汉书·王莽传》：欲以诳耀百姓，销解盗贼。众皆笑之。）由于启用新的历法，且六年改元，于是下一年的年号，就由天凤改为地皇。

王莽的做法没能改变什么。到第二年，王莽十二年（地皇元年，20），起义军还是没有减少的苗头，他为了让人们觉得自己是一个能够运筹帷幄、创立万世基业的人，又发了一个文件，说种种迹象表明，该给新朝的列祖列宗修庙了。

王莽是新王朝的开国君主，他修的庙里面要供奉的自然是他的祖宗和亲人。

王莽的祖宗是谁呢？

王莽代汉，自称像当年舜帝接受尧帝的禅让，所以舜帝是少不了的。既然都到舜帝了，那自然少不了大名鼎鼎的轩辕黄帝，因为舜帝再往上追溯数代就是黄帝了。

一方面，王莽要从舜帝往下找；另一方面，他得从自己向上找，最终两条线汇在一起，那样他就是黄帝、舜帝的后代了。

最终王莽形成了这样一个家谱：黄帝向下八代，有姓姚的舜帝，舜帝往下数代，到周武王时期，有被封为诸侯的妫满（妫，音 guī，妫满被封到陈，后人遂姓陈）。妫满之后，过十三代，有齐桓公时期到齐国的田完，田完之后再过十一代，有田氏齐国的开国君王田和，田和的后人，有在楚汉战争时期被项羽封为济北王的田安。田安当了几个月济北王，齐地反项，田安被彭越杀掉。由于田安当过王爷，所以汉兴之后，齐国人都称田安的后代为"王家"，久而久之，他们也就以"王"为姓了。田安的孙子，叫王遂；王遂的儿子，叫王贺；王贺的儿子，叫王禁。王禁有四女八男，次女王政君，次子王曼；王曼有子，曰王莽。

有了这样一个家谱，王莽就宣布：姚、妫、陈、田、王，这五个姓都是黄帝、舜帝的子孙，和自己是同一个家族。这五姓之人都是新王朝的皇室宗亲，要报上姓名登记在册。

王莽要立的庙出来了。祖宗庙五座：黄帝、舜帝、妫满、田完和田安；亲庙四座，就是从王莽以上，田安以下，他的四代王姓亲人：王遂、王贺、王禁和王曼。

为了修建这九座庙，王莽下了大功夫。他听从臣子的话，要将祖宗庙建得辉煌大气，能够让后代人高山仰止，即便历经万世也仍然雄伟壮观。他广征能工巧匠，又拆解了汉代的十余座宫殿，用它们的材料来修庙。单单黄帝的庙，东西南北各四十丈，高十七丈①，其余八座庙，规模是黄帝庙的一半。九庙不但规模宏大，建造得也极尽奢华。为了使庙宇显得壮观宏伟，建造之地还特意选在高处。据史书记载，修庙所耗费用达数百亿之多，修庙死掉的工人达到数万。

但是修再壮观的庙，也不能指望那些"神"给百姓发粮食。连年的自然灾害让百姓食不果腹，而修庙的耗费最后也都摊派在百姓身上。这样的做法使情况越发糟糕，糟糕到深居皇宫的王莽都有所耳闻。

王莽想解决饥荒问题，他除了打开东部的粮仓给百姓发粮借粮，还想到了一个很特别的法子。

王莽十四年（地皇三年，22），王莽派了一批官员，到地方上推广新技术。新技术就是如何用草木煮羹。

① 据何清谷所撰《三辅黄图校释》，汉代一丈相当于今天的2.3米。边长四十丈，就是92米；高十七丈，就是39.1米。

百姓喝了，要么直咧嘴，要么成天拉稀，总之没法吃。这么瞎折腾一番，不但未解决问题，还加重了负担。

闹剧过后，王莽不再幻想。那时候，凡是山里、水里、林子里的自然资源，以及其产生的所有收益，都归皇帝个人。王莽决定放开山河资源，允许老百姓去打猎捕鱼采果而不收取费用。而且他承诺，这个政策会延续到地皇三十年，也就是再持续二十八年。

但在大量的灾民面前，这只是杯水车薪。东部百姓活不下去，就离家讨饭。数十万饥民涌入关中，希望到天子脚下，得到天子的关注，也盼望着来到富庶的关中平原，捡回一条性命。

只是关中的情况也好不到哪去。当年夏天，大批蝗虫飞到长安，遮天蔽日，进入未央宫，爬在宫殿和阁楼上，王莽看着不舒服，还招募官员和百姓去捕捉。

数十万流民入关，王莽自然不会坐视不管，他安排了专门赈灾的官员。可是他用人不当，将一批贪官污吏安排到这个位置上，于是大部分救灾物资都被侵吞，那几十万靠着救灾粮活命的人，有十之七八都饿死了。

城内闹饥荒的消息也传到王莽的耳中了。但王莽肯定不会亲自出宫去看，他问了一个叫王业的人。王业告诉他，死的都是乱跑的流亡之徒。为了让王莽不多过问这个事，他跑出宫，从饭店买了精美的饭和肉羹，拿到王莽面前说：百姓们吃的都是这样的食物。王莽一见，心中的石头终于落下。

王莽自称是黄帝和舜帝的后代，做很多事情的时候就喜欢效法。当各地都有变民的时候，他就想到了"先人"。他听说黄帝平定天下时，内置大将，外置大司马5人，大将军25人，偏将军125人，裨将军1250人，校尉12500人，以及校尉之下的武官数十万，就也设置了一大批武官。他封了前、后、左、右、中五个大司马，给地方上的行政长官增加职务。州之长官州牧，加封大将军，州之下的郡长官①为偏将军，

---

① 到王莽时代，郡里行政长官的称号从汉朝的太守变为大尹，后来王莽制定了爵位制度，王莽又规定，行政长官如果是侯爵，就叫卒正，如果是伯爵，就叫连率。不论大尹、卒正还是连率，其职责都等同于汉之太守。

郡里负责武事的武装长官①为裨将军，县里的长官加封校尉。

王莽设置了成千上万的将军校尉等武官，相当于给地方官员加任务：你们不但是地方上行政事务一把手，也是军务一把手。这样一来，就从理论上建立了一个平乱的长效机制。

地方上有了抓手，王莽的使者就出动了。为了督促地方上尽快平乱，使者可谓络绎不绝，有时候一天能接待近十批人。地方上没有余粮和车马供给使者，就给老百姓加赋，甚至向百姓强取豪夺。

可不管王莽弄多少个将军，派多少批使者，根本问题并没有解决：百姓吃不饱饭。所以，高压政策越来越严，官员的压力越来越大，却激起了更多民变。除了东部的青州、徐州、兖州等地的叛乱，就连天子脚下的京城地区，也是民变纷起，《汉书·王莽传》曰：三辅盗贼麻起。

为平息民变，王莽做了不少事情：武力讨伐、引诱招安、舆论引导、建立机制、赈济灾民。可这些做完了不但没有起到应有效果，变民还越来越多。加上王莽不允许人们说百姓因饥穷造反，持这个观点的人都被免官，而说假话声称变民会很快灭亡的人反而吃香，到后来就没有人对他说真话。

王莽没有找准问题根源，处理民变时方法不当，百姓越发不满和失望。王邑败于昆阳，不是对手强大，不是对手计谋高超，也没有人背后捅刀，他面对远少于自己的汉军，却几乎全军覆没，根本原因是，那些来自百姓中间的士兵，大都从心底里不认可王莽政权，没有替王莽卖命的想法，缺乏战斗勇气和必胜信念，于是一交手就"不利"了，"阵乱"了，接着"汉兵乘锐崩之"，于是"莽兵大溃"了。

*　　*　　*

据史书记载，昆阳之战后，各路豪杰纷纷起义，自称将军，响应汉政权。消息传到关中，更是引起了巨大骚动。与此同时，汉军之中传出一个消息：汉孝平皇帝刘衎，是王莽毒死的。

---

① 郡里负责武事的长官，汉朝曰都尉，王莽改称大尉，后来王莽制定了爵位制度，就将大尉改称属令、属长。

在这个时候，突然传出这个消息，对王莽的杀伤力是非常大的。因为汉朝的最后一任皇帝——汉平帝刘衎，的确是被王莽毒死的。

汉平帝五年（元始五年，5）十二月，十五岁的刘衎对大权独揽的王莽心生不满，为王莽察觉，于当年十二月被毒死于未央宫。三年后，王莽称帝，建立新王朝。

但汉王朝的这个结局，并不始于王莽，而是半个多世纪前，王政君进入皇宫的时候。

第三章 追根溯源

这在当时是个被人津津乐道的故事,因为刘奭曾临幸过不少女人,可始终没有子嗣,然而他只和红衣女子过了一夜,红衣女子就怀了孩子。

汉宣帝对这件事非常欢喜,亲自给红衣女子产下的孩子取名,叫作刘骜,字太孙。骜,有骏马、才能出众、桀骜之意,由此也可以看出宣帝对刘骜抱有很大期望。只是那时候汉宣帝绝不会想到,在自己手上国力达到鼎盛的汉王朝,会在这个孙子手上一点点烂掉。

1. 红衣

汉武帝去世后,最小的儿子刘弗陵继位(前87),十三年后,汉昭帝刘弗陵驾崩,无人继承皇位。一开始,霍光选择了昌邑王刘贺(汉武帝孙),但刘贺极不听话,霍光一怒之下就将刘贺免了,刘贺从登基到下台共27天。

刘贺回昌邑国了,霍光得另觅皇帝。这时一个叫丙吉的人给霍光推荐了汉武帝的曾孙——流落民间的刘病已①。霍光权衡一番，将刘病已立为皇帝，他就是大名鼎鼎的汉宣帝②。

宣帝在民间时，娶了妻子许平君，许平君为他生下了长子刘奭。宣帝七年（地节三年，前67），刘奭被立为皇太子。

刘奭还是太子的时候，有个心爱的女人司马氏，她在太子宫的级别是良娣，故史书称她司马良娣（太子的女人分三等，由尊到卑依次是：妃、良娣和孺子）。

大约汉宣帝二十二年（甘露二年，前52）前后，司马良娣病重，临死前，悲愤地对刘奭说：自己的死，都是拜太子的其他女人诅咒所赐。刘奭摸着司马良娣的头发，看到病恹恹的她，想到即将和心爱之人天人永隔，心如刀绞。

司马良娣死后，刘奭一蹶不振，整日魂不守舍、行如槁木，再想到司马良娣临终前的话，就异常憎恨太子宫的其他女人，整天把太子宫的女人骂得狗血喷头，很长时间里都不再临幸女人。

① 关于这段历史，在拙著《被遗忘的传奇：汉宣大帝》中有叙述：汉武帝五十年（征和二年，前91），汉武帝刘彻听信江充之言，以为自己之所以久病不愈，皆因歹人施展巫蛊之术诅咒自己，遂委派江充搜捕歹徒。江充曾得罪过皇太子刘据，担心刘据当了皇帝之后自己就不得好死，便想办法构陷刘据，声称在刘据的太子宫挖到了许多桐木人和写着大逆不道言语的帛书。其时刘彻在甘泉宫（今陕西省淳化县西北），刘据知道父亲对巫蛊之事深信不疑，担心父亲怀疑自己，就在长安动用武装力量，杀了江充等调查骨干。刘彻不在长安，听了丞相长史和一个使者的话，认为刘据造反，回到长安城，亲自督战，和皇太子刘据在城内大战五天五夜，最终以刘据败北告终，刘据在湖县自杀。刘据死后，膝下三男一女及诸位姬妾，全被诛杀，刘据一脉中，只有一个尚在襁褓中的孤孙刘病已（汉武帝曾孙）幸存下来。

② 那是个为尊者讳的年代，皇帝的名字是不能随便说和写的，所以，刘病已是皇帝，他姓名中的"病"和"已"就不能被用，然而这两个字又是常用字，很多人都因为写了"病""已"而获罪。刘病已遂专门下诏书，宣布自己改名刘询。使用"询"做名字，也许是因为他的身世、父母等一切信息都是从别人口中询问得来。

第三章　追根溯源

太子家里闹得鸡犬不宁，而且听说太子不近女色，这让已经四十岁的刘询也坐不住了，因为刘奭在七八年前就开始亲近女子，可都二十四岁了竟然没有一个儿子。刘奭是皇太子，二十四岁还没有子嗣，且因为司马良娣之死，在对待传宗接代一事上出现态度问题，这就让刘询担心了。

考虑到刘奭讨厌太子宫的现有女子，刘询就嘱咐王皇后[①]，从后宫中挑些女人给刘奭，只愿刘奭能早日走出阴霾、重振雄风。等到刘奭上朝那天，王皇后就叫来刘奭，让他看一下自己挑选的五个女子，对哪个中意。

自从司马良娣死后，刘奭就闷闷不乐，根本不想谈女人的事，所以对这五个女子根本没半点兴趣。可女人是皇后花心思挑选的，是皇后在赐，皇后又不是生母，他也不好不挑，使皇后为难，只好勉为其难，嘟囔道：这里面哪个都行！（《汉书·元后传》：此中一人可。）

"哪个都行"，是个像"随便"一样让人犯难的答案。当时，负责问刘奭的侍者听到这话也不知如何是好。她忽然看到，有一个女子坐得离刘奭最近，且独独穿了深红色外套，就认为刘奭看上的是这个女子。

刘奭才不管什么深红外套，见侍者终于挑了一个，算是给了皇后面子，就回家了。

之后皇后派人把红衣女子送到太子宫。刘奭是个普通男人，并非武侠小说中对除了心爱女子之外的其他女子都没有性欲的大侠，他见该女子年轻水灵，且这种邂逅方式本身就有些特别，就把她临幸了。

这在当时是个被人津津乐道的故事，因为刘奭曾临幸过不少女人，可始终没有子嗣，然而他只和红衣女子过了一夜，红衣女子就怀了孩子。

[①]　在汉宣帝三年（前71），霍家为了霍光的女儿霍成君当皇后，将皇后许平君毒死，霍成君顺利上位。霍光去世后，刘病已发现了霍家的种种不轨行径，将霍家灭门（前66），霍成君也被幽禁，十二年后自杀。霍家灭门两年后（前64），宣帝把民间时的好友王奉光之女立为皇后，史称王皇后。

汉宣帝对这件事非常欢喜，亲自给红衣女子产下的孩子取名，叫作刘骜，字太孙。骜，有骏马、才能出众、桀骜之意，由此也可以看出宣帝对刘骜抱有很大期望。只是那时候汉宣帝绝不会想到，在自己手上国力达到鼎盛的汉王朝，会在这个孙子手上一点点烂掉。

生下刘骜的红衣女子，就是那个将汉王朝埋葬的女子：王政君。而王莽，就是王政君的侄子，他最终能够推翻汉朝，跟王政君的支持有莫大关系。

刘骜出生后，汉宣帝刘询非常喜爱他，经常把他带在身侧。到刘骜三岁那年（前49），刘询驾崩，刘奭登基，他就是汉元帝。

汉宣帝生前对刘奭是失望的，他曾说："日后败坏我大汉江山的，就是这个太子了！"汉宣帝说这话，是因为刘奭和他的政见不一，但他万万想不到，最终是刘奭的老婆断送了大汉的江山。

汉元帝元年（前48）三月，刘奭将王政君立为皇后，第二年四月，立刘骜为皇太子。

但刘骜的皇太子之位并不稳当，王政君这个皇后的地位也不稳固。因为刘奭不喜欢王政君，他临幸王政君，和王政君有过一段时间的缠绵，并非真爱，而仅仅是一时激情。所以自王政君产子以后，刘奭的这股激情消失，就不再对王政君有什么兴趣了。

那时刘奭还是个精壮男子，肯定是需要女人的。既然他不喜欢王政君，那自然是看上别的女人了。这之中有两个最有名，一个姓傅，一个姓冯。傅姑娘生下一子刘康，冯姑娘生下一子刘兴。汉元帝八年（永光三年，前41），刘康被立为济阳王。

最初，刘奭对傅姑娘喜欢得要死要活，总觉得给傅姑娘一个婕妤之号不够，傅婕妤为他生了儿子，必须要凸显傅婕妤的地位才行。他本来想，傅婕妤是王爷的母亲，按道理可以被称作太后的，但又想自己的女人变成太后，有点诅咒自己归天的意思，就作罢了。

可是该怎么样使傅婕妤异于其他女人呢？那就要昭显其地位，夸赞其仪表，于是，刘奭新设了一个封号"昭仪"，地位高于除过皇后王政君以外的所有女人，他将这个封号赐予傅婕妤，傅婕妤遂变成傅昭仪①。

第二个昭仪很快也出现了。

汉元帝十一年（建昭元年，前38），刘奭携后宫女子去上林苑游玩。当所有人都坐在屋里观看斗兽表演的时候，意外发生了。

一只熊没被拴住逃到了圈外，朝着刘奭一伙人扑来。那些养尊处优的妃嫔见高大凶猛的黑熊靠近自己，吓得哇哇大叫，拼了命地逃走。但有一个人是例外。她没有逃跑，而是迎上前去，挡在了黑熊和刘奭之间。

这个舍己为人的动作，让刘奭大为感动。他虽贵为天子，平日里所有人都对他恭恭敬敬，那些婀娜多姿的女人们整天对他说着甜言蜜语，一副恨不得把心掏出来给他的样子，可真正在乎他的有几人呢？

这个女子就是被封为婕妤的冯媛，也就是上文中说到的生下刘兴的冯姑娘。冯媛的表现让刘奭深信：如果说世上只有一个女子在乎他，那就是冯媛了。

那天，冯媛挡在了刘奭前面，幸亏熊的动作慢，还没有来到冯媛面前就被侍卫们杀死。经历了这件事，刘奭对冯媛的态度就不一样了，他第二年就将冯媛之子刘兴立为信都王，将冯媛由婕妤提升至昭仪，地位和傅昭仪相同。然而谁也不会想到，在几十年后，当汉元帝已经去世很久，冯媛会因为替汉元帝挡熊一事命丧黄泉。

---

① 至此，西汉时期，后宫女子的级别，自皇后以下，由尊到卑分别是：昭仪、婕妤、娙娥、傛华、美人、八子、充依、七子、良人、长使、少使、五官、顺常等。这些女人都有对应的行政级别和爵位等级。最尊贵的昭仪级别等同于丞相，爵位等同于诸侯王；顺常等同于二百石，无爵位。在顺常之下，还有一百石级别的女子：无涓、共和、娱灵、保林、良使、夜使。一百石级别之下，还有上家人子、中家人子，她们的俸禄等同于乡官，每日一升二斗粮食。这些女人原则上都是皇帝的，皇帝想怎样就怎样，但皇帝应该不会配置这么多什么都不干、随时等候皇帝临幸的女子，后面级别低的很可能是在皇宫上班的宫女。比如夜使，就是负责查夜的。

不过汉元帝时期，在太子这件事上，冯媛之子刘兴是没有机会的。对刘骜的太子之位产生威胁的，是定陶王刘康。事实上，在后来王政君的王氏家族如日中天的时候，也是被傅昭仪拉下马的。

2. 太子

刘奭不再对王政君感兴趣，而对傅昭仪爱得死心塌地，爱屋及乌，他自然也觉得傅昭仪生的刘康顺眼，会不由自主地放大刘骜的缺点而尽可能忽视刘康的不足。

其实刘骜一开始是很招刘奭喜欢的，那时候，他喜欢读书，博学多闻，待人宽厚，为人恭谨。有一回，刘奭急召刘骜，刘骜本可以穿过驰道很快来到刘奭面前，可他也知道，驰道乃皇帝专用，所以即便紧急，也还是绕了一大圈，等见到刘奭时，刘奭早都不耐烦了。

"怎么慢吞吞的？"

"回陛下，我本在桂宫，因不敢穿越驰道，绕了很长一段路，所以来晚了，请陛下恕罪！"

刘奭是个忠实的儒家信徒，见刘骜如此懂规矩，足见他对自己的尊敬和重视，非常高兴，当即下令：以后太子可以穿行驰道。

但人是会变的。比如从小规规矩矩的刘骜，长大之后就有了另外的爱好：喝酒、玩女人。刘骜的这个爱好绝不是偶尔为之，肯定是行事比较过火，才会传到刘奭耳中，也才会被史官写下来。刘骜夜夜笙歌，一副登徒浪子的形象，而那个刘康，则像刘奭一样懂艺术，自然就被刘奭欣赏了。

刘奭执政的后几年，常身体抱恙，无心理政，整天专注于音乐。刘奭的音乐水平很高，他会演奏，会作曲。有时候他不亲自表演打鼓，打出来的鼓声充满着庄严肃穆，宫里那些音乐家们都不知道如何才能演奏出这样美妙的效果（《汉书·王商史丹傅喜传》：左右习知音者莫能为）。每次打完鼓，听到底下人的赞美，刘奭就充满了成就感，再看其他人都没有他的造诣，便对自己的音乐功力就更加自信。

不过，当大家都不能演奏出如此效果的时候，他突然发现，他的儿子刘康却能做到。这样刘奭就更加喜爱刘康了：你果然和朕像啊！

因为这个，刘奭经常夸赞刘康有才能。但有人不认同这个观点，还公开表达了出来。有一回，当刘奭又说会打鼓的刘康很优秀时，一个叫史丹的人表达了异议。史丹说："臣以为，所谓有才能者，是聪明好学、懂得温故知新、像皇太子那样的人，如果认为会音乐就是有才能，那么宫里那些演奏人员的才能就比丞相匡衡还高了，这些人也比匡衡更适合管理国家了。"

刘奭夸奖刘康，倒没有什么多余想法，听此人说按照自己的逻辑，宫里那些吹吹拉拉的下人比匡衡更适合从政，不禁笑出声来。

史丹这番话虽然不能改变刘奭对刘骜的看法，但至少可以让刘奭不再以音乐才能来公开否定刘骜。

* * *

史丹有两个身份，一个是太子太傅，即刘骜老师，另一个身份是汉元帝刘奭的亲戚。

这个亲戚关系有些复杂。

刘奭的父亲刘询，因为汉武帝末年的巫蛊之祸，其祖父被满门抄斩，只留下他一个独苗。五岁之前，他被关在牢里。后来朝廷终于释放了他，但他已举目无亲，幸好在丙吉的帮助下，终于找到奶奶史良娣的娘家史氏。史良娣的母亲贞君和哥哥史恭接纳了刘病已，等刘病已登基为帝的时候，这俩人都死了。后来汉宣帝为站稳脚跟，起用了一批史家亲戚，其中包括史恭的儿子史高。史高在担任侍中期间，向宣帝举报了霍氏谋反，被封为乐陵侯[①]。宣帝对史高这个表叔非常信任，临终前封史高为

---

① 史恭另有两子：史曾和史玄。刘病已顾念史恭的恩情，分别将史曾和史玄封为将陵侯和平台侯。

大司马车骑将军，与萧望之、周堪一同成为辅政大臣。史高在刘奭继位后的第六个年头（永光元年，前43）辞职回家，当年就去世了[①]。

史丹，就是史高的儿子，刘奭继位后，史丹是驸马都尉兼任侍中，很受刘奭的宠信。刘奭觉得，史丹是自家亲戚，可以信赖，就安排史丹去太子家当管家。史丹是太子的管家，那自然就是太子的忠实拥趸。所以，当后面刘骜的太子之位受到威胁时，史丹总会冲在最前面。

汉元帝十四年（建昭四年，前35）时，中山王刘竟[②]暴毙。刘竟是刘奭最小的弟弟，年龄和刘骜差不多，这对叔侄从小一起学习，一起长大，一起玩耍。那天，刘奭前去悼念，看到和刘竟年龄相仿的刘骜，就想到小弟弟活着时生龙活虎的样子，悲不自胜，然而他正悲哀着，忽然发现刘骜的脸上竟毫无悲戚之色，顿时勃然大怒。

这是个什么东西！从小到大的玩伴去世了，你居然不伤心，这种毫无仁慈之心的家伙怎能当百姓的父母呢？刘奭对刘骜失望透顶，心里憋不住，不吐不快，就叫来史丹，发了一通脾气。

史丹听完话，顿时觉得不妙，因为倘若刘奭过于在意这件事，就是质疑刘骜的品德，对刘骜的地位非常不利。幸好史丹的反应很快，立即就想到了对策。他脱掉帽子，跪在刘奭身旁说道："都是我的错！"

刘骜没有悲戚之心，和史丹有什么关系呢？

史丹说，这都是他教给刘骜的，因为他知道天子会非常悲伤，所以教刘骜千万别当着天子的面哭泣，以免天子受到感染，更加难过，有损龙体。刘奭听了史丹这样的解释，才终于释怀，虽然不觉得刘骜多好，但至少不会因此事认为刘骜是个没有仁义之心的混账。

尽管有史丹从中斡旋，可刘骜实在没有能让刘奭眼前一亮的优点，史丹就是说得天花乱坠，刘骜仍然是那个喜欢女人和酒的刘骜，刘康也仍然是刘奭的爱子。

[①] 和史高一起辞职的，还有丞相于定国、御史大夫薛广德，辞职的原因是天灾频繁。他们三人辞职后，都得到了丰厚赏赐。

[②] 刘竟，其母曰戎婕妤，汉元帝二年（前47）被立为清河王，汉元帝五年（前44）被迁为中山王，因年幼之故，并未到中山国居住。

到汉元帝晚期，随着刘奭的病情一天天加重，到他执政的最后一年，他能感觉到自己时日无多，在越来越宠爱傅昭仪和刘康的同时，忽然对历史感兴趣起来。

刘奭感兴趣的，是汉景帝时期，景帝刘启废掉太子刘荣而立胶东王刘彻（后来的汉武帝）那一段历史。明眼人都懂，刘奭对这段历史感兴趣，就是要以史为鉴，找到废当今太子刘骜的办法。

刘奭的这个爱好让太子党非常惶恐。皇后、刘骜的大舅王凤、太子、史丹等人都不知如何化险为夷，因为汉朝确有过成功废掉皇太子的先例。

他们既不能把刘康整死，也无法给刘康脸上抹黑，更不能突然使刘骜变得独一无二，他们还能怎样呢？更重要的是，刘奭从来没明着说自己要废掉刘骜。

没有办法。但没有办法不代表坐以待毙，最后史丹只好死马当活马医：哭！

那天，史丹准备妥当，就去探望刘奭，等到与刘奭独处一室的时候，他壮起胆子冲向刘奭床边，跪在地上一边哭一边说，表达了这么一个意思：皇太子因为是陛下的长子和嫡子而被立为皇太子，这都十多年过去了，老百姓无人不知，天下人也都愿对其称臣。可如今定陶王（刘康）日渐爱幸，世人都在猜测，说陛下有更换太子的想法。陛下，倘若真是这样，所有大臣肯定会以死相争，绝不奉诏的。臣也不想活了，请陛下赐死，让我当第一个被杀的大臣吧！

史丹说完已泣不成声。刘奭见平日里铁骨铮铮的史丹突然在自己面前老泪纵横，听到那伤心的声音一下就心软了。那时候，刘奭已经病重，从内心里讲也不想再理会朝政之事，更怕麻烦，他听史丹说废了太子会惹那么多麻烦——百姓骚动、大臣以死相逼、史丹要以头抢地……忽然觉得现在的情况也不算糟糕，太子也没有那么无能，于是废太子的那股豪情顿时没了。

刘奭叹道："我的身体一日不如一日了，太子和定陶王刘康、信都王刘兴都年纪尚小，我只是对他们放心不下罢了，但没有你说的这回事。

况且，皇后谨慎，先帝又喜爱太子，我怎么能违逆先帝的旨意呢？我不知你从哪听来的这等闲话！"

史丹听完都有些目瞪口呆了，原来情况还没这么糟糕，幸亏没有放弃，他心里乐开了花，立即跪下去给刘奭赔罪："是臣愚蠢，听到了一些胡话，该死该死！"

刘奭虽这么讲，但绝不证明他没有废掉刘骜的想法，也绝非史丹神经过敏，史丹这一番哭诉，也并没有多么高明，只因刘奭在病重之际，心力交瘁，不想折腾了。他是行将就木之人，之前虽然有废掉刘骜的想法，但同时也有个前提：别太麻烦。因为做任何事都讲究成本，非得怎样怎样的事情并不太多。

那天，刘奭对史丹说："我的病越来越严重，怕是无药可救了。你要好好辅佐太子，别辜负我的期望！"

史丹再一阵抽泣，从地上爬起，这之后刘骜的太子之位才终于稳定。

公元前33年，是汉元帝执政的第十六个年头，当年五月，刘奭驾崩于未央宫，享年四十三岁。七月，被葬于渭陵。六月二十二日，二十岁的皇太子刘骜登基为帝，刘骜就是后人所谓的汉成帝。

这一年，距离汉朝灭亡还剩四十二年。

第四章 王氏崛起

王莽之前很少有机会和这些贵族亲戚密切来往,照顾王凤这几个月,让大家看到了王莽的优良品德,也对这个小伙子刮目相看。王凤死后,王莽终于进入了贵族亲戚们的视野,很快被拜为郎官。王莽从小就吃了不少苦,身上没有一点纨绔子弟的习气,在宫中任职时,从不因自己朝里有人就得意忘形,几年下来,他广结英才,孝顺长辈,众人对他有了很高的评价。他的五叔叔王商觉得王莽很顺眼,就请求给王莽封侯。

1. 五侯

以后王莽当了皇帝,一定会想起他二十四岁时,照顾卧病在床的王凤。

刘骜继位后,王政君的王氏家族便成了最大外戚,王政君那些兄弟都成了皇帝的舅舅,一夜之间飞黄腾达,王氏家族开始登上大汉王朝的舞台。

这是一个影响和改变了汉朝的家族,汉朝因为它变得不完美。它的历史要追溯到秦末汉初。

项羽灭秦后，封了十八诸侯，其中一个是战国时齐王田建的孙子田安，被封济北王。但几个月后，齐地反项，田安被彭越杀掉。由于田安当过王爷，所以汉兴之后，齐国人都称田安的后代为"王家"，久而久之，他们也就以"王"为姓了。

在讲述王莽立祖宗庙时，曾提到王家历史：田安的孙子，叫王遂；王遂的儿子，叫王贺；王贺的儿子，叫王禁。王家的血脉传到王禁，就逐渐向刘家靠拢了。王禁这个人，志向远大，但不修边幅，好酒及色，他这辈子最引以为豪的，就是找了好多女人，生下四女八男，最有名的就是次女王政君。

王政君出生于汉宣帝三年（本始三年，前71），那一年汉宣帝在民间娶的妻子许平君被霍家毒死。到了嫁人的年龄，王政君已出落得亭亭玉立，非常符合当时审美，《汉书·元后传》说她"婉顺得妇人道"。这样的优秀女子自然不缺夫家。

然而出嫁前，未婚夫竟然死掉了。王禁又把王政君嫁给一个王爷，但王爷也在迎娶此女之前死了。

未婚夫接连死去，难道是命里克夫？这样的女子哪个男人敢要？

王禁找算命先生，给王政君看相。算命先生说："此女会大富大贵，且贵不可言。"

这样的看相结果，不用想都会跟历史吻合，因为如果不吻合就不会成为传奇，史官也就不会记载。

王禁也相信算命人的判断，寻思：既然王爷都镇不住她，算命先生又说她以后贵不可言，那么她日后要嫁的自然比王爷还高，那也就只有皇帝了。

有了这个想法，就得提升王政君的个人素养。至少，她得学会读书、弹琴这些淑女的基本技能。

汉宣帝二十年（五凤四年，前54）时，王政君十八岁，被送入皇宫，成为最低一级的宫女——家人子。

第四章 王氏崛起

两年后，刚刚失去心爱女子的皇太子刘奭无心插柳，选了王政君为自己的女人，下一年王政君生下一子刘骜。

汉元帝元年（前48），王政君被立为皇后，其父王禁被封为阳平侯。汉元帝七年（永光二年，前42），王禁去世，长子王凤继承爵位。

王政君的八个兄弟里，王凤是最厉害的，也是汉朝历史上非常重要的人物，更是王氏几兄弟中最能干的。据《汉书·元后传》记载，王氏家族的兴起，就是从王凤开始的（王氏之兴自凤起）。后来王莽能够成为汉朝的权臣，就得益于王凤铺路。

汉元帝时代，王凤就官至卫尉（中二千石①）。汉成帝刘骜继位当年（前33），毫不顾忌就封王凤为大司马大将军，领尚书事，帮自己处理政务。光这两个职位，王凤就和曾经权倾朝野数十载的霍光一样了。

汉成帝元年（建始元年，前32），刘骜刚继位，就做了一件大事：给几个舅舅封侯。

刘骜封四舅王崇为安成侯，封三舅王谭（字子元）、五舅王商（字子夏）、六舅王立（字子叔）、七舅王根（字稚卿）、八舅王逢时（字季卿）为关内侯，皆享食邑②。至于二舅王曼，因早夭之故，无封。这一年的王曼家，跟其他几个兄弟比起来要冷清许多，王曼之子王莽看着这一切，只有默默努力。

关内侯虽然不是列侯，但汉代是二十级爵位制，第二十级是列侯，

---

① 西汉时期，官员的等级由上至下主要有：万石（月俸三百五十斛谷）、中二千石（月俸一百八十斛）、二千石（一百二十斛）、比二千石（一百斛）、千石（九十斛）、比千石（八十斛）、六百石（七十斛）、比六百石（六十斛）、四百石（五十斛）、比四百石（四十五斛）、三百石（四十斛）、比三百石（三十七斛）、二百石（三十斛）、比二百石（二十七斛）和一百石（十六斛）等级别，不同时期略有差别。按照《王力古汉语字典》，汉代一斛为20000毫升。但朝廷给官员的工资并非始终都是粮食，有时候是粮，有时候是钱，有时有粮有钱，怎么发放主要根据当时国家的具体情况。

② 王禁有四女八男，老四王崇跟老大王凤、王政君是同父同母，他们三人在亲情上更近，因而王崇被封为列侯，而王家其他人被封关内侯。

十九级就是关内侯了，这五个关内侯都有食邑，其实差不多算是"准侯爷"了，只要皇帝愿意，变成列侯不是难事。

然而这件事情不久后，京城大面积出现黄雾，刘骜认为这是不祥之兆，让臣子们解释。

臣子们给的解释是：阴盛阳衰。为何这么讲呢？因为汉高祖曾立下"白马之盟"，明确说了"非功臣不侯"（《汉书·元后传》），而王太后的几个弟弟，都没有功劳却都被封为关内侯，违背了高祖盟约，这样封侯在外戚中未曾有过，是以天降灾异（《汉书·元后传》：外戚未曾有也，故天为见异）。

朝堂上，臣子们集体认为给王氏封侯不妥，王凤作为既得利益者，心里很不是滋味。可王凤绝不能和大臣集体翻脸。他写了封信给刘骜：天降黄雾都是我王凤的错，老夫能力不足，就不干了吧，陛下已经登基，我也起不到什么作用了，您以后亲自处理国事吧。

刘骜吓了一跳，王凤是大司马大将军，领尚书事，可以看臣子的上书，权力大，干的活也多，这样大包大揽的人忽然撂挑子，别说会把刘骜累死，关键累死，他也不一定干得好。

这时刘骜才不管群臣的反应呢，他不需要人讨论了，立即做出结论：黄雾不是王凤的错，是朕刚继位，不熟悉政务所致。他同时劝王凤：你要是辞了官，就是彰显朕的不道德，以后要安心辅政，别有其他想法。

安抚好了王凤，且随着黄雾消散，刘骜不再提这件事情了，臣子也没有机会在朝堂上就此事发言。他们虽然对刘骜大封王氏不满，一再想抬出高祖盟约，可就算他们提出反对意见，奏疏也得通过领尚书事王凤，单枪匹马弹劾王凤，肯定会被王凤报复。就算弹劾书冲破王凤那关，被刘骜看到，如今生米煮成了熟饭，倘若不是这五个人犯了滔天大罪，也不可能将五个人都免了的。要知道，如果强行将王家吃进嘴里的肉往出掏，皇太后王政君就会哭闹，而王凤也会再一次辞职。

王凤是外戚成员，但皇帝的外戚可不止一个王家。汉成帝刘骜还有皇后许氏，许家也是外戚家族。两个家族并立，总要斗个你强我弱。

第四章 王氏崛起

刘骜的皇后许氏，是大司马车骑将军许嘉之女。许嘉，是汉宣帝刘询的岳父许广汉的侄子，因许广汉没有儿子，所以许嘉继承了许广汉的平恩侯爵位，相当于让许嘉给许广汉当后人，也相当于许嘉是汉宣帝的小舅子。刘奭的母亲是许平君，许嘉相当于许平君的兄弟，所以许嘉是刘奭的舅舅。许平君在刘奭很小的时候就去世了，刘奭想念母亲，把许嘉的女儿嫁给了儿子刘骜。虽然是被安排的婚姻，但刘骜对这个许姑娘非常满意，第一次见面后高兴得不得了。刘奭听说了刘骜的欢喜状，也很高兴，当即让左右随从给自己斟酒，说要喝两杯祝贺。刘骜当皇帝前，许妃就给刘骜生过一个儿子，不过出生后不久就死了。

由此可见，许皇后这个许氏家族不是一般的根深叶茂。这个许皇后，不但汉元帝满意，汉成帝也满意。这个许家，不但是汉元帝、汉成帝的外戚，还是那个传奇皇帝汉宣帝的外戚。

虽然许皇后的父亲许嘉早在汉元帝刘奭时期就已经是大司马车骑将军，在刘骜当皇帝前就辅政近十年，也有人劝王凤让着些许嘉，但刘骜就是信任王凤，就是觉得王凤靠谱。他认为让许嘉和王凤并存会限制王凤的手脚，就直接说许嘉的地位已经很高，最好急流勇退，然后给许嘉赏了二百斤黄金。由于列侯都要按规定向皇帝朝请，刘骜给了许嘉一个特权，叫"位特进"。汉朝时，在京城的侯爷，在朝见皇帝时，位次列于三公之后，加了"位特进"称号的侯爷，虽然朝见时仍居于三公之后，却排在其他侯爷之前。

许嘉赋闲在家后，接下来几年，王凤的权势越来越大，以至于在史书上出现了这样一幕：臣子们有什么想法了，都是跟大将军王凤说，而很少见到和天子说的；遇到事情了，都是大将军王凤怎样想，而非天子怎样想。

五年之后，汉成帝六年（河平二年，前27），随着王氏家族的势力在朝廷越来越稳固，刘骜那几个关内侯舅舅，全部被封为列侯。上一次封关内侯还有人提出反对，但这一回直接封侯，竟没有起一丝波澜。其中，老三王谭为平阿侯，老五王商为成都侯，老六王立为红阳侯，老七王根为曲阳侯，老八王逢时为高平侯（老四王崇于汉成帝继位之初被封为安成侯）。五人同日被封，世人遂谓之"五侯"。

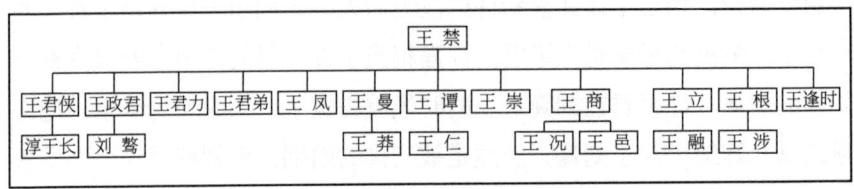

王氏家族主要人物关系图①

2. 权斗

但王凤还没有到一手遮天的地步，比如他对王商不满意，但就是无可奈何。

王凤不满的，不是五弟，而是另一个王商，他也是个外戚。

王商所在的这个王家，容易被人遗忘。汉武帝与卫子夫生子刘据，刘据与史良娣生子刘进，刘进与王翁须生子刘病已（汉宣帝刘询）。巫蛊之祸时，刘据一脉除了刘病已全都死了。刘病已出狱后，跟随祖母的娘家史氏生活，后来就有了史氏外戚，如史高（史丹的父亲）。他当了天子后，找过母亲王翁须的娘家王氏，费尽千辛万苦才寻到了外婆家，遂封外婆为博平君，舅舅王无故为平昌侯，王武为乐昌侯。

和王凤不睦的这个王商，就是王武的长子，在王武去世后继承了乐昌侯的爵位。当年王武去世，王商一心服丧，把家产全都分给了弟弟们，这一高风亮节让王商饱受好评，于是就有人推荐王商入宫。

到汉元帝刘奭时，王商已经是右将军光禄勋，九卿之一，在刘奭准备废刘骜而立刘康的过程中，护卫有功，深得刘骜的信任。刘骜继位后，

---

① 该图为王氏家族的家谱，图中人物并非王氏家族的所有人，只包含了本书中的重要人物。

被迁为左将军。可以说，王商和王凤就都是刘骜十分敬重的人。

汉成帝三年（建始三年，前30），关中地区连续降了四十多天大雨，人心惶惶。接着民间传出谣言，说大水将至，会淹了长安城。这个说法一传开，顿时骚动，吓得长安百姓如末日降临般手足无措、奔走号哭，长安由是大乱。

刘骜立即召开御前会议。在会上，王凤提出：太后、天子及后宫人员乘船避难，其他人就登上城墙避难。

在场官员都赞同王凤的提议。除了左将军王商。

王商认为这根本是无稽之谈，他从没听说过有什么大水能淹没一座城，何况是突然来的大水。所以王商断定，这是老百姓以讹传讹，不可相信。至于让老百姓登上城头，那是加重百姓的惊惧，使不得。

刘骜也觉得让自己坐船、开放城墙的举动太麻烦，就暂时听了王商的。

几天过后，什么也没有发生，大水将至的谣言不攻自破，刘骜对王商当日的分析大为赞赏，一有机会就称赞王商了不起。相比之下，王凤没分析具体情况就火急火燎地乱开药方，就显得没有水平、没有定力了。在之后相当长的一段时间里，王凤都将他当日的表现引以为耻，后悔自己当日多嘴多舌。（《汉书·王商史丹傅喜传》：而凤大惭，自恨失言。）

汉成帝四年（前29），丞相匡衡因侵吞国有资产，被告发后倒台，王商接替丞相之位。如此一来，王商成了外朝官的首领，而王凤这个大司马大将军，是内朝官的首领。

关于内朝和外朝，有必要做个解释。

在汉武帝之前，国家元首是皇帝，政府首脑为丞相，或相国，全国最高军事武官为太尉，全国最高监察官是御史大夫，其中御史大夫也有副丞相的职责，丞相、太尉、御史大夫也合称三公。那时候，丞相的权力非常大，比如汉文帝的宠臣邓通，就差点死在丞相申屠嘉之手；汉景帝要给外戚封侯，丞相周亚夫不同意，就不愿意执行……那些不按照皇帝的意愿办事的丞相，比比皆是。

丞相权力过大，对于汉武帝这样想干一番大事的人而言，就非常不舒服。于是，为了加强中央集权、将更多权力从臣子处夺到自己手中，他开始重用一些出身一般、没多大背景、级别也不太高的臣子，他们得到皇帝的重用后非常珍惜机会，干活卖力，指哪打哪。

刘彻会给他们加个侍中或给事中的官衔，让他们经常在自己身边，如此汉武帝就可以直接和这帮人做决策，以丞相为首的百官逐渐被撇开，由决策者变为执行者。随着这种模式制度化，这帮直接听命于皇帝又经常在皇帝身边参与决策之人，被称为内朝官或中朝官，以丞相为首的行政官员就是外朝官了。

汉武帝时期，卫青和霍去病功勋卓著，刘彻为了他们俩相互制衡，设置了大司马，加将军之号，让他们的级别相等，卫青为大司马大将军，霍去病为大司马骠骑将军。卫青、霍去病之后，汉朝就没有了太尉（全国最高军事武官）和大司马大将军，军事权完全掌握在刘彻手中。汉武帝临终托孤时，将首辅大臣霍光封为大司马大将军，同时领尚书事，汉昭帝少不更事，国家事务要更多依靠以霍光为首的内朝，于是内朝制度渐渐完善，大司马大将军也就变成了内朝首领。那之后，大司马大将军越来越多地参与到国家行政，将负责行政的丞相和负责监察的御史大夫的权力一点点削弱，至此大司马大将军一家独大的局面形成。

内朝长官王凤和外朝长官王商展开了激烈的争斗。

当时，琅琊郡灾害频繁，太守杨肜（róng）被人弹劾，弹劾书交到了丞相王商之处，王商要求按规定处理。

王凤自然要管这个事的，因为杨肜跟他有姻亲关系。王凤找王商说情，说天灾非人力可以改变，杨肜是个好官，希望别追究了。可王商偏不听，在查过之后硬是写了封奏疏，请求将杨肜免官。可我们知道，王凤有领尚书事的职责，可以翻看给刘骜的文书，所以王商的这封奏疏交上去之后就没了下文。

王商一点不给面子，让王凤非常恼火，但他又不能把王商怎样，就派人偷偷调查王商的过失。

像王商这样的大家庭，有些见不得人的事情是难免的，比如王商和儿子的关系就不好。

不久后，王凤就查了一些可以给王商抹黑的事。王凤立即指使人弹劾王商。

只是刘骜看了后一笑了之，因为王凤说的都是些婆婆妈妈的闺房之事，拿这些上不得台面的家务事给堂堂丞相治罪，牵强了。可王凤已经出手，就绝不放弃，他一遍遍在刘骜面前说王商家的事情多么恶劣，铁了心要收拾王商。刘骜没有办法，只好让司隶校尉去调查。

被告的王商也心神不宁，他知道王凤的能量，见王凤针对自己，也有些惶恐，因为他明白，官场上的很多事情，没有对错而只有强弱。

王商忽然想起，之前皇太后王政君曾让他把女儿送给刘骜，那时他并不想这么做，且女儿生着病，就没有遵从。这一回，王商遇到了真真切切的危险，忽然感到在皇帝身边有个自己人是多么重要，赶紧找到刘骜正宠爱的李婕妤，希望李婕妤推荐自己女儿。

当年（汉成帝八年，前25）三月，发生了日食，刘骜对这种天降灾异非常苦闷。朝堂之上，大家都一筹莫展之时，太中大夫张匡声称自己知道日食原因，且待他回去整理一番后写成奏疏呈给皇帝。

那天下朝后，左将军史丹就很好奇，问张匡怎么解释日食。

张匡认为全都是丞相王商的错。第一，王商平日里作威作福、为人蛮横，品行低劣，天下人都痛恨他；第二，之前耿定上书说王商与乃父婢女通奸，其妹妹与人淫乱，且王商有教唆家奴杀人的嫌疑；第三，以前太后想让王商的女儿备位后宫，王商说什么也不愿意，后来被人告了，就立即托李婕妤推荐其女。正是王商整日里旁门左道，毫无大臣应有的品行，才发生日食。

张匡越说越激动，从王商送女入宫一事继续引申，说当年吕不韦把已经怀了自己孩子的女人送给秦王，就生下了秦始皇；楚相春申君也是将怀有身孕的妻子送给楚王，最后生下楚怀王。像王商这等品行低劣之徒，什么事情都干得出来，他会不会送个已经怀孕了的女人给天子呢？

张匡还说，王商无尺寸之功，却从宣帝时代就受到宠信，他们王家人已经充斥到各个职权部门，可谓权倾朝野。天子继位以来，还没有惩戒过大奸巨猾，正好以此为契机，把王商处理了，断绝奸臣之路。

史丹觉得张匡说得好，和张匡合力写了封弹劾书，把王商骂得一无是处、丑陋不堪。老实说，张匡的话还是非常毒的，有很多都是欲加之罪。比如他说的，因为王商道德败坏，所以送的女人就可能是怀孕的，这就是在构陷人。幸好刘骜还不至于毫无辨别能力，他看了上书，也觉得言过其实，就不许再调查王商。可问题是，此时王商已经四面楚歌了，王凤怎可能放弃这个难得的扳倒王商的机会呢？

王凤说什么也不同意息事宁人，他非要把这件事追究到底。

王凤是刘骜非常信任之人，他天天讲王商不好，说得多了刘骜也觉得王商有问题，何况王商确实有些问题。最终，刘骜抵不住王凤的话，下诏书将王商免了，还说这是考虑到王商是先帝外戚，才没有按照规定处理。

刘骜的决定让王商惊怒交加，他一口气没有上来，被免三天后就呕血而死。

3. 反杀

王商死后，无人再能够制衡王凤，王凤的权势愈增。权力和义务成正比，王凤的权力变大，要干的事情也比之前多了。

王凤干得多，刘骜自然就轻松。看到勤勤恳恳、把一切都处置妥当的王凤，刘骜很欣喜有这样的得力助手。但有时刘骜又觉得不太方便，因为倘若他啥时候精神状态好了，也想做个主，说的话就不是那么起作用。这也情有可原——他平时不怎么管事，倘若底下人因为听他的而冒犯了王凤，等他不想管事的时候，怕是要遭殃。

王莽的亲家刘歆，当时被认为洞明事理且富有才能，刘骜身边的人推荐了好几回。后来，刘骜接见刘歆，跟刘歆交谈过后，发现刘歆真是个不可多得的人才，立即就决定让刘歆在宫里当中常侍，连官服都给拿来了。

然而，到正式任命刘歆的时候，身边人就提醒刘骜：陛下啊，你这个决定可没有跟大将军说哦。

"这等小事，何须大将军过问呢？"

他身边的人连忙跪下去磕头，要刘骜无论如何都跟王凤说一下。刘骜见他们害怕的样子，就跟王凤说自己想重用刘歆。

据史书记载，"凤以为不可，乃止"（《汉书·元后传》）。

不久之后，王凤又一次让刘骜难受。

*　　*　　*

在汉成帝九年（阳朔元年，前24）前后，定陶王刘康来朝。

刘康，曾是汉元帝刘奭最看好的人，是刘骜继承皇位的最大威胁。曾经，汉惠帝刘盈的皇位受到赵王刘如意威胁，等刘盈当了皇帝，他母亲吕雉就把刘如意母子害死了，还惨绝人寰地将刘如意的母亲戚姬变为"人彘"（砍手足、挖双眼、烧双耳、灌哑药之后，扔进厕所腐蚀）。想起这些历史，这个刘骜和王政君当年最大的威胁来长安了，刘骜母子会怎样对待呢？

他们不但只字不提昔日之事，和刘康尽释前嫌，反而考虑到当年刘奭很喜爱刘康，给了刘康远胜于其他诸侯王的赏赐。那时候，刘骜身体不好，而且继位近十年了还没有子嗣，心中愁苦。刘康是刘骜的兄弟，见面之后兄弟俩就有说不完的话。

本来，诸侯王进京朝见皇帝时间有限，因为时间长了诸侯王就可能到处串联，勾结朝臣。可刘骜实在不想和弟弟这么快分开，就让刘康别那么快走。他对刘康说："我至今也没有子嗣，这人啊，生死无常，说没就没了，一旦我哪天有了不测，就再也见不到你了，你留下来一直陪我吧！"

这话什么意思呢？

没有子嗣，而自己说不准哪天要驾崩，还要刘康一直留在他身边，让人觉得，刘骜有让刘康继承皇位的想法——刘骜也是无奈，谁让他身体不好，又没有儿子呢？那些天，刘骜身体状况越来越糟，刘康见此情况就留了下来，每天早晚都入宫探望。

但王凤不同意刘康长时间滞留京城。只是看到虚弱的刘骜，他才没明着反对。

不久之后，又发生了日食。这一回，王凤借着日食，向刘骜建言：日食是什么意思？说明阴气太盛，此灾异非同寻常。定陶王虽然和陛下亲近，可按照礼制，应该居住在自己的封国，如今长时间留在京城，有违常理，所以老天就用如此灾异来告诫陛下，陛下最好让定陶王回国去。

刘骜很想让刘康多陪自己几天，可王凤不同意，刘骜没有办法，只好让刘康回去。兄弟俩离别那天，想到祸福无常，这辈子也许再也不能相见，都流下泪来。

* * *

连续几次被王凤阻挠，刘骜也不是软柿子，他堂堂天子，心里总是不舒服。刘骜之所以事事听从王凤的安排，是因为离不开王凤，找不到一个可以代替王凤的人。与此同时，他也害怕把王凤换掉是错误的决定，因为一意孤行的君王很可能被后人说成刚愎自用、不听善策。毕竟一个人的忠奸很难辨别，在君王面前的臣子看起来都是忠心耿耿的。

但罢免王商、遣刘康归国这几件事让刘骜感到憋屈，恰在此时，京兆尹[①]也对王凤的专横跋扈非常不满，他写了个封事[②]，越过领尚书事的王凤，秘密交到了刘骜手中。

---

① 京城地区行政长官。
② 封事，是汉宣帝刘询的发明。一般的奏疏都得经过"领尚书事"之人，而封事可以越过这一层，直接通过中书令交给皇帝。

讽刺的是，这个京兆尹竟然是王凤所举荐，王凤对他也算有知遇之恩了。

他叫王章。

王章在封事中提到了三件事：第一，刘骜亲近定陶王（刘康），是为了宗庙社稷，乃上顺天心、下安百姓之举，做这种正义之事只会降临祥瑞，王凤之所以非要定陶王回去，是他想孤立皇帝，方便擅权；第二，发生日食是因为王凤行使了君王的权力，丞相王商为人正直，是个忠臣，只因不肯事事听命于王凤，为王凤所害，悲愤而死；第三，王凤给陛下推荐的张美人，是他的妾的妹妹，但这个女子已经嫁过人了，就连那落后的羌人，为了保证血统的纯正尚且要杀掉女子所生的第一个儿子，他王凤怎敢给天子一个二婚呢？综上所述，陛下不能再重用王凤了，必须选择忠良来代替。

读完这个封事，刘骜恍然大悟，他被王章说服，终于明白王凤原来是这样一个人，想到王凤之前给自己难堪，刘骜有了免掉王凤的想法。

他打算和王章谈一谈。

见到王章的那天，刘骜激动地说："没有京兆尹的直言，朕就听不到有利于江山社稷的谋略。像你这样的贤人，一定认识其他贤人，还请先生给我推荐一个能辅佐朕的贤臣。"

王章给刘骜推荐了冯野王。冯野王，是汉元帝冯昭仪的哥哥，元帝驾崩那年（前33），他曾是众望所归的御史大夫候选人，却因为得罪了汉元帝的幸臣石显而未能如愿。

刘骜早就听说过冯野王的名声了，他当太子时，冯野王就名誉海内。刘骜也知道，冯野王的声誉远高于王凤。

他打算让冯野王代替王凤。

可刘骜和王章的谈话被王凤知道了。

刘骜每次和王章谈话都会屏去左右，王凤怎会知道呢？

刘骜是遣走了左右随从，可仍然有个胆大包天的侍中，每次都偷偷听他们谈话。此人名叫王音，是王政君的堂弟王弘的儿子，和王政君、王凤同气连枝。他得知谈话内容后,立即向王凤报告。

王凤必须想办法阻止。可王凤能有什么办法呢?

刘骜之所以惧怕王凤,有两个原因:第一,王凤撂挑子,撂了挑子刘骜根本接不住;第二,他母亲王政君寻死觅活。王凤能限制刘骜的也就这两点,所以他听从一个叫杜钦的人,故技重施,写了封上书:不干了。

但王凤是想继续干的,而且他也知道刘骜想把他撤掉,所以这封辞职信必须很有技巧,否则就可能被刘骜顺水推舟。

在这封信中,王凤列出了自己的几大罪状:第一,臣愚钝,辅政数年来,我的建议陛下都能听从,我推荐的人陛下都能任用,我王凤没有丝毫功劳,这才导致阴阳失调灾异频现,这是我王凤没把工作干好;第二,我听说发生了日食,就说明天子委任的大臣有问题,就必须撤掉天子身边的肱股之臣;第三,近年来我身体不好,经常在家里养病,徒受秩禄。

说完罪过,接下来就是"血泪之言":陛下因皇太后才没有杀了我,而以我的罪过,本来就应该流放的,只是我又想,我们王家受到了如此恩宠,对陛下应当舍身尽忠,不能因为能力不足,就不为陛下分担效力。陛下,这一年多以来,我的病痛越来越严重,我也越来越难受了,我恳请能允许我回家养病。倘若托陛下洪福,我回去后幸而不死,那么我一定会再来见陛下的。请陛下可怜我。

刘骜读完王凤的辞职信,所受的震动和读完王章的封事差不多。

王凤毕竟是他的得力干将,为他做了许多他做不了、不想做的事情,正是因为王凤,他才有那么多私人时间、那么多快乐,从内心来讲,他对王凤还是感激的。刘骜看到王凤的信,眼前就浮现出一个老泪纵横的面孔,这个人为他日夜操劳,连看病的时间都没有,仅仅因为几件让他不满意的事情就全盘否定王凤,他也觉得有些过分了。也许王凤有些问题,可这个世界上哪有完人呢?他之前对王凤有意见,归根结底还是王凤太能干、太有主见了,可这样的王凤不正是他所需要的吗?

与此同时,王政君也开始绝食,整日啼哭。

第四章　王氏崛起

刘骜最终还是心软了，他向王凤认了错：天降灾异跟你们谁都没关系，都是朕的问题。大将军要辞职回家，让朕情何以堪呢？你别多想了，好好养病，安安心心工作就是。

王凤胜了，可王章呢？王章必须倒霉，否则王凤绝不善罢甘休，这个人不但一心想置王凤于死地，更是王凤所举荐，其行为严重伤害了王凤。

现在，刘骜认错了，主动权就掌握在王凤手中，刘骜一天不把这件事情处理得令王凤满意，王凤就哼哼唧唧，王政君就以泪洗面。而刘骜感激和依靠王凤，他作为领导，不能让给他干活的王凤受了冤屈还得不到伸张。

于是，刘骜做了一件让人震惊的事情——指使人弹劾王章。弹劾内容有二：第一，你明知道冯野王早先就因为是中山王舅舅的原因被调到地方，可还要推荐他在中央任职，是想让冯野王在朝中结党，内外勾结；第二，你明知道张美人纯洁高贵，还妄引羌人杀子荡肠①的风俗，将张美人和蛮夷相比。

王章很快就被下狱。相关部门最终给王章定了两个罪：第一，将天子比作夷狄，想让天子绝嗣；第二，让定陶王刘康留京，是给定陶王铺路，背叛了天子。就这样，那个看起来马上就要成为新贵、前不久还深深感动了刘骜的王章被下狱了。后来，王章在狱中自杀，其家人被流放到合浦郡②。

王章死了，可他推荐的那个替代王凤的冯野王呢？

冯野王很害怕。

*　　　*　　　*

---

① 这个风俗是王章在给刘骜的封事中提到的。即贵族为了保证血统的纯正，担心娶的女人在嫁过来之前就已经怀有身孕，所以将女子所生的头胎杀掉，以保证女子所生之子，一定是嫁过来之后和丈夫结合而来的。

② 合浦，治所徐闻县，在今广东省徐闻县南部，是当年汉武帝打下南越后设置的郡，那时还很偏远荒凉。

因为他既然被王章推荐，且刘骜也有让他取代王凤的想法，那么他势必引起王凤的注意，遭到王凤的嫉恨。该怎么办呢？

当时冯野王是琅琊郡太守，他决定避避风头，回家养一段时间病。

但王凤不想给冯野王机会，他对这件事情的处理非常直接：不管你冯野王干什么，都必须滚蛋。

御史中丞在王凤的指使下，弹劾冯野王：身为封疆大吏（琅琊郡太守），没得到朝廷批准就跑回家养病，还拿着虎符离开疆界，不尊重天子诏令。

冯野王被安了这么个罪，让王凤的幕僚杜钦都看不下去了，因为像冯野王这种级别的高官是可以带职养病的，这是官员的权力。既然是冯野王的合法权益，王凤想凭借这个给冯野王定罪，就毫无道理了。

其实王凤并没有说冯野王不能养病，他的意思是，你养病可以，但不能回家养病。

原来冯野王的罪过就是离开了琅琊郡，离开时带上了可以调动地方兵马的虎符。

但杜钦仍然反对：法律说了二千石官员能带职养病，但没有说不能回家养病啊！法律没有禁止，就是可以做了。如果大将军觉得二千石官员责任重大，不应该回家养病，那也得定好规章制度，而不能在没有制度的时候就惩罚冯野王。

杜钦说得有理，可王凤的话似乎也讲得通：法律没有允许你可以回家养病，谁让你回家了？

王凤的话也只是听上去在理。冯野王当时又没有行使公权力，那么规范他的原则，应该是法无禁止即可为。律法没有禁止冯野王的行为，冯野王这么做就不是错。

但这种理念在古代是没有的，王凤给冯野王治罪也不是弘扬正气，而仅仅是为了收拾冯野王。只要他能找到一点点可以给冯野王定罪的理由，只要这个理由不是毫无道理，那就是很有道理了。

所以，尽管杜钦讲得很有道理，可王凤也不是毫无道理，所以王凤没理会杜钦，硬是将冯野王免官了。不过王凤为了表示自己处理冯野王不是以权谋私，就立即出台了一项规定：地方上的二千石官员可以带职养病，但不能回家。

有了这个规定，再处置冯野王就看上去合理了。

4. 王凤

王章死了，冯野王也算躺着中了枪，但整件事情给人的感觉是：很黑暗。

王章弹劾王凤的罪名，一是遣走定陶王，二是陷害王商，三是进献张美人。看了王章的封事之后，不但刘骜认为王凤在这三件事情上有问题，连旁观者也觉得王凤有问题。可是王凤的一封辞职信和王政君的几滴眼泪竟然把事情反转了，让遣走定陶王和进献张美人这两个客观事件的性质发生了巨大变化：从王凤做得不对变为王凤做得好。使人忍不住想责备刘骜：你脑子进糨糊了吗？

这些事情让人觉得，原来在政治斗争中，善恶对错是那样模糊，以至于同一件事情的善恶可以根据需要发生天翻地覆的变化。

很多人看到这些，都会觉得王凤是个可恶的权臣、阴谋家。而刘骜事事听从这样一个人，证明了他的昏聩无能。原因是我们看到的王凤：第一，一手遮天，权倾朝野，皇帝被他架空；第二，为了斗败王商，就偷偷派人调查王商的阴私，刘骜不听他的话处理王商，他就死缠烂打，终于把王商免官；第三，为了收拾王章，他颠倒黑白，最终令王章致死。

王凤和王商、王章各有一次激烈的斗争，而这两次斗争，都让人对王凤产生反感。

和王商斗争，许多人天然地同情王商。第一，在面对水灾的问题上，王商的表现完爆王凤；第二，王商这个人很有气质，汉成帝八年（前25），单于来朝，竟然当场被王商的气势吓住，并赞叹这才是汉朝该有的丞相，所以史书记载王商时，已经给他带光环了；第三，王商跟王凤结怨，直接原因是王商不愿给王凤走后门释放杨肜，王凤的做法首先就有问题；第四，史书上出现了一个批判王商的张匡，但史书给这个人的评价是"为人佞巧"（《汉书·元后传》），即为人狡狯，既然张匡已经品行不端了，那么他弹劾王商的话即便是真的，我们也要怀疑，也不愿意信；第五，史丹和张匡的奏疏上去后，刘骜本来没打算处置王商，可王凤就像个赖皮，非要纠缠，最后硬把王商斗败了；第六，王商被免官后过了三天就气死了，充满着悲情色彩，易于引起人的同情。

同样，王凤和王章斗争时，不少人也天然地同情王章。第一，王凤有了之前的事情，人们已经主动把王凤看成恶人；第二，因为王凤不道德，王章是王凤所举荐，如今他愿意检举王凤，看客不会把王章的行为看作"恩将仇报"，而认为是"大义灭亲"，所以王章是道德的；第三，王章弹劾王凤的几点确实是王凤的问题，王章的弹劾正确；第四，王章做了正确的事情，可居然被王凤用卑鄙的伎俩给打压了；第五，王章推荐的冯野王受到朝野的一致好评，可王凤居然用非常手段把冯野王免了。

正因为人们同情王商和王章，所以在许多人眼里，王凤就是个不道德的权臣，后人说起王凤没有好感。

可王凤真的那么坏吗？

王凤确实有些不好，但不至于一无是处，王章和王商也没有人们想象的那样好。那不过是两个利益集团的弱肉强食，哪有什么正不正义！不过是人们有同情弱者的天性，所以斗败的一方就略显正义了。

现在，我们先来看王章对王凤的三条弹劾。

第一，王凤逼走刘康。笔者以为，你可以说王凤这么做是自私的，想把能辅佐刘骜的刘康遣走，但笔者更倾向于认为，王凤这是顾全大局，因为倘若把刘康这个诸侯王养在京城，日后刘骜又生了儿子，肯定会引起混乱，就像当年汉景帝和弟弟梁王刘武一样。汉朝明确规定了诸侯王不能长期留京，是有道理的，就算那个规定没有道理，王凤只是按规定办事，也不能说王凤错了。

第二，王凤免掉王商。是内朝长官王凤和外朝长官王商互不买账，最终王商斗败才气死的，王凤作为一个正常人，只是在维护自己的既得利益，好像不能因此看出王凤多么恶劣。何况，王凤并没有编造莫须有的罪名构陷王商，杀人、通奸等的确是王商的污点。王凤以这个理由向王商问罪没有不妥。且王商之前不愿意把女儿送入皇宫，自己有困难了就要送女儿，这行为似乎也不怎么光彩。

第三，王凤给刘骜推荐了张美人，而张美人嫁过人。这也不是什么原则性问题，否则刘骜说什么也不会答应，且汉朝之前有过类似的情况（汉景帝娶的王夫人就是二婚，王夫人生下汉武帝刘彻），王章在弹劾王凤的时候提起这事，只是为了引出刘骜的怒气，增加斗败王凤的筹码。王凤在跟王章争斗时，反驳这一条，只是正常还击，并非王凤搞了什么阴谋诡计。

王章弹劾王凤的几点都算不上是错误的，因为这几件事情正说反说都有道理，你想收拾王凤了，就可以说王章的弹劾全部正确；想收拾王章了，就可以说王章的弹劾全在胡说八道。那么这几件事情的正确与否，并非取决于事件本身，而是斗争双方的强弱。何况在和王章的斗争中，王凤是非常生气的，因为王章背叛了他，那么即便王凤给王章加重了惩罚，即便不一定对，也可以理解了。

所以，王凤收拾王章，所有的理由都不是胡搅蛮缠，也没有胡乱构陷，而是王凤的势力够强；王凤收拾王商，也只是两派斗争后刘骜选择了有利于强者的结果，而非王凤做的事情本身恶劣。

那么，他收拾冯野王呢？

笔者认为，不听任何人的劝说而收拾冯野王，显示出王凤狠辣的性格，正是这一品质，让他在复杂的官场中没有妇人之仁，让他在面对王章和王商的猛烈攻击时立于不败之地。

许多人只是觉得冯野王无辜，可冯野王真实的想法又如何呢？当冯野王得到王章的支持时，怕也是有过取而代之的想法的。冯野王是公认的可以代替王凤之人，很有才干，且冯野王还有个外甥是中山王，势力非同小可，王凤若把他留在身边，保不准哪天一个不小心，就被冯野王取代了。其实，在你死我活的官场上，王凤没有对冯野王赶尽杀绝，已经算可以了，当时以王凤翻手为云覆手为雨的本领，弄死冯野王也不是没有可能。

＊　　＊　　＊

王凤是外戚，把天子架空，权倾朝野，还打击名声甚好的王章、王商、冯野王，这成了他被人诟病的地方。

但其实这几点似乎不是王凤的错。他是外戚不是错，他把天子架空，是因为天子离不开他，可以看到，他几次提出辞呈，刘骜都拼命挽留。既然刘骜把他当成第一助手了，那么他的权倾朝野也就成了必然，至于他打击王章、王商和冯野王，笔者前面也分析了，并非都是王凤做错。

王凤没有嫉贤妒能、打压人才，事实上，王凤很爱人才。

王凤当权时期，经常有人在他面前举荐人才，而对于真正的有才干之士，王凤往往都会重用。比如他重用陈汤、赏识王章，还有王尊、薛宣、陈咸、朱博、萧育、杜钦、谷永、辛庆忌、班伯等汉成帝时代的名臣，都是王凤推荐，这只是些知名的、在史书上留有传记的人物，那些不知名的不知还有多少呢？单单从史书的记载来看，汉朝历代权臣还没有哪个比他更爱惜人才。

王凤没有主动陷害过忠良。他斗败王章、王商，都是王章和王商主动向他挑衅，他为求自保才出手的。其实他早就和王商的关系不好了，但他没有因为王商和自己的政见不一而打压王商，直到有一天，因为发生天灾王商要给王凤的亲戚定罪，而王凤不管怎么求情王商都不给面子时，王凤才决定收拾王商（王凤明确说了，发生天灾和地方官员没有直接关系，这种事情是可以问罪，也可以免罪的）。他也没有对王商赶尽杀绝，而只是消除威胁，把王商免官，至于王商气死，似乎不该怪在王凤头上。对冯野王这么个可以代替他且呼声甚高的人，王凤也没有将其拍死，而只是把他免官。只有对王章，他是咬牙切齿了，不仅因为王章想干掉王凤，更因为王凤对王章有知遇之恩，所以他没有姑息王章。

相比之下，在刘骜当皇帝的二十多年间，政治最清明的就是王凤辅政的时期了，后来刘骜干的一系列荒唐之事都是在王凤去世之后。王凤活着时，刘骜还不敢为所欲为，他要干个什么事得王凤点头才行。

王凤不是奸臣，史书明确说了他富有才能，只是在掌权的过程中有些霸道，因而让人不满。王凤的霸道从以下几点可以体现。

刘骜继位后，有两个外戚，一个是舅舅王凤的王氏家族，一个是他妻子的许氏家族。从前代的情况来看，皇后的外戚一般要比太后的外戚更吃香，比如在汉武帝时代，以卫子夫为代表的卫氏家族的权势就远超过以王太后为代表的王氏家族。王凤身边有个智囊叫杜钦，从一开始就建议王凤多让着许皇后的父亲许嘉，因为天子一般会更喜欢皇后的亲戚。然而才过了三年，王凤就扭转了身份上的劣势，完全将许氏碾压，在许嘉没有任何问题的情况下，刘骜让许嘉告老还乡了，而这么做的目的也很直接，就是为了王凤可以大权独揽。

随着王凤的权势一天天变大，其触角伸到了国家的各个角落，到最后连刘骜想做什么都得王凤批准，虽然刘骜有时候不满，可又无可奈何，谁让他懒呢？

王凤发现冯野王对自己有威胁，尽管理由不充分，尽管有智囊杜钦的劝谏，他也没有任何犹豫就将冯野王免职，消除了后患。

当时，王凤是大司马大将军，领尚书事，可以帮皇帝处理政务，但除了他，一个叫张禹的人也领尚书事。张禹曾是给刘骜讲授《论语》的老师，深受刘骜的敬重，可张禹觉得和王凤一起领尚书事，有点和王凤争权的意思，多次上书辞职，只为了避开王凤的风头。

如果非要指责王凤，那就只能说他越权了。可他能够越权，并不是自己抢来的，而是刘骜给他的。他也好几次辞职，虽然言不由衷，但刘骜离不开他，每次都不允许。他不是圣人，却也是个有着个人理想和家族责任感的人，不可能像那些吃不到葡萄说葡萄酸的大臣心里期望的那样，主动交出权力。他专权、独裁，是希望将自己的才干付诸实践，让这个国家、让自己的家族越来越好，而他在这个过程中没有伤天害理。

5. 诸舅

　　王章死后又过了一年多，王凤的好日子也到头了。

　　他没有遇到很强的政敌，而是遇到了阎王。到汉成帝十一年（阳朔三年，前22）秋天，王凤生了重病，卧床不起。

　　王凤病倒让刘骜一下慌了，除了从小就尊敬王凤、多年来依靠王凤，更因为倘若没了王凤，国家大小事务就得由他来干，可他又不是太懂，那他就会很烦。

　　刘骜数次到王凤家里探望。有一次他拉着王凤干枯的手，看到王凤不久于人世的样子，悲从中来，哭着说道："将军如有不测，我看得平阿侯来接替您了。"

　　平阿侯，就是王凤的三弟，叫王谭。不过那天王凤的反应，让刘骜大吃一惊。

　　因为王凤听了刘骜的话顿时就有了精神，他爬起来，跪在地上求刘骜：千万别重用王谭，别说王谭，自己另外的几个弟弟也都不能重用。

　　王凤这是为何呢？

　　王凤说："他们虽是我的至亲兄弟，可平日里骄奢，根本不能给老百姓做表率。"

　　王凤推荐了王音。王音，是王凤的侄子，曾偷听王章和刘骜的谈话，并及时将谈话内容告知王凤。王凤因为王音的告密，得以从容对付王章，那件事情过后，王音被提拔为御史大夫。

　　当天，王凤不但推荐了王音，还表示自己"敢以死保之"（《汉书·元后传》）。但王凤还是担心刘骜不听自己的话，由那几个弟弟接替自己，临死前又给刘骜上书，极力推荐王音，陈述他那几个弟弟不可重用。

王凤推荐王音而否定亲兄弟，原因真的如王凤所说吗？

史书不这么看。史书说，那个王谭，平日里为人倨傲，不买王凤的账，兄弟俩关系不好；而那个王音对王凤非常恭敬，犹如儿子一般，所以王凤推荐了王音。（《汉书·元后传》：初，谭倨，不肯事凤，而音敬凤，卑躬如子，故荐之。）

笔者认为，不能将王凤的行为完全看成是大公无私，也不能认为他完全凭一己好恶做决定。王凤毕竟主政十一年了，这个国家的许多事情都是他在做主，他肯定不希望自己死后国家衰败。何况王谭是他的弟弟，和他也没有深仇大恨，若非王谭等人的确不堪大用，王凤也不至于如此激烈。史书有明确记载，王凤那几个弟弟确如王凤所说，骄奢淫逸：他们争相攀比，大量收受贿赂，姬妾数以十计，僮仆成百上千，莺莺燕燕，放荡颓靡，大起宅第，极尽奢华，很多建筑甚至模仿皇宫。

王音要比这几个人强太多，据《汉书·元后传》记载，后来王音当了辅政大臣，"王氏爵位日盛，唯音为修整，数谏正，有忠节"。至于说王凤没有私人感情，那也把王凤说得太伟大光正了，哪个人不希望继任者和自己的理念相同、对自己恭恭敬敬呢？

汉成帝十一年（阳朔二年，前22）八月，大司马大将军王凤薨。刘骜参加了王凤的葬礼，并赠予其丰厚的陪葬品，同时要求士兵自长安到汉元帝渭陵列队。如此宏大的场面，只在九十五年前（前117）大司马骠骑将军霍去病的葬礼上出现过。

当年九月，御史大夫王音为大司马车骑将军，成为王凤的接班人。

王音去世后（永始元年，前15），刘骜又选择五舅舅王商接替王音，为大司马卫将军。

三年后（元延元年，前12），王商去世，刘骜的七舅舅王根为大司马骠骑将军；到刘骜驾崩的前一年（前8），王根年老病重，推荐侄子王莽来代替自己。

* * *

王政君的父亲王禁有八个儿子：长子王凤继承父爵，为阳平侯；三子王谭为平阿侯，四子王崇为安成侯，五子王商为成都侯，六子王立为红阳侯，七子王根为曲阳侯，八子王逢时为高平侯。

八个儿子，独独缺少老二。

老二叫王曼，很早就死了，他就是王莽的父亲。

由于王曼去世早，未及封侯，一家人过得非常清贫。王莽在这样的家庭长大，从小就学会了勤劳节俭。王禁有八子四女，每个儿女膝下都有一大堆子女，王莽这个孙子，不过是众多孙子中的一员。他的叔叔伯伯和姑姑们每个人都有好多孩子，连自己的孩子都顾不过来，没有人会关注王莽的。顶多会在有人提到王曼之时，几个侯爷能忽然想起老二家还有几个困难孩子。

当那些富二代兄弟们过着花花公子的生活时，王莽正埋头苦读，承担起抚养母亲、寡嫂和侄子的家庭重任。

王莽的机会出现在他二十四岁时。汉成帝十一年（阳朔三年，前22），王莽的大伯、大司马大将军王凤病重在床，王莽来到大伯家中，伺候王凤。

伺候行将就木的病人可不是个容易事儿，你要想办法给不想吃药的病人喂药，给病人翻身、擦洗，要在病人大小便失禁时收拾，很有可能你刚给病人换上干净的衣裤，他马上就往上面拉屎，你就算再困，听到病人的呻吟也必须一个猛子扑到病人的床前询问……时间一长，再孝敬的子女也会疲倦的。

那一年，王莽在王凤的床前恭恭敬敬，亲自品尝端给王凤的药，生怕烫着或凉着，他把所有精力都放在了照顾大伯上，以至于到后来变得蓬头垢面，眼睛充血。实在困倦了，他也是和衣而睡，生怕大伯叫唤时身边没有人照顾。

王莽在病榻前勤勤恳恳地伺候了王凤好几个月，令王凤非常感动。他临终前将王莽托付给王政君和刘骜。

第四章 王氏崛起

王莽之前很少有机会和这些贵族亲戚密切来往，照顾王凤这几个月，让大家看到了王莽的优良品德，也对这个小伙子刮目相看。王凤死后，王莽终于进入了贵族亲戚们的视野，很快被拜为郎官。王莽从小就吃了不少苦，身上没有一点纨绔子弟的习气，在宫中任职时，从不因自己朝里有人就得意忘形，几年下来，他广结英才，孝顺长辈，众人对他有了很高的评价。他的五叔叔王商觉得王莽很顺眼，就请求给王莽封侯。

王商自然不会直截了当地说给王莽封侯，他向刘骜表示，想把自己的食邑分一点出来给王莽。

当年，刘骜给他这几个舅舅封侯的时候，朝中引起了轩然大波，大臣拿出汉高祖那"非功不得封侯"的约定吵闹了许久。然而当这一次王商提出给王莽封侯时，许多有名望的臣子竟然都站出来为王莽说话，说王莽如何如何优秀。

这下刘骜就觉得王莽不错了。于是在王凤去世六年后，汉成帝十七年（永始元年，前16）五月，王莽的父亲王曼被追封为新都哀侯[①]，王莽继承父爵，为新都侯，食邑一千五百户。

八年后，王莽官至光禄大夫、兼任侍中骑都尉，比二千石级别，此时，朝中重臣大司马骠骑将军王根病重。王根是刘骜的七舅舅，而刘骜八舅舅王逢时已死，王莽遂瞅准了王根的位置。

但王莽最多只是王根接班人的第二人选。

第一人选不是王家老六王立，而是淳于长。

* * *

当年，大司马大将军王凤临终前，病榻旁除了王莽，还有个淳于长；在王凤的最后岁月里，除了王莽让他感动，淳于长也令他感动；王凤最后除了推荐王莽，也推荐了淳于长。

淳于长是王政君的姐姐王君侠之子，即王政君的外甥。算起来，

[①] 新都哀侯中的"哀"，是朝廷给王曼的谥号。

王莽和淳于长是表兄弟关系。

淳于长比王莽混得好,当王莽还是个比二千石的光禄大夫时,淳于长已经是个比他高两级的卫尉了(中二千石)。

淳于长的发迹跟皇后有密切关系。

第五章 外戚势力

那一年,王莽三十八岁,是同龄人中的佼佼者。在这个年龄能攀上如此高位,在任何时代都算得上佼佼者了。意气风发的王莽暗暗定下目标:做一番成就,超过四个长辈(《汉书·王莽传》:欲令名誉过前人)。于是,王莽辅政之初,克己奉公,不知疲倦。他广招人才,还不惜金钱,将封地收入都用来招徕宾客,而他本人则愈发节俭。有一次,他母亲生病,朝中官员派夫人探望,王莽妻子迎接时,穿着非常简朴,不像其他豪门贵族都身着绫罗绸缎。众人最初以为这女子只是丫鬟,后来才知是王莽夫人,都惊愕不已。

1. 皇后

刘骜的第一个皇后,史称许皇后,是平恩侯许嘉之女,刘骜当皇太子第一次见到她时非常喜欢,刘骜继位第二年(前31)被立为皇后。

刘骜继位之初,不断有各种特殊的自然现象,黄雾、流星、日食、大水等,层出不穷。当时人们信奉天人感应理论,认为发生这些灾异是老天有话说。

老天想说什么呢？这个由学者（主要是儒生）们解释。他们往往先定调子，看想要借此自然现象阐发个什么样的思想，比如劝谏天子，还是指责外戚、诸侯、大臣。定好主攻方向，就在古书字缝中寻找论据。那些论据令人信服也好，牵强附会也罢，他们总会慷慨激昂地写上一篇精美文章，表扬他们看着顺眼的，斥责他们不满的。

那时候根据天人感应议论政事，谈的道理、用的逻辑都没什么科学依据，靠的就是共鸣，你说出了天子想说却说不出来的话，你就有理。比如你觉得发生日食是后宫出了问题，而别人认为是外戚出了问题，哪个人的观点能说到皇帝的心坎儿上，皇帝就觉得谁说得好。

为什么这么说呢？

举个简单例子，刘骜继位之初，给一个舅舅（与王政君同父同母的王崇）封了列侯、五个舅舅封了关内侯，大臣们反对，就说出现黄雾是因为给没有功劳的外戚封侯不符合规定，是以天降灾异。

但王凤紧接着辞职，刘骜就再也不听儒生的话了，还说出现黄雾是自己的问题。

所以，解释自然规律的权力掌握在儒生手中，但是采纳与否的权力在天子手中。

把出现黄雾解释成外戚有问题，在皇帝那儿通不过，于是另一帮大臣出来了。谷永和刘向（王莽亲家刘歆的父亲）就给出了新的解释：后宫存在问题，解决方案是减省后宫经费。

刘骜觉得谷永和刘向的论述很有道理，说到了他的心坎儿上，就照办了。

许皇后连忙给刘骜上书，陈述这么做有多不合理，并希望和刘骜面谈，可刘骜引用谷永、刘向的话把许皇后驳回了。

之后三年，连续发生了日食。大臣们纷纷上书，认为发生日食是老天告诫刘骜别重用大将军王凤。

可我们也知道，刘骜非常信任王凤，大臣就是把天说破了，他也不会废掉王凤的，因为没有了王凤，那些烦人的、不好干的事情就得他亲自干。所以，即便那些说王凤不好的大臣把道理说得如何鞭辟入里、如何环环相扣，刘骜都不会认同的。

不过，倘若在这时有人给日食一个另外的解释，他就宁愿相信了。

那个谷永又出来了，他认为日食之咎不在王凤，而在于许氏外戚。

刘骜立即相信。很明显，刘骜之所以"相信"，是因为需要王凤，他发自内心地想给王凤脱罪。

渐渐地，刘骜对许氏外戚就有些疏远了。许家见刘骜开始宠信别的女人，又想到许氏被疏远皆因为王氏家族，于是以许皇后姐姐许谒为首的一批人就想到一个法子，准备改变这种状态。

她们请巫师施法，诅咒王凤及后宫那些怀有身孕的女子。

请巫师施展诅咒之术，当年汉武帝就因为这种事废了第一个皇后，逼死第二个皇后，还将亲生儿子满门抄斩。

许家干的这个事被一个叫赵飞燕的婕妤知晓，赵飞燕又向王政君举报了。王政君得知后大怒，立即将许谒一干人等下吏拷问。

最终，许谒等直接参与人员被诛，许皇后被废，幽居在上林苑昭台宫，许皇后亲属全部被遣回故乡山阳郡（治所昌邑县，今山东省巨野县南部）。这一年，是许皇后当上皇后的第十四年，汉成帝十五年（鸿嘉三年，前18）。

许皇后在上林苑昭台宫幽居了一年多后，被迁出长安，来到长定宫。长定宫是林光宫中的建筑，地址已远离长安，在云阳县（今陕西省淳化县西北）了。

许皇后被废一年多以后，那个告发许皇后的赵飞燕成了刘骜的最爱，刘骜想要把赵飞燕立为新的皇后。

可王政君不同意，她嫌弃赵飞燕婢女出身，当了国母会贻笑大方。

这时是淳于长来往于未央宫（刘骜居住处）和长信宫（王政君居住处，处于长乐宫之中）之间，帮助赵飞燕和刘骜给王政君吹耳旁风。

王政君拒绝赵飞燕当皇后的理由，纯粹是她的个人喜好和偏见，根本不是原则性问题。不但没有任何法令条文规定平民不能当皇后，在汉武帝时代还有过舞女当皇后的先例（指卫子夫），包括现在的天子刘骜，都是那个舞女的血脉。所以淳于长软磨硬泡，找各种机会说服王政君。王老太太又是个不太坚定的人，就渐渐松口，觉得让赵飞燕当皇后也无伤大雅。

王政君不再阻拦，刘骜就放开手开干了，他很快就下诏，封赵飞燕的父亲赵临为成阳侯。

谏大夫刘辅认为此举非常不妥。据《汉书·盖诸葛刘郑孙毋将何传》，刘辅表示，刘骜现在是"触情纵欲"，倾心于"卑贱之女"，如果将赵飞燕这种人册封为皇后，一定"有祸而无福"，还说"腐木不可以为柱，卑人不可以为主"。刘骜听他把自己心爱的女子说得如此不堪，二话没说就把刘辅关进了监狱，群臣见平日里受刘骜赞赏的刘辅写了封上书就被关押，都不知是何缘故。后来在一众大臣的苦苦请求下，刘骜才稍稍熄火，给刘辅判了个鬼薪罪，就是把刘辅赶到山里，给官府义务砍柴。按照《汉旧仪》的说法，刑期三年。刘辅这个政治新星因这个事葬送了前途，终老于家。

等刘骜收拾了刘辅等绊脚石，一个多月后就将赵飞燕立为皇后，是时汉成帝十七年（永始元年，前16）六月。

刘骜深知，赵飞燕能当上皇后，淳于长下了很大力气，为了感激淳于长，他想给淳于长赏赐。而给一个臣子的最高赏赐就是封侯了，因为被封侯的人只要不犯错误，侯爵是可以世袭的，有了一定数量的食邑，他们就可以不劳而获了。

可封侯的理由是什么呢？淳于长只是刘骜的姨父之子，就算到汉成帝时代，给舅舅封侯成了心照不宣的惯例，可是给平辈的、姨父家的表兄弟封侯，也实在不成体统。

刘骜也不能因为淳于长偷偷摸摸传话帮赵飞燕当上皇后就给他封侯。

该找个什么理由呢？

刘骜想到了一件让他咬牙切齿之事。

事情和他的坟墓有关。

2. 帝陵

汉成帝二年（建始二年，前 31）时，刘骜就选定渭城延陵亭为自己驾崩后的坟墓所在地，并开始修筑延陵。然而过了几年，他突然看上了新丰县戏乡的一块地方，而且越看越顺眼，觉得那才该是自己死后的安居之所，于是在汉成帝十三年（鸿嘉元年，前 20），他下令别再修那个延陵，去新丰县的戏乡修建昌陵。

把修了十一年之久的延陵丢弃，重新修建昌陵，如此劳民伤财的决定肯定是刘骜所为，和淳于长没有多大关系。直到那个负责修建昌陵的将作大匠解万年打起了小心思，才跟淳于长有了关联。

自汉景帝刘启开始，汉朝皇帝习惯围绕自己的陵墓建城邑，往这些新修的城中移民，以使皇帝死了之后，其葬地也繁荣昌盛，同时显示为他守墓的人多。刘启就建了阳陵邑，武帝刘彻建了茂陵邑，昭帝刘弗陵的平陵、宣帝刘询的杜陵，朝廷都往那里大量移民，所以自然也存在平陵邑和杜陵邑。

然而汉元帝刘奭是个节俭的皇帝，他觉得修建帝王陵已经非常花钱了，再围绕帝王陵修建城邑的话会加重百姓负担，于是在汉元帝九年（永光四年，前 40）时，他下诏表示，在自己的渭陵旁边不要修建渭陵邑。

汉元帝开了不修陵邑的先例，刘骜也就遵循故例，不在自己的陵墓周围修城。

解万年就觉得，在帝王陵这个大工程上做点文章，一定能捞到许多政治资本，比如汉武帝时代的工匠杨光，因造的东西甚得天子之意而当上二千石的将作大匠；宣帝时代的大司农中丞耿寿昌因建造杜陵被赐爵关内侯，同时代的将作大匠乘马延年被提拔为中二千石。以此类推，倘若自己在建造帝王陵工程中表现好，肯定也会被重赏。可如果仅仅修个坟墓而不起陵邑，他恐怕捞不到多少政治资本。

有了这个想法，那就得忽悠刘骜：在昌陵修建陵邑是非常必要的。

忽悠，也需要本事。解万年自忖还没有巧舌如簧的口才，他想到了一个叫陈汤的人。

陈汤是一个大名鼎鼎的人，曾赴西域斩杀了郅支单于，并发出了"犯强汉者，虽远必诛"（《汉书·傅常郑甘陈段传》）的千古豪言。他这个人，懂得变通，脑子灵活，熟知国家法令，而且挺有谋略。那时的陈汤是大将军府上的重要幕僚，曾足不出户就预料到西域的战事，极受大将军王凤和王凤继任者王音的重视。

但陈汤有个毛病，就是贪污，尤其跟了王凤和王音之后，经常收取贿赂，替人办事，让人看到了他的能量。王莽能够被封为新都侯，陈汤也是出了力气的。

解万年就想通过陈汤奏请刘骜，让刘骜像景、武、昭、宣几个皇帝一样，围绕着自己的陵墓修城。

可是，陈汤凭什么为了一个解万年，在刘骜面前浪费唇舌呢？

解万年当然替陈汤想好了：你陈汤现在居住长安，条件一般得很，你早就不想在那儿住了。等昌陵周围修了陵邑，你往那儿搬迁，搬过去朝廷就会分房分地。

陈汤果然心动了。他回家后发挥自己的聪明才智，写了个封事给刘骜，逐条陈述在昌陵周围修城和往那里移民的必要性，为表忠诚，他愿意携家眷率先入住那荒无人烟的昌陵。

人都喜欢讲个派头，刘骜也想死后自己的陵墓周围繁荣昌盛，内心也隐隐希望围绕自己的陵墓修城，只是碍于父亲的先例才一直没办。如今陈汤的话说到了他的心坎儿上，还说修建陵邑是国家所需，他当即同意，并且让将作大匠解万年负责。

当然，凭空修个城是非常花钱的事，刘骜虽然想干，但还是担心花钱太多国家受不了。恰在此时，"建筑权威"解万年跟他表态：这个工程没有陛下想象的那么复杂，三年就能搞定的。

第五章 外戚势力

如此刘骜再无后顾之忧，让解万年放手干。

真正开干的时候，麻烦才来了。昌陵的选址在一个低洼地，要修陵墓和城邑就必须运来大量的土进行增高，单单在土上面的花费，算下来土的价格已经和粮食差不多了。修建昌陵的工作困难重重。

五年过去了，虽然朝廷已经下拨了无数钱款，征发了无数百姓，可距离工程结束仍遥遥无期，越来越多的人意识到：修建昌陵和昌陵邑是个错误的决定。

终于在汉成帝十七年（永始元年，前16）七月，面对各方压力，刘骜不得不下诏表示：之前误听了解万年的鬼话，以为该工程三年可成，但如今劳民伤财，实在让人痛心，就别再修昌陵了，将之前修的延陵作为我的陵墓吧，另外，重新修延陵的时候不要往延陵移民。

五年来，解万年也不是一事无成，他在昌陵修了一批房子，很多人就像陈汤一样盯着那些新房，于是就有人问政策研究专家陈汤：上面没有下令拆房，以后会不会还要往那儿移民呢？

陈汤像一个看破世事的哲人："天子下那个诏书，不过是暂时稳住大臣，以后还要往那里移民的。"

当时，陈汤的官职虽然不大，但由于他昔年所做之事，以及说出的话经常都能应验，所以人们对他很信服，他的话有着很大影响力。

话说出去不久，就传到丞相和御史大夫的耳中。俩人非常生气，因为他们刚刚给刘骜上了个奏疏，让刘骜把昌陵的房子毁了。

而此时内朝首领已经是大司马卫将军王商，他很讨厌陈汤，就直接以妖言惑众为名，将陈汤抓起来了。这一回没有人维护陈汤，丞相、御史大夫也立即表态，声讨陈汤的罪行。

对于最终决策者刘骜来说，昌陵这个工程让他非常恼火。他又想起了那个当初拍着胸脯说三年可以完成的解万年，火冒三丈，下了一道非常严厉的诏书，将解万年痛骂一顿，说解万年"佞邪不忠，妄为巧诈，流毒众庶，海内怨望，至今不息"（《汉书·成帝纪》），翻译过来可以直接概括为"解万年是个畜生王八蛋，干了件遗臭万年的事情"。

至于陈汤，刘骜顾念他曾经远赴西域斩杀郅支单于的功劳，才没把他整死。最终，刘骜将解万年和陈汤发配到边郡敦煌。

讲了这么多修坟的事，这和淳于长封侯有什么关系呢？

3. 告状

据刘骜发布的官方诏书说，在修建昌陵陷入困境时，淳于长是第一个提出罢弃该工程的，数次对自己说昌陵不可能建成，终于引起重视。让臣子讨论淳于长的提议，得到了所有人的支持。（《汉书·佞幸传》：朕以长言下公卿，议者皆合长计。）

如今，支持修建昌陵的解万年和陈汤遭了殃，淳于长等反对修建昌陵的人自然就有功了。恰好刘骜想给淳于长封侯，于是刘骜在痛骂解万年是个王八蛋的同时，将淳于长好好褒扬了一番，说淳于长献了能安定百姓的妙策，让臣子讨论一下怎么封赏淳于长（《汉书·隽疏于薛平彭传》：复下公卿议封长）。

臣子明白，刘骜的言外之意是给淳于长封侯。

但大鸿胪平当（大鸿胪，负责管理归顺汉朝的蛮夷）不同意，他认为，淳于长虽然提出了善策，但还不至于因此封侯。

这是刘骜好不容易才想出来的理由，岂能因平当的阻挠作罢！不过平当毕竟代表了很多人的观点，因而这一年刘骜虽然封了淳于长，但没有一步到位，先将他封为关内侯，食邑一千户①。我们知道，在秦汉爵制中，十九级爵是关内侯，二十级爵就是列侯了，关内侯差不多是个"准侯爷"。几年后，刘骜找了个机会，就把淳于长封为定陵侯。

汉成帝二十一年（元延元年，前12），刘骜旧事重提，说之前淳

---

① 大司农中丞王闳也曾和淳于长一样，建议放弃昌陵，因而在封赏淳于长的同时，王闳也被封为关内侯，食邑五百户。

于长提出要放弃昌陵工程时,平当认为国家已经在昌陵耗费了许多精力,应该坚持修完。刘骜下结论,说平当在胡说八道,以此为借口将其调出中央,贬为钜鹿郡太守。

淳于长是王政君姐姐的儿子,王莽是王政君兄弟的儿子,他们和王政君、刘骜的亲疏程度一样,众人对他俩的评价也不相上下,那么最有可能接替王根的,自然是那个在官场上混得更好的淳于长(王莽比二千石、淳于长中二千石)。

如果王莽不采取非常措施,王根之后势必是淳于长了。该怎么办呢?

王莽开始偷偷调查淳于长的罪过。

一查,就发现了一个大秘密。秘密仍然和那个被废了的许皇后有关。

当年,出身低微的赵飞燕在淳于长的帮助下当上皇后,许女士伤心欲绝的同时,也看到了淳于长的能量。

恰好许女士知道,她的姐姐许嬺(mǐ)丧夫后,和淳于长有一腿,后来淳于长还直接把许嬺娶为小老婆。于是许女士就通过许嬺给淳于长大把大把送礼,不说重新当皇后,哪怕能当个婕妤,别幽居在长定宫就行。

淳于长收了厚礼,答应得倒还爽快,直接许诺许女士说自己可以运作一下,让许女士当个"左皇后"(汉朝没有这个封号),地位仅比赵飞燕稍逊。

这让许女士喜出望外。她将越来越多的钱送给淳于长,同时对淳于长的一些言语侮辱也默默忍受。

淳于长似乎的确有这个能力,因为到汉成帝二十五年(绥和元年,前8)时,汉成帝突然想起被废的前妻许女士,下诏优待九年前遣回山阳郡的许氏亲属。这个诏书虽然没有提及优待许女士,可刘骜能这么做,还是让许女士看到了希望。

然而这个可能存在的希望被王莽破坏了。那一年,大司马骠骑将军王根病重,王莽和淳于长都想当接班人,而且淳于长的可能性更大。

王莽私下调查到，淳于长将许嬢娶为"小妾"，还收了许女士的许多贿赂，王莽找到王根："淳于长见将军久病不起，内心非常欢喜，他自以为要替代您，竟然已许诺一些人，说自己上台后让他们当什么职务。"说完，又把他调查到的罪行说给王根。

也许，王莽说淳于长对王根的病幸灾乐祸，王根心里不舒服，却仍会怀疑其真实性。可他又听说淳于长已经迫不及待想取代自己，还说得有板有眼，恰恰这些话是由表现非常好的王莽所说，王根就深信不疑了。他顿时觉得自己看错了淳于长。

王根大怒："真是如此的话，你为何不早说？"

"我不知将军是何意，所以一直没敢跟您提！"

王根气得上气不接下气，指着王莽："快，快把这贼子的丑行汇报给皇太后！"

得到王根的指示，王莽就什么都敢说了。他说淳于长和前皇后的姐姐许嬢私通，收受许女士的巨额贿赂，平日里骄奢不奉法，还狂妄自大欲代替曲阳侯王根，对待舅母（王莽生母）不恭敬等，听得王政君大怒："这小子居然拙劣至此，你快把这些告诉皇帝！"

王莽在刘骜面前再一番添油加醋，而王莽所说又事实俱在，刘骜恍然，发觉他信任的淳于长居然如此阴险。考虑到淳于长为自己立过大功，最终将淳于长免官，让他回到自己的封国当侯爷。

这对于淳于长来说，是个好结局了，可是他实在不该去招惹自己的六舅舅王立（也是刘骜的六舅舅）。

4. 接班

淳于长离开长安时，碰到了王立的儿子王融，他想这也许是个机会，就通过王融给王立送了许多礼物，希望王立能在太后和皇帝面前替自己美言几句。

王立收到礼就去为淳于长说好话。可他们没想到，等王立一说完，刘骜就觉得不对劲：按照常理，王立此时应该狠狠地踩淳于长一脚啊！

这是何故呢？

汉成帝二十一年（元延元年，前12）时，大司马卫将军王商（王家老五）去世，按照次序，最有资格接替王商的是刘骜的六舅舅王立，而非七舅舅王根。

然而在此之前，王立和南郡太守李尚合谋私吞了数百顷地产，获利一亿，被丞相司直①孙宝检举，最终李尚被杀，而王立虽然捡回一条命，却不再被刘骜信任，最终失去了接班王商的资格。

王立觉得，自己贪污一个亿算不得什么事儿，之所以失去接班资格，除了那个多管闲事的孙宝，还和在太后、皇帝面前有很大话语权的淳于长乱嚼舌根有关系，因为他知道，孙宝和淳于长的关系很好。王立既已怨恨淳于长，那之后有机会就说淳于长的坏话，而刘骜对这一切知根知底。

所以，当刘骜见平日里痛恨淳于长的王立突然给淳于长说起好话，立即警觉：这有猫腻啊！

他让人调查此事。调查的结果肯定是确凿属实。王融被逮捕了。当此之时，王立迅速出手，令他的亲生儿子自杀。

王融自杀，刘骜更觉狐疑，下令彻查到底。

淳于长也被抓了。淳于长平日骄纵惯了，没吃过什么苦，在狱中被暴打一顿，什么都招了。

据史书记载，淳于长交代了他戏弄侮辱前皇后许女士的种种细节，也说了他阴谋帮许女士当"左皇后"。他把这些事情说了，相关部门认为淳于长大逆不道，罪该万死。淳于长死在监狱里了，后来，汉哀帝时的丞相王嘉说，淳于长在狱中是被打死的。（《汉书·何武王嘉师丹传》：长榜死于狱。）

---

① 丞相司直，汉武帝二十三年（元狩五年，前118）初置，秩比二千石，职责是辅佐丞相检举不法分子。

至于那个让淳于长羞辱的许女士，下场也非常凄惨——刘骜派人把她毒死了。

王立虽然也牵连甚深，但毕竟是刘骜的亲舅舅，只被免官，还能回封地当个红阳侯。

汉成帝二十五年（绥和元年，前8），淳于长死于狱中，故皇后许氏被杀。王根辞官之际做了一个影响汉朝国运的决定：推荐侄子王莽代替自己。

当时，刘骜也对王莽满意，认为这个人有忠诚正直的品德，将王莽由比二千石的光禄大夫提拔为大司马，位列三公。

这一年是公元前8年，距离汉成帝刘骜驾崩还剩一年，据汉朝亡国也还有十六年。

王老六王立是刘骜的舅舅，本来是最有资格的，却因为淳于长之事永远失去了当内朝长官的机会。那时他肯定想不到，过不了几年，他会被这个侄子逼死。

那一年，王莽三十八岁，是同龄人中的佼佼者。在这个年龄能攀上如此高位，在任何时代都算得上佼佼者了。意气风发的王莽暗暗定下目标：做一番成就，超过四个长辈（《汉书·王莽传》：欲令名誉过前人）。于是，王莽辅政之初，克己奉公，不知疲倦。他广招人才，还不惜金钱将封地收入都用来招徕宾客，而他本人则愈发节俭。有一次，他母亲生病，朝中官员派夫人探望，王莽妻子迎接时，穿着非常简朴，不像其他豪门贵族都身着绫罗绸缎。众人最初以为这女子只是丫鬟，后来才知是王莽夫人，都惊愕不已。

勤奋的王莽想要干一番事业，但这有个前提是，天子支持他。如果天子不支持，那就难得很了。

刘骜对王莽的支持也不过持续了一年，那之后不但王莽说的话不再好使，他们整个王氏家族都差点垮台。

只因一年之后，汉成帝刘骜驾崩了。

而刘骜去世之时，没有子嗣。

第六章 燕啄皇孙

皇帝不喜欢、不擅长权术，势必大权旁落，而拿到权力的臣子，将要用很大精力来巩固自己的权势。就算他是个治国能手，可精力这样一分，留出来治理国家的精力就有限了。况且由于是臣子，做事情的目标就和帝王有所不同：帝王只需要想，如何使国家繁荣富强、百姓安居乐业；权臣首要考虑的，是如何巩固并扩大权势，至于国家发展，那是其次的事情。

1. 天象

在刘骜去世的当年，他就感觉到有不祥之兆，原因是当年二月发生了荧惑守心现象。

荧惑，是火星的别称，代表着凶兆。古时人们观察天象，根据星辰的位置将天空分为二十八个区域，即所谓的二十八宿。心宿，就是其中一个区域，这里面有心宿一、心宿二、心宿三等星体，这三颗星也被称为心宿三星，它们又被认为代表着太子、天子、庶子。大凶之兆的火星来到这个区域，而刘骜没有儿子，那么这个现象必然意味着对刘骜不吉。根据天人感应理论，是老天爷对刘骜不满了。

除了天人感应理论，从实际情况看，老天也该对刘骜不满意了。那时候，瘟疫、水灾、旱灾频频出现，以至于饿殍遍地，民不聊生；老百姓过不下去了，就发生暴动，官府强力镇压，罪犯一年多于一年；官员们结党营私，相互排挤，充满着钩心斗角；贵族们骄奢淫逸、恣意享受；朝廷为扩大财源，就增加赋税和徭役，以至于下层百姓食不果腹、衣不蔽体；天子继位二十多年来未有子嗣，外戚掌握权柄，无人敢言……这个国家已是夕阳残照，再无盛世气象。

在当时人的眼里，不论从实际还是从天象来看，老天的态度都很明确：对皇帝不满。

刘骜非常害怕。最好的解决办法当然是励精图治，逐条解决那些问题了。可冰冻三尺非一日之寒，充斥在社会各个角落的问题，是多年来一点一滴累积而成的，不可能靠着刘骜的一时兴致很快解决。

刘骜也没打算呕心沥血去解决实际问题，他只要老天别迁怒于自己就行。这时，郎官贲丽向他建议：可以找个大臣来背锅！

刘骜茅塞顿开。

当然，背锅这个大臣得有分量，否则老天是不信的。

至于最合适的人，自然是丞相了，因为大家对丞相的职责有共识：向上佐天子理阴阳、顺四时，向下引导万物按规律运作，对外安抚诸侯、蛮夷，对内统领百官，使百官各司其职（臣子对丞相的职责有共识，可是对天子职责似乎没怎么定位）。既如此，倘若丞相把这些事情都干好了，上面那些灾害、异常天象、暴动、官员斗争等问题都不会发生。

既然从道理上说得通，那么不管这个道理有多勉强，由皇帝说出来，那就是很有道理了。有了这个逻辑，所以丞相最初看到这个天象时，就已经愁苦不安，忧虑刘骜会不会把自己当替罪羊。

荧惑守心发生以后，丞相的谋臣李寻就跟他分析：近些年天象异常，自然灾害频发，尤其前些日子发生了荧惑守心，都预示着天子将不久于人世，这些灾祸必须有人负责。你是丞相，身居高位，然而担任丞相期间，并无特别拿得出手的成绩，所以这个锅很可能由你来背。

原来大家想到一块儿去了。

当时汉朝的丞相叫翟方进，正是后来起兵造反的东郡太守翟义的父亲。

刘骜很快就召见了翟方进，俩人进行了长谈。

长谈过后，翟方进什么都懂了，之前李寻的预言果然朝着最坏的方向发展。他失魂落魄地回到家里，不多久就收到了来自刘骜的指示。

指示的内容有三个方面：第一，陈列翟方进的过失；第二，本想让你退位，但我不忍心，你还是认真思考，尽心尽职，想些切实有效的办法来辅佐朕；第三，朕赐你美酒十石，肥牛一头，你好好考虑下吧（《汉书·翟方进传》：君审处焉）。

翟方进看完，当天就自杀了。

翟方进是为了给刘骜背黑锅才自杀的，他死之后，刘骜亲自参加了葬礼，给翟家丰厚的赏赐，赏赐规格超过了以往去世的丞相。翟方进在这件事情上甚得天子之意，他死前是丞相，被封高陵侯，死之后朝廷给他谥号为"恭"，谥法有解释"敬事供上曰恭"。

为了汉天子，翟方进自杀了。后来，翟方进的儿子为了汉帝国，集结十余万大军反对王莽，不过那是十五年之后的事情了。

2. 飞燕

翟方进死了，可他的死能救刘骜吗？

肯定救不了的。刘骜的病和国家的问题是刘骜自己搞坏的，要解决这些问题，用杀死翟方进给老天爷看那么荒唐的办法不可能有效。老天也的确没被刘骜感动，翟方进死后一个多月，当年三月十八，刘骜暴毙于未央宫。

刘骜的死给后人留下了很多遐想。据史书记载，刘骜平时身体健康，没有疾病，临死前一天还接见楚王刘衍、梁王刘立①，由于刘衍和刘立第二天要走，刘骜在白虎殿设宴送行。宴会上刘骜应该没喝太多酒，因为翟方进死后，刘骜准备让孔光当丞相，宴会结束后刘骜还提起此事，把丞相印和任命书过目了一遍。黄昏以后就没有别的事情了，到第二天早晨，刘骜起床正穿鞋袜时，身体突然一软，衣服掉到地上，口不能言，过了不大一会儿就没气了。

这一年刘骜四十五岁，是个精壮汉子，怎么好端端就死了呢？事情发生后，朝野议论纷纷，或煞有介事，或高深莫测，但均是胡乱猜测，不得要领。官方也不能给出说法，酝酿了一段时间，民间有传闻说刘骜是因为赵昭仪而死。赵昭仪就是赵飞燕的妹妹，即野史所谓赵合德。

赵飞燕和赵合德，是汉成帝非常宠爱的两个女子。我们知道，王政君姐妹的儿子中（王莽是王政君兄弟的儿子）淳于长是唯一一个被封了侯的，这足见淳于长当年混得有多好。而淳于长能被封为定陵侯，最直接的原因就是，他帮助刘骜，使赵飞燕当了皇后。

赵飞燕是汉代非常有名气的一个女人，众所周知的成语燕瘦环肥，其中的"燕"指的就是赵飞燕。

其实赵飞燕本不叫赵飞燕，据史书说，她是阳阿公主府上的婢女，因能歌善舞，人称"飞燕"，赵飞燕遂成为她的名字。

汉成帝十三年（鸿嘉元年，前20）前后，刘骜嫌宫里太闷，和好友张放微服出宫，有一次他经过阳阿公主的府上，遇到了舞女赵飞燕，一见钟情，就将赵飞燕带入皇宫，情形一如一百多年前汉武帝刘彻邂逅卫子夫之时（前139年事）。之后，赵飞燕又给刘骜推荐了自己的妹妹，刘骜把赵飞燕妹妹也纳入宫中②。两姐妹进宫后极受刘骜的宠幸，很快就都被封为婕妤。

① 刘衍，汉宣帝刘询之孙，与刘骜同辈；刘立，是汉景帝的弟弟梁王刘武的八世孙，比刘骜低一辈。
② 按照野史的说法，赵飞燕这个妹妹就叫赵合德，但《汉书》等官方史书并无此记载。

第六章 燕啄皇孙

汉成帝十五年（鸿嘉三年，前18），许皇后之所以被废，就是因为许皇后的姐姐许谒请巫师行巫术诅咒王凤和后宫女子被赵飞燕知晓、赵飞燕告知王政君所致。当时，赵飞燕除了状告许皇后，还顺带捎上了无辜的班婕妤。幸好班婕妤知书达理，极受王政君的欣赏，最终查无实据后才幸免于难。

但班婕妤看出来了，在许皇后被废后，赵飞燕就盯上了皇后宝座，她这个婕妤自然而然就成了赵氏姐妹的眼中钉。这个智慧的女人，知道赵氏姐妹红极一时而自己已然不受宠幸，遂请求刘骜允许自己到长信宫服侍皇太后。如此，班婕妤远离了赵氏姐妹，才得以在郁郁寡欢中善终。

许皇后被废，皇后热门人选班婕妤退步，接下来最有希望当皇后的就是赵飞燕了。

后来的故事我们也知道，虽然王政君不同意赵飞燕，但是在淳于长的运作下，赵飞燕还是成功上位了，而且刘骜为了感激淳于长，还破天荒将淳于长这么个不姓刘、不姓王也没有巨大功劳的人封了侯。

赵氏姐妹是很受宠，可刘骜的死为何要怪罪到她们身上呢？

这只能猜测了。据《汉书》记载，汉成帝驾崩的消息一经传出，民间都认为是赵昭仪导致其死亡，王政君要求王莽、孔光等高官认真调查刘骜死因，尤其要询问掖庭令①，弄清楚当时发生了什么、刘骜发病时什么症状。不清楚怎么调查的，也不知调查结果，只知道之后赵昭仪就自杀了。

基于这个记载，加上史书的确说了刘骜好色，于是后人就极尽想象，认为刘骜肯定是太宠爱赵昭仪，和赵昭仪行房过度，以致精尽人亡。也有说刘骜为了男性雄风，吃了过量春药，春药中毒，暴毙而亡。说得活灵活现，什么刘骜那晚上喝醉了酒，吃了七粒壮阳药，在天亮下床时猛喷精液，倒地而亡。

---

① 掖庭，是皇宫中的人居住的地方，能在皇宫里住的人，除了皇帝及皇帝的儿女，剩下就是妃嫔和宦官了。掖庭令就是这里的主管官员，一般都是宦官。

如果是为了猎奇，那么笔者只要参考一下《金瓶梅》中的西门庆，就能写得绘声绘色了。但这都是猜测，什么吃了七粒壮阳药云云，出自后世小说，所谓汉成帝是历史上第一个吃春药致死的帝王，也是猜测，非正史所载。

刘骜死了，没有儿子，于汉帝国的统治者而言，当务之急是找到新皇帝。

皇帝已经找好了，这个工作刘骜早就开始做了。到刘骜执政的最后几年，他眼见自己的年龄一天天增长，身体一天天衰败，可仍然没有生子的苗头，慢慢就有了从王爷中物色"义子"的想法。

有两个人是热门人选：中山王刘兴和定陶王刘欣。

3. 文妖

中山王刘兴，是刘骜的亲弟弟；定陶王刘欣，是刘骜的侄子。汉成帝九年前后，刘骜的亲弟弟、那个差点将刘骜取代了的定陶王刘康来到长安。当时刘骜的身体不好，想要刘康多陪一段时间，却被王凤阻挠，刘骜只好与弟弟垂泪告别，只是他们没有想到，那竟然是永别。第二年刘康就死了，继承定陶王位的就是他三岁的儿子刘欣。

汉成帝二十四年（元延四年，前9）时，刘欣和刘兴都来长安朝见刘骜。

刘欣明显是准备更充分的那一个。

当年，随定陶王刘欣而来的，有定陶国太傅、国相和中尉，而中山王刘兴带的只有一个太傅。

刘骜就问刘欣："你为什么带这么多官员来呢？"

"因为朝廷有明确规定，诸侯王到长安朝见，要带上国内的二千石官员，我想着诸侯国中太傅、国相和中尉都是二千石，就让他们都

第六章 燕啄皇孙

来了。"

这个回答说明刘欣很懂规矩，很敬畏朝廷。刘骜很满意，又考刘欣的学问，他让刘欣背诵《诗经》，刘欣从头至尾很流畅地背了下来。刘骜本来还怕他是个死记硬背的书呆子，然而问了一些句子后，刘欣竟然都能解释得头头是道。

接下来刘骜就要会见弟弟刘兴了：你说说看，你独独带个太傅来长安，是依据了什么法令？

"呃呃……"

"那，你背一下《尚书》给我听听！"

"昔在帝尧，聪明文思，光宅天下。将逊于位，让于虞舜，作《尧典》。咳咳……"

"接着背啊！"

"我……我忘了！"

在这两件事情上，刘欣和刘兴的表现高下立判。刘欣表现出来的，是熟悉政令法令，而刘兴是个糊涂蛋。在刘骜眼里，刘欣敬畏朝廷、刻苦好学、善于思考，而那个刘兴，不懂规矩，不学无术。

那天，中山王刘兴说不出为何只带个太傅，也背不出《尚书》，本来就已经让刘骜对他有看法了，然而在之后和刘骜吃饭时，刘骜都吃完了，他居然还慢吞吞地吃个不停，一副酒囊饭袋之态。等他终于吃完，起身离席时，系袜子的袋子居然又掉了，邋里邋遢，毫无诸侯王应有的庄严。

那一年，刘兴在刘骜心目中的形象就是个不成器的草包。

除此之外，定陶王刘欣也是有备而来，因为跟他一起来长安的，除了国中的二千石官员，还有他奶奶傅女士。

傅女士是汉元帝刘奭的女人，元帝时为傅昭仪。当年，她儿子刘康差点代替刘骜成了真命天子。幸好刘骜不记仇，在登上帝位后尊重父亲的喜好，对她们母子很好。这一年，傅女士跟着孙子来长安，表面上看是见见故人，实际是为了送礼。

她给刘骜身边的红人赵昭仪、赵飞燕和大司马骠骑将军王根送了大量东西，只希望刘骜考虑继承人选时，他们可以帮刘欣说话。

对于赵昭仪、赵飞燕和王根来说，无论是刘欣还是刘兴当皇太子都没有差别，刘欣是傅女士的后代，刘兴则是冯昭仪的儿子，这两个人都和他们没有任何血缘关系。所以，谁让他们欢喜，他们就支持谁。为了在刘骜驾崩后他们仍然得势，便抓住机会在刘骜面前说刘欣当继承人如何如何好，刘骜本来就喜欢刘欣，加上身边最信任的几个人也称赞刘欣，就基本上确定让刘欣当自己的继承人了。当年，刘欣回去之前，刘骜亲自给他主持了加冠礼。

到下一年，汉成帝二十五年（绥和元年，前8），刘骜的身体一日不如一日，他找来丞相翟方进、御史大夫孔光、右将军廉褒、后将军朱博，让他们谈一谈定陶王刘欣和中山王刘兴哪个适合当继承人。

翟方进的意思很明确：定陶王刘欣可以，且不说能力，刘欣是刘骜弟弟的儿子，相当于是刘骜的亲生儿子，这符合礼法"为其后者为之子也"的要求。

廉褒、朱博也同意翟方进的观点。

只有孔光觉得应该兄终弟及、立刘兴，就像商朝的国君阳甲驾崩后，其弟盘庚继位一样。

其实议论到这个程度，谁当继承人是没有悬念的了。第一，在刘骜印象中，刘欣的能力强于刘兴；第二，刘骜信任的赵昭仪、赵飞燕、王根等人平时经常对他说刘欣的好；第三，在大臣商议时，支持刘欣的人占了多数，且在儒家典籍《礼记》中有反驳立刘兴的依据，即兄弟俩不能同时被供奉在太庙。

于是，汉成帝二十五年二月，刘骜将十八岁的刘欣立为皇太子。至于那个支持刘兴的御史大夫孔光，刘骜对他不满意，将他贬为廷尉。考虑到立刘欣当皇太子会引起中山王刘兴的不满，刘骜同时将刘兴的舅舅冯参封为宜乡侯，给中山国增加三万户食邑。

刘欣当了皇太子，但笔者想，当刘骜召翟方进等人来自己面前讨论刘欣和刘兴谁更适合当继承人之时，内心一定是酸楚的：谁不想亲生儿子来继承自己的事业呢？

可他就是没有儿子，有什么法子？

其实刘骜没有不育症，他本来有子嗣，只是后来都死了。比如，他第一个老婆许皇后在他当皇太子时给他生过一个男孩，当了皇后之后又生过一个女孩，他曾经喜爱的班婕妤生过一子，宫女曹宫为他生过一子，许美人生过一子。但这些孩子都早夭了。

既然这么多孩子，最后怎么都没了呢？既然他可以生育，刘骜为什么早早放弃呢？

在刘骜去世之后，刘欣继位的当年，司隶校尉解光写了一份调查报告，报告中揭露了两件骇人听闻之事：

第一，在汉成帝二十一年（元延元年，前12），宫女曹宫为刘骜生下一子，然而不多久就有人准备将母子俩杀死。三天过后，当刘骜和赵昭仪得知婴儿没死，竟大发脾气，最后硬是将曹宫毒死，那个婴儿也只活了十一天，就不知所踪①。

第二，汉成帝二十二年（元延二年，前11），许美人为刘骜生下一子，赵昭仪得知后，寻死觅活，刘骜不忍见赵昭仪伤心，就明确表示不会让任何姓氏的地位高过赵氏，然后让人将许美人手中的婴儿装进匣子，带到自己和赵昭仪房中，未几，刘骜就将匣子递出，让人把匣子丢掉，宦官吴恭拿着匣子，告诉掖庭狱丞籍武："匣子中有个死婴，把它埋了，勿让人知道。"

解光的报告远比笔者写的这个摘要详细，但仅凭这个摘要就让人大吃一惊了：原来汉成帝在位几十年没有子嗣，不是他身有隐疾，而是人为所致，虎毒不食子，这个刘骜他明明有儿子，可居然罔顾人性，也不考虑大汉的江山社稷，两次下狠心杀死亲儿子，他有没有人性呢？

解光是个很谨慎的人，在撰写调查报告时只陈述事实而不作判断，里面的内容大都是当事人的对话。这样一来，就算刘欣怀疑这份报告，

---

① 这篇报告说此子不知所踪，但《汉书·成帝纪》中说，此子被赵昭仪害死。

也可以找当事人查证。

解光陈述完，发表了观点：那赵昭仪倾覆朝政，残害皇子，其家族当天诛地灭。如今这种人的亲戚还身居高位（是时其姐赵飞燕为皇太后，其兄弟赵钦是新成侯，其侄子赵䜣为成阳侯），手握生杀大权，简直令天下人寒心，所以必须正法。

那是个亲戚犯罪家属需要连坐的时代，赵昭仪干了这么大逆不道的事情，赵飞燕及其兄弟被连带问罪是必然的。解光的报告很快就引起轩然大波，人们对刘骜和赵家很有意见，刘欣为平息众怒，立即将赵钦和赵䜣免为庶人，将其家属流放至辽西郡。

可仅仅处理了赵钦和赵䜣，还不能让天下人满意。

就在这时，一个叫耿育的人写了封上疏，为赵飞燕等人辩护。

耿育认为，杀死皇子一事看起来荒唐，其实是刘骜深谋远虑。他知道倘若幼主继位，无法理政，就会出现太后干政、大臣不听令等情况，那样不利于江山社稷，刘骜知道刘欣贤圣，因而杀掉幼主，除去了祸乱之根。刘骜的这些远见是那些庸俗之人不能理解的。这些人不懂得安邦定国之策，不知道宣扬先帝的美德，反而把目光集中在后宫床笫，污蔑先帝。先帝在时他们不劝谏，防患于未然，而整天阿谀奉承，却在先帝驾崩、尊号已定之后，借着已经发生的、无法挽救的事情来宣扬先帝的过失，实在让人痛心。

耿育建议，朝廷赶紧布告天下，像自己解释的那样来澄清这件事，别让那些诽谤先帝的言论流传，弄得人们瞧不起先帝。

对于耿育的这封上疏，柏杨先生在其作品《柏杨曰：读通鉴·论历史》中"'耿育型'文妖"一节，有过一番精彩的评论：

> 耿育这番议论，使人目瞪口呆，他应是中国五千年历史上，最突出的文妖之一。用他的文字功力和丰富的知识，去颠倒是非，混淆黑白。西门庆型的恶棍刘骜，成了"大德""大圣"；谋杀亲子的凶手，成了"远见""至思"。把不能生育，解释为故意断子绝孙，以免女主主政。想象力的丰富，跟他内心的邪恶，恰成正比。如果

第六章 燕啄皇孙

耿育是受了赵飞燕的贿赂，或为了博取后福，固然下流，但不过利令智昏而已；在没有财势可贪图时，良心仍在。如果他由衷地认为确实如此，主动地干这么一票，问题就十分严重，成了败类的标杆：旁征引博、引经据典，杜撰任何有思考力的人都不相信的大谎，企图一手遮天，掩尽天下人耳目。

自耿育之后，这种身怀绝技的无耻文妖，层出不穷。

这是一段非常激烈的批判，把耿育斥为丑陋之极的"文妖"。

试着推演一下，朝廷完全按照解光的调查报告，对外宣称是刘骜和赵昭仪杀害亲子，最终结果是什么呢？

第一，将赵飞燕及其亲属问罪；第二，天下人都知道那个执掌汉帝国达二十多年的天子是个没有人性的畜生王八蛋，从根本上否定刘骜，而刘骜担任大汉帝国的最高统治者已经二十多年，否定刘骜就是否定过去那二十多年的历史，否定他的决策，甚至否定刘欣继位的合法性，当时民间本来已经对朝廷不满了，倘若朝廷还要加一把火，势必民怨沸腾，影响政权的稳定；第三，解光说，曹宫生的那个儿子不知所踪，如此一来，世人就知道刘骜有一子尚存，那么现任皇帝刘欣的合法地位将受到挑战；第四，那些对朝政不满的人很可能到处寻找先帝遗子，找个孩子控制在手，打着"真命天子"的旗号向朝廷发难。

听从解光的报告，把事实布告天下，可能引发的四个结果中，除了给赵氏家族问罪能让人大快人心，后面三个都可能引发政局动荡，不是什么好结果，权衡一下是弊大于利。

耿育如何不知道刘骜错了，他说得很明白：先帝在时你们不劝谏、防患于未然，整日里谄言媚上，却在先帝驾崩、尊号已定、事情已然无法改变的时候，翻出陈年旧账，宣扬先帝的过失。（《汉书·外戚传》：事不当时固争，防祸于未然，各随指阿从，以求容媚，晏驾之后，尊号已定，万事已讫，乃探追不及之事，訐扬幽昧之过，此臣所深痛也。）

耿育知道刘骜有错，可事情已经发生、无法改变了，朝廷首要考虑的一定是稳定政局。至于事情的真相，不是不考虑，而是要在稳定的前提下用其他方式去挖掘。

解光的调查报告，其实就一个政治诉求：除掉赵氏家族，尤其是赵飞燕。除此之外，我们把他说得高尚些，他也许是在追求正义。可他的这两点追求要牺牲刘骜的政治形象和汉朝的政局稳定，这代价就有些大了。

难道因为代价大就不顾人间正义、任由赵家人作威作福吗？

不是的，除掉赵家，完全可以通过其他方式，比如发掘赵家人的其他罪过，甚至可以将杀害皇子之事都扣在赵家人身上，但不要绑上刘骜。

刘骜这个人不好，但是在汉朝还没垮台之前不能公然否定，也不能公然宣扬其过，尤其是宣扬他屠杀亲子这么惨无人道的错误，因为刘骜是汉帝国的最高统治者，他的形象在很大程度上代表了汉帝国的形象。作为一个不想让汉朝灭亡的臣子，可以不喜欢刘骜，可以不颂扬他，也可以适度地批评他，但要讲究时机，也要把握好度，不能严重毁坏他作为最高统治者在老百姓心目中的形象。要知道，对于当时的普通老百姓而言，他是国家的象征，是神的化身，是至高无上的存在，是老百姓心目中公平和公正的最后希望。他的一切都是神秘的，他们相信刘骜是圣明的、正义的，正因如此，他们才认可汉帝国，认可刘家的统治。

一旦刘骜在老百姓眼里成了大坏蛋，老百姓首先要做的就是骂。但百姓的骂绝对不止于此，只要有不满，就会把矛头对准刘骜和朝廷，就会骂刘氏的统治，什么"病入膏肓""没救了"之类。等百姓听到大家都这么讲时，骂起来就更理直气壮、肆无忌惮，在当时那样的社会制度下，有可能引发社会动荡，届时一些人就可以借助这些力量起义了。

刘骜不是不能批评，也不是不能承认错误，但不能像普通百姓吵架一样有什么说什么，要讲究方法。

这么说并非替刘骜的所作所为辩护，真相的确难能可贵，可当时那样的君主专制制度，使得追求真相和政权稳定有时会发生冲突，冲突发生时你必须二选其一。现代知识分子不在那个环境中，铿锵地声称自己要追求正义，可对于当时的统治者和普通百姓而言，他们更需要的，可能是安定。

耿育的文章，确如柏杨所说，"企图一手遮天，掩尽天下人耳目"，他就是在替刘骜和刘氏政权遮丑，其中心思想就是把这件事压下，从长计议。当然，必须承认，将刘骜杀子的行为美化成"大德""远见"非常荒唐。耿育撒这个谎，不是想卖弄自己颠倒黑白的本领，而是为了国家大局不得不如此引导舆论。

由于解光那份调查报告弄得朝野哗然，对政权形象产生了不良影响。刘欣急匆匆地处理了赵钦和赵䜣，就是承认了解光所说，开弓没有回头箭，朝廷不能刚刚承认了此事又立马否认，那么想消除影响就只有重新解释此事，把这件事情往好里说，说这是刘骜的深谋远虑。虽然如此，可事情进行到这个程度，所有替刘骜辩护的行为都变得苍白无力，都会让明眼人，尤其开了上帝视角的后人觉得他在"颠倒是非"，荒谬之极。

这个解释之所以荒唐可笑，不是耿育无耻下流，也不是耿育的智商堪忧，而是以耿育为代表的舆论引导群体必须解释。因此，耿育并非什么可耻的"文妖"，他只是在那个特定环境下做出了一个"政治家"该做的事情。

人一辈子会做很多事情，仅仅因为这一件事就说耿育是"无耻的文妖"，有些草率。比如耿育还给刘欣写过奏疏，替那个斩杀了郅支单于、被放逐在安定郡的陈汤说好话。耿育高度评价了陈汤的功劳，说现在出使外国的人为了宣扬国威，没有不摆出陈汤斩杀郅支单于进行炫耀的，人们整天享受着陈汤的好处，却对立功之人不闻不问，让人痛心。

陈汤斩杀了郅支单于，功劳巨大，可是回来后行止不端，属于一个有功有过之人，耿育为陈汤求情，也算爱惜人才、体恤国家忠臣，似乎看不出这个"文妖"有什么不可告人之目的。当年，刘欣被耿育的上书打动，很快就召回陈汤，陈汤最终病逝于长安。

另外，柏杨所谓的"把不能生育，解释为故意断子绝孙，以免女主主政"，这话言过其实了，因为刘骜没有不育症，他有过好几个儿子，比如许皇后和班婕妤都有过孩子，只是早夭了。

当时，解光的报告让刘欣非常为难，因为承认那个报告就在一定程度上质疑了自己继位的合法性，耿育的上书在一定程度上为刘欣解了围。再者，刘欣能够拼过刘骜的亲弟弟中山王刘兴，赵飞燕起到了很大作用，刘欣记得赵飞燕的恩情，所以综合考虑下来饶了赵飞燕。

4. 治国

刘骜在位期间，汉帝国非常糟糕，他将先人们的积累糟践光了，国家再无盛世气象。

刘骜一直重用外戚，致使大权旁落、外戚专政，国家的重要部门都是王家势力，亲附王家就官运亨通，与王家作对就没有好下场。官员们无法通过正常途径实现经世济民的理想，整个官场都说王家好话，到处都是钩心斗角、溜须拍马，朝政乌烟瘴气。

他贪恋女色不能自拔，不顾百姓疾苦，府库空虚，却给后宫女子们超量的赏赐。为了宠幸的女人，他不顾是非，滥杀无辜，对赵氏姐妹言听计从，不考虑该不该做，只要能讨得赵氏姐妹的欢心，他不惜手刃亲子。

他又大兴土木，在陵墓上来回折腾，为了支持他干这些事，朝廷不得不加大徭役，重增赋敛。而民间又灾害频繁，老百姓得不到救助，以致民生凋敝，百姓无法生存，或卖身为奴，或落草为寇，或揭竿起义。由于他的不作为、乱作为，当一些人活不下去靠吃人度日时，在同一片土地上，另一批人正在酒池肉林中恣意享受。

他是皇帝，却只享受帝王特权而很少尽帝王职责，荒废政务，喜欢玩耍，有时甚至溜出宫。为了玩，他还干过一件非常可笑的事：为了向胡人展示汉朝地大物博、野兽众多，竟要求右扶风的老百姓到秦岭山里抓捕熊、野猪、虎豹、麋鹿、狐狸、猴子等野兽，抓到后就用车送到长杨宫的射熊馆关起来，然后让胡人进去抓捕，逮到了就自己带走，有点像今天的娃娃机（还不用付费），刘骜则在一旁观看。那是发生在汉成帝二十三年（元延三年，前10）秋天的事情，然而为了刘骜莫名其妙的兴趣，许多农民都没来得及秋收。

曾经繁盛的大汉帝国在刘骜的执掌下，已是西风残照，国祚将尽。到刘骜去世那年，距离西汉灭亡还有十来年了。

可这些问题是怎样造成的呢？刘骜为何对王家人深信不疑，要把权力都交给王家人？

王凤辅政时期，刘骜想放过丞相王商（非王老五），王凤不同意，他就把王商罢免；他想重用刘歆，就算他已经把话说出去，把官服准备好了，可王凤不同意，他就作罢；他想和弟弟刘康多待几天，王凤不同意，他也只能哭着和弟弟告辞。他这个皇帝究竟怎么了？如果不听王凤的话，王凤能把他怎样呢？

王凤不能把他怎样，刘骜不听王凤的话也不是不行，因为王凤还没有废掉刘骜的能力和胆量。王凤每一次不同意，都没有通过恐吓刘骜的方式，更非电视里演的那样——权臣举着拳头高声呼喝，皇帝不敢喘气，群臣鸦雀无声，还有几个正直的官员低下头咬牙切齿。真正的情况应该是，王凤熟悉政务，摆出一大堆道理，逐条反对刘骜的想法。而刘骜不钻研政务，辩不过王凤，就只好放弃。

王凤仍然是刘骜最信赖的人，有许多本该刘骜做可他做不了的事情，王凤正在做着。在一些事情上，王凤明确表态不同意，刘骜不熟悉情况，也不敢一意孤行，因为他也怕自己是错的。更何况，倘若刘骜非要跟王凤唱反调，王凤辞职怎么办？王凤要是辞职了，他刘骜短时间内找不到能够代替王凤的人。他倚仗王凤，和当年他父亲倚仗石显的道理一样，都是由于不精通国事，不熟悉政务，而不熟悉政务的原因，就是他们懒得去钻研。

在汉元帝刘奭和汉成帝刘骜的生活中，有堆积如山的奏章，有在自己面前哭闹的臣子，有动不动就给自己提意见的诤臣，但同时还有：世上最好的皇家乐队、歌舞表演家、最奢华的宫殿、最美貌的女子、最有趣的游戏，还有每天如雪花般飘来的歌颂自己的言语……精力放在前者，就像个苦行僧；精力放在后者，就快活似神仙了。

就在这时，他们身边出现了一批人，如汉元帝身边有了弘恭、石显等，汉成帝身边有了王凤。这些人总能在他们眉头紧锁的时候把难题解决得妥妥当当，总能在天子动手之前，就一些棘手之事拿出处理方案，于是天子们就能腾出更多时间做自己想做的事情了。

比如天子对谁不满意了，此时如果能来个非常有眼色的助手，悄悄给那个臣子吹个风：你以后还是小心点儿……整个过程天子不用说一句话，就解决了烦心事儿，这样的助手天子岂不喜欢？另外，有一些事情其实没太多技术含量，就是费时、麻烦，这时倘若有个助手把杂乱之事的概要、初步处理意见拿出来，天子就更欢喜了。

助手干得越多，天子就越觉得这些助手靠谱，于是把更多的权力交给他们，慢慢地天子就越来越觉得，当领导其实就是把助手用好。

有助手不是问题，让助手帮自己也不是问题，汉元帝和汉成帝的问题就出在他没弄清自己该干什么。

的确，助手可以帮他处理一部分事务，可有些事情必须他本人才行。皇帝可以让助手帮着办一些例行的公事，可以让助手凝练出奏章的摘要，可以让助手帮自己向下吹风，甚至能让助手拿出初步意见，可是在识别忠奸、赏善罚恶、选用人才、把握国家发展方向、执政理念等关键问题上，他必须亲自把关、详细调查、充分论证，而不能仅听几个助手的话就下论断，甚至由助手处理。

刘奭和刘骜把许多事情都交给助手去做，是因为他们懒惰，没有思考过自己的职责，也不愿思考自己的职责，正因如此，所以当遇到事情的时候他们就没有主见，只要别人的话听着在理，他们就顺从。

正因为他们懒惰，不愿意花时间增强业务能力，不愿意思考工作，因而对许多事情没有自己的见解，这个时候，倘若有个看上去很能干的人（比如王凤、石显）出来包打天下，他们简直会高兴死。

第六章 燕啄皇孙

想当年，汉宣帝刘询在听到丞相黄霸建议将史高封为太尉的时候，将黄霸痛骂了一顿，告诫黄霸明白自己的身份和职责。汉宣帝把权力牢牢掌握在自己手中，而他的儿子和孙子跟他比起来简直是天壤之别。

那些权力本在己手却最终大权旁落的皇帝，大都是因为没有权力欲望，正因如此，他们才不想负责任，不想做决策，不想惹麻烦。

元、成二帝不热衷于权力，所以不觉得将臣子收拾得服服帖帖是一种享受，不觉得号令天下有成就感。他们不喜欢参与到臣子们的尔虞我诈中，也不太费力气进行改革，因为做这些往往会流血，需要刚强和狠辣的性格，而这两点他们不具备。

治理国家需要什么呢？汉宣帝曾有过论述：我汉家自有制度，向来都是以霸道和王道杂糅而用，怎能像周朝一样，只依靠道德教化呢？再说了，那儒生往往迂阔、不合时宜，还喜欢以古非今，整天弄些炫目而不切实际的东西，怎敢重用呢？（《汉书·元帝纪》：汉家自有制度，本以霸王道杂之，奈何纯任德教，用周政乎！且俗儒不达时宜，好是古非今，使人眩于名实，不知所守，何足委任！）汉宣帝的意思很直白：治国不能单靠儒家，得霸道和王道并行。霸道，即法家之术；王道，为儒家之仁政。说得再细点儿，就是以儒家宽仁之政对待百姓，以法家刑名之术驾驭官员。

当时，汉宣帝说这话的背景，就是刘奭劝他以儒家学说治国理政。他说完之后，叹道："日后败坏我大汉江山的，就是这太子了！"

事情确如汉宣帝预言的那般发展了。他之后的刘奭、刘骜都是纯以儒家思想治国的君王，不会权术，也不喜欢权术，在位期间的确有许多施惠于民的措施，本人也都脾气好。然而他们都没有驾驭臣子的权术，于是元帝时宦官擅权、成帝时外戚专政。

皇帝不喜欢、不擅长权术，势必大权旁落，而拿到权力的臣子，将要用很大精力来巩固自己的权势。就算他是个治国能手，可精力这样一分，留出来治理国家的精力就有限了。况且由于是臣子，做事情的目标就和帝王有所不同：帝王只需要想，如何使国家繁荣富强、百姓安居乐业；权臣首要考虑的，是如何巩固并扩大权势，至于国家发展，那是其次的事情。

5. 成帝

说回汉成帝，他眼睁睁看着外戚势力越来越大，也知道王凤、王音之后的两个舅舅（王商、王根）都不是省油的灯，还不停有臣子劝他削弱外戚，他也认可臣子的话（有些大臣因为跟王家走得近，不被他喜欢，如谷永），却一直无动于衷，任由发展。

这些都可以解释为他信奉儒家仁政、不懂法家权术。可问题是，如果他真想改变现状，为何不学、不尝试呢？

核心原因就是，不想。或者说，懒。

他不想忙于工作，就希望有个值得信赖的人帮自己包打天下，如此他就能纵情于玩乐了。最值得刘骜信赖之人，自然是他的亲戚了。从血缘关系上看，没有谁比自己的亲舅舅更值得信任。所以王凤、王音、王商、王根轮番上阵，甚至连舅舅的儿子王莽都上了，王家人掌权几十年，借着帮刘骜处理政务的机会，将王家势力安插在能带来利益的各个角落。

可就算刘骜不想干工作，也没必要把所有工作都委托给一个大司马，他完全可以将权力分一分，让好几个臣子负责，如此臣子之间相互制衡，就不会造成某一家独大的情形。他为何非要把权力都交给王家呢？

原因还是懒，因为倘若把权力交给好几个人，这些人为了扩张自己的权力和资源，会发生矛盾，刘骜就不得不花时间来协调他们的关系；权力一分，手底下的人只是分管工作，就很难再从全局考虑问题，那么需要统筹的问题就只能落在刘骜头上，每每有事情需要几个人协同，刘骜还得忙得焦头烂额，根据他们各自的情况安排工作。

第六章　燕啄皇孙

刘骜跟王凤合作之后发现，王凤非常能干，有了王凤，他的很多努力和考虑都是多此一举、浪费精力，自己完全能当个甩手掌柜，即便不做事，王凤也能帮自己干得很好。于是，他对这个本来是为了帮他变得成熟的大臣产生了依赖，他没有想着有一天自己也像王凤一样，甚至超过王凤，而只希望能一直依赖着王凤。

他和王凤有过一次不愉快，就是王章劝他将王凤免掉的那次。可王凤平时的表现太让他省心了，即便有些事情让他不舒服，但其在处理政务方面比他专业，做得比他好，他内心深处是不敢坚持自己的，所以王凤一哭闹，他就心软。他更不能保证王章推荐的冯野王是否及得上王凤；倘若及不上，对于刘骜而言便是个非常糟糕的事。

在王凤辅政的十年中，刘骜只取了"鱼"，而没有学到"渔"，所以当王凤去世时，他还像十年前一样，对政治一知半解。王凤去世前，他害怕王凤死了就没有得力的人帮助自己，连忙问王凤谁可以代替，他以为三舅舅王谭可以，但因为王凤说王谭不行，他就不再坚持。

上来的王音虽然比起王凤稍逊，但也不错，刘骜仍能当甩手掌柜。从这十多年的经历中，刘骜发现，要想当甩手掌柜，关键就是托付之人值得信任，否则胡作非为，非把他烦死不可。而他最信任的人就是几个舅舅了，何况就算舅舅们胡搞，上面也有王政君压着，王政君是他母亲，绝对和他一条心。有了这些认识和经验，于是王音之后，刘骜在选择辅政大臣时，就只从王家亲戚里选了。只是王音之后的王商、王根都不堪大用，不过当惯甩手掌柜的刘骜已经顾不上那么多了——你们几个，别让朕烦心就行。

其实，刘骜对他的舅舅们有过不满，有一次甚至想杀了他的几个舅舅。刘骜只是懒，但不聋不瞎，他知道几个舅舅平日骄奢淫逸、姬妾成群，这些他睁只眼闭只眼都能容忍，然而有几件事情把刘骜触怒了。

那是王音辅政期间，有一回他的五舅舅王商病了，居然跟他借明光宫避暑；又有一回，他去王商家里，发现王商奢侈到在家里修人工湖的程度，湖中有船，船上有歌女，嘤嘤呀呀，让刘骜不禁觉得这个舅舅也太有排场了，之后一打听，得知王商人工湖中的水，竟是凿穿长安城墙后从沣水中引来的，为了享乐不惜破坏城防；还有一次他微服私访，到了七舅舅王根家，发现王根家的一些建筑和皇宫中差不多。

连着几番下来，刘骜终于忍不住了。他把怒火撒向辅政大臣王音：我这几个舅舅是这样胆大包天，你为何不处理，为何不告知我！

王音因为王商、王根挨了通骂，王商、王根吓得面无人色，知道自己的过分行为刺痛了那个平日里看起来没心没肺的皇帝，他们连忙跑去求王政君，并表示要当着王政君的面自残。

刘骜闻此消息，更是愤怒，他派人申斥司隶校尉和京兆尹：王商、王立、王根，这几个人都在你的辖区内干了那么多僭越不法之事，你们为何没检举？

这时王商和王根也知道把祸惹大了，连忙跑到皇宫，来到刘骜居住的禁中门口，长跪不起。见舅舅给自己下跪，刘骜觉得这不成体统，他虽然对王商、王根有气，可他堂堂天子，总不能揪住这两个舅舅猛打吧，他要撒气，就只好再骂辅政大臣王音：外家的亲戚们居然想自残，还跑到太后面前自相侮辱、丢人现眼，让太后伤心，扰乱国政。外家势力很大，让我这皇帝的权力都越来越小，这个问题看来得处理了，你把外家的诸侯都召集到你家里，让他们听我的处理意见！

王家终于知道自己看错了刘骜，原来长期以来，刘骜把他们的行为一直看在眼里，他们干的不法之事，人家一直忍着。皇帝准备处理外戚权势过大的问题，要王家诸侯等消息，他准备做什么呢？

王家人的确把刘骜惹火了，因为刘骜让尚书给自己查一段历史：汉文帝十年（前170），汉文帝逼死了亲舅舅薄昭，把这件事情的前因后果详细汇报上来。

这还不清楚吗？这就是效法前人，学习汉文帝处决亲舅舅的做法啊。

王音、王商、王立、王根得知后吓得魂飞魄散。王音坐在草垫上自陈有罪；王商、王立和王根则背上斧头，一把鼻涕一把泪，表示自己罪大恶极，大到该被砍脑袋的地步。

第六章　燕啄皇孙

王家几个人确实胆大包天、无所不为，刘骜也摆开了杀死他们的架势，要是杀死他们，汉成帝时代就没有可恶的外戚专政，汉朝也许就是另外一番景象。可是当刘骜见到王音、王商、王立、王根几个人坐草垫、背斧头、战战兢兢的画面，忽然就心软了。

这几个人毕竟是他的舅舅，尤其王商、王立、王根还是亲舅舅，平日里或慈眉善目，或威风凛凛，他们受人尊重，威望甚隆，对刘骜嘘寒问暖、照顾有加，可如今背上斧头，不顾形象和脸面，在大庭广众下痛哭流涕，求自己饶命，让人笑话，这对他们来说又是多大的折辱呢？他要杀舅舅，现在将舅舅逼成这样，他的母亲王政君一定在宫里哭天抢地、寻死觅活，刘骜是个有感情的人，心里有什么仇怨放不下，非要对至亲赶尽杀绝、留下终身遗憾呢？

大家都知道，刘骜这几个舅舅能力平庸，后来又独揽大权，把朝政搞得乌烟瘴气，汉朝灭亡和这几个姓王的有着莫大关系，所以人们总认为刘骜没杀死这几个舅舅，就是优柔寡断、性格懦弱，甚至昏庸糊涂。

可问题是，刘骜当时怎么知道以后的事情呢？他又如何抛去对舅舅们的感情呢？换位思考，如果哪个人要你去成批地杀害疼爱你的、犯了些错误的亲舅舅，你杀了之后人家说你豪气冲天、前无古人、大义灭亲、是非分明，你下得了手吗？

那是"家天下"的时代，至亲即便做了错事，一家之主也会尽可能原谅的，就像我们有时也会没有原则和理性地包容维护自己的家人，虽然知道他们有些事情做得不对。

＊　　＊　　＊

刘骜执政的二十六年中，内朝长官依次有王凤、王音、王商、王根。四人之中，王凤的能力最强，是刘骜最信任之人，他的表现也最好，接下来的王音毕竟不是刘骜的亲舅舅，对朝政的掌控力度就要稍弱，但也因为不是亲舅舅，此人就没有其他几位专横嚣张，算是几人中最像贤臣的；接下来的王商平淡无奇，剩下那个王根，就和前面的差远了。

汉成帝十一年（阳朔三年，前22），王凤去世，临死前极力反对三弟王谭而推荐了王音；五年后（鸿嘉四年，前17），刘骜的三舅舅王谭去世，刘骜突然后悔没有重用王谭，立即起用五舅舅王商，让他"领城门兵"，同时允许他像将军一样设置司令部（幕府）。

随着王商越来越多地参与政事，刘骜也越来越倚靠他，终于在两年后（永始二年，前15）王音去世了，刘骜让他接替。

也许和几年前王商、王根、王立等人过于骄奢被刘骜发现有关，刘骜对王商和王根的印象就不如王凤、王音那么好了，他虽然依赖信任王家，但程度已比不上王凤、王音时期，他对王家有了一些反感和不信任。

有一个叫谷永的人，很有见识，给刘骜提出过非常有用的建议，刘骜知道谷永说得对，也说得好，但考虑到他和王家的关系太亲密，就始终不信任他。（《汉书·谷永杜邺传》：党于王氏，上亦知之，不甚亲信也。）

王老五王商辅政三年多，于汉成帝二十一年(元延元年，前12)去世，刘骜的七舅舅王根接替。王根是这几人中名声最差的。民间曾有首歌谣，大意是：王家五个侯爷刚刚发迹时，曲阳侯王根最奢侈，很多派头都效法天子。除了歌谣，刘骜驾崩后，解光那份揭露刘骜和赵昭仪罪行的调查报告中，引用了故掖庭令吾丘尊的话，吾丘尊直接说王根贪财，不足以与之计较大事。

刘骜当皇太子之时的《论语》老师张禹，曾当过六年丞相，刘骜对他非常尊敬，即便辞官后，刘骜也尊他为"特进"侯爷，每当国家有大事了，都找他商议。史书明确说了，刘骜对张禹的敬重程度超过对王根。有一回王根弹劾张禹，但刘骜根本不听。从那之后王根恨上了张禹，数次在刘骜面前说张禹坏话，可刘骜只当耳旁风，对张禹更加信任。

有一段时间，灾异频现，日食、地震时常发生，很多人上书说天降灾异的原因就是王氏专政。在王凤辅政期间，臣子也说过同样的话，但刘骜不听。然而到王根辅政，臣子再做如此解释，就把刘骜打动了。刘骜也觉得天变和王家权势太大有关，但又不能确认，就到张禹家里请张禹帮忙解答。

张禹和王根不睦，让张禹来解释天变，他会怎样解释呢？

他可以像其他官员一样，将灾异归咎于王家，刘骜本身就有些怀疑王家了，如果刘骜非常信任的张禹也这么讲，王家就算不倒台，也会伤元气的。

可张禹不敢讲。张禹认为，灾异之事非常复杂，将灾异归咎于王家的，都是没把学问学好，胡吹大气，不能相信。

张禹是刘骜非常信任之人，张禹说灾异和王家无关，就打消了刘骜对王家的怀疑。

王根明明和他不好，他为何不借机收拾王家呢？

因为张禹害怕他说的话被王根知道，而王根一旦知道，肯定会集中力量对他疯狂攻击，他张禹老朽一个，没有依靠，子孙年幼，根本不是王家人的对手。

可刘骜跟他讲话时，已经遣走身边的人了，王根怎么会知道呢？

张禹应该记得，当年王章弹劾王凤，和刘骜谈话时也是屏去了左右，可他们的话还是被王凤知晓了。这种谈话很难保密，一来可能隔墙有耳，二来张禹也不相信刘骜能对谈话内容守口如瓶。事实上，他们这个看似绝密的谈话，内容后来还是被王根和王家子弟知晓，只不过从那之后王家人开始亲近张禹，张禹因此而远离了政治旋涡，保全家室。

由此也可以看出，在刘骜的时代，要想为国为民，想反对外戚专权，是要冒着杀头风险的，因为即便你得到刘骜的强力支持，他支持你也只是三分钟热度，而你得罪了王家，刘骜是不会花力气帮你保命的，因为麻烦。

*　　*　　*

在王商、王根时期，刘骜对王家的信任不再像王凤、王音时期，也许和赵氏姐妹受宠有很大关系。赵飞燕在汉成帝十七年（永始元年，前16）六月被立为皇后，半年后，汉成帝十八年（前15）正月，大司马车骑将军王音就去世了。在这之前，刘骜一切都听王家的，可赵氏姐妹发达后，就必然和一手遮天的王家发生矛盾，刘骜对王家也必然不会像之前那般信任了。

在相当长的一段时间里，刘骜经常私自外出游玩，毫无君王威仪，对赵氏姐妹和一个李婕妤宠得死去活来，王家人劝过刘骜，可刘骜克制不住，总是答应得好，却依旧我行我素。

汉成帝十八年（永始二年，前15），王商刚当上大司马卫将军，和王家人来往甚密的谷永被提拔为凉州（今甘肃省）刺史，临行前，天降灾异，刘骜就让人问一下懂得经术的谷永怎么看。

王家人希望借此次灾异的机会让谷永给刘骜提些建议，通过"学术理论"告诉刘骜：再不听话，老天就要怪罪了。

谷永心想，之前给刘骜经常提建议，提过之后刘骜每次都很有礼貌地给自己回复，可见刘骜对自己的意见颇为重视，想到这次上书有王家人支持，且刘骜又性情宽和，就无所顾忌地放飞自我了。

这是一篇非常大胆的上书，被收录在《汉书·谷永杜邺传》中，内容翔实，批评皇帝不拐弯抹角，单看上书内容也有意思得很，看完之后让人直叹这谷永吃了熊心豹子胆。鉴于篇幅，现将文章内容摘要供大家更深入了解这位汉成帝：

第一，我很高兴写这篇文章，臣以为，之所以发生灾异，是因为你太奢侈，又沉湎于酒色。

第二，你对女人的宠幸，已经过头了，你不遵循先人法度，赏赐和诛罚全听女人之言，滥用刑罚，绝灭人命，以致生入死出者不可胜数。（今之后起，天所不飨，什倍于前。废先帝法度，听用其言，官秩不当，纵释王诛，骄其亲属，假之权威，从横乱政，刺举之吏，莫敢奉宪。）

第三，你没有皇帝的样子，经常跑出宫乱逛，不顾皇帝身份与乌合之众厮混，官员们兢兢业业，可悲的是一直守卫着一座空皇宫，百官不知你在什么地方，这种情况已经持续好几年了。（公卿百僚不知陛下所在，积数年矣。）

第四，你不爱百姓，听邪臣之言，放弃好好的延陵，非要去不适合建造陵墓的地方建什么昌陵，在陵墓上翻来覆去折腾十来年，横征暴敛，老百姓被你弄得苦不堪言，现在正生活在水深火热之中。你去看看之前那些亡国之君，对照一下你现在的行为。我今天说的话，要是有一件事情说错了，你可以把我杀了。（愿陛下追观夏、商、周、秦所以失之，以镜考己行。有不合者，臣当伏妄言之诛。）

第五，汉朝以前都是好好的，可到你这里就不对了，你正值壮年，没有子嗣，却有亡国的忧患，你不合天意的失道之行，已经很多了；你为人后嗣，只有守住祖宗创立的功业，才不辜负先人。（至于陛下，独违道纵欲，轻身妄行，当盛壮之隆，无继嗣之福，有危亡之忧，积失君道，不合天意，亦已多矣。为人后嗣，守人功业，如此，岂不负哉！）

第六，现在汉朝的国运就系于你手了，陛下得赶紧醒悟，重视上天警告和危亡征兆，励精图治，返回正道，免除那些通过非正常途径上来的官吏，勤俭节约，克己复礼，别再跑出去瞎混，减少对后宫女子的溺爱，不许后宫干政，多杀奸邪之臣，别再在陵墓和宫殿上耗费太多，减轻徭役赋税，体恤百姓，整顿官场，还有你要勤快些。

以上六点只是我概括出来的内容，原文远比这充实、大胆、有文采，有兴趣的读者可以阅读《汉书·谷永杜邺传》。

这种直击灵魂的批判，要理论有理论，要实例有实例，看得刘骜目瞪口呆——刘骜当了这么多年皇帝，哪有人这样说过他，他又怎么会想到自己如此差劲。

他接受不了这样的评价，气得恨不得把谷永碎尸万段。

王老五王商是卫将军、内朝官，和刘骜走得近，刘骜看了谷永的上书后大发雷霆的场面把王商看得直打哆嗦，他意识到，这篇上书太直白，刘骜没办法接受，谷永要遭殃了。

王商赶紧趁着刘骜还在发脾气的这段时间里，偷偷派人去通知谷永：快跑，再不跑就完了！

谷永二话不说，飞也似的逃了。

果然，不一会儿刘骜就派人去抓捕谷永，由于谷永刚被提拔为凉州刺史，近期上任，刘骜也不清楚谷永是否已经走了，就给负责抓捕谷永的侍御史交代：谷永这厮若已经在前往凉州（今甘肃省）的路上，过了交道厩（汉成帝延陵附近），就饶他一命，别再追了。

幸亏王商的通知，谷永跑得快，侍御史才没追上谷永。

* * *

刘骜之所以把权力都交给王家，主要原因是懒，懒的原因是没有太大权力欲望。

不喜欢政治和权力，国家政务也都有王家人操持，刘骜就能心无旁骛地干着自己喜欢的事情了，那他喜欢什么呢？

喜欢女人，喜欢酒，喜欢玩。

刘骜喜欢女人，笔者在前面已经说过，先后有许皇后、班婕妤、李婕妤（也称卫婕妤）、赵皇后和赵昭仪极受宠幸，可以说刘骜都已经被女人们迷得神魂颠倒、不知道自己是谁了。他为了赵昭仪欢心，连亲生儿子都能杀害。据《汉书·五行志》记载，当时民间流传一首童谣，曰：

燕燕尾涎涎，张公子，时相见。
木门仓琅根，燕飞来，啄皇孙，皇孙死，燕啄矢。

这首童谣大概意思就是：燕子的尾巴湿润又好看，还有个张公子，时时与皇帝见面；宫门紧闭（有铺首和铜环），却仍然有燕子飞来，啄死了皇子皇孙，之后燕子就要被处死了。

因为这首歌谣，后来有个典故"燕啄皇孙"，专门指后宫妃子残害皇族。

这首歌谣包含了刘骜的两个喜好：女人和玩。女人，就是"燕"，赵飞燕姐妹；玩，就是刘骜的玩伴——张公子。

在玩方面，刘骜很有一套。

第六章 燕啄皇孙

当年，大将军王凤在世时，很有威严，这也是刘骜从小就非常敬重的一个人，因而王凤活着时刘骜不敢为所欲为。可王凤去世后，刘骜顿时就像匹脱缰野马。

他听说过汉武帝刘彻的故事，知道刘彻在年轻时经常深夜里跑出去玩耍，干了很多新奇又刺激的事情。刘骜对此羡慕不已，终于在汉成帝十三年（鸿嘉元年，前20）前后，准备效法武帝微服出宫。

当年汉武帝冒充了自己的姐夫平阳侯，刘骜照猫画虎，也冒充一个亲戚：他的连襟富平侯张放——歌谣中的"张公子"。

张放，是汉宣帝时代的名臣张安世的四世孙，娶了许皇后的妹妹为妻，因而和刘骜是连襟。那时候，汉朝的国家元首刘骜经常偷偷出宫，多则十余人，少则五六人，一行人摘掉帽子、身穿白衣、手持刀剑，或骑马，或乘小车，出入于市里郊外，走远了还会去一些县里。刘骜假扮成富平侯家的人，和寻常老百姓斗鸡、跑马，有时候开心了，还会往醉里喝酒。

张放是刘骜最好的玩伴，也是刘骜最好的朋友。张放结婚时，刘骜非常高兴，不但给张放送了豪宅、厚礼，还给这次婚礼定了规格：天子娶妇、皇后嫁女。有了刘骜的指示，权力再大的人也不敢不重视张放的婚礼了。张放虽然只是个比二千石的中郎将，可刘骜特批他设置司令部（幕府），像将军一样。平日里，俩人经常一起玩耍，一同乘车①，一同骑马，玩得开心了，张放就不回家，直接在刘骜的床上睡了。

张放如此受宠，让王家人感到不安，他们不是怕张放抢走了自家权力，而是这张放整天只知道变着法子和刘骜厮混玩乐，从不劝刘骜干正经事。王家人觉得，刘骜之所以变成今天这个样子，皆因他交了张放这么个好吃懒做的损友。

---

① 不同于今日，古时，作为九五之尊，皇帝是不能随便与人一起乘车的，即便乘车，也一定得是公认的社稷之臣。刘骜曾希望跟班婕妤一同乘辇玩耍，班婕妤就劝谏刘骜"圣贤之君皆有名臣在侧"，拒绝乘辇，还得到刘骜和王政君的表扬。

有一回，王政君派一个宫女去找刘骜，宫女到了刘骜所居的禁中（皇帝及家人居住之地），发现刘骜正举行宴会。宴会上，有张放等幸臣，还有赵氏、李氏等受宠女子，一帮人大口喝酒、高声谈笑。喝着喝着，刘骜突然看到身边一面屏风上画着醉酒的纣王在妲己身上通宵寻欢作乐的图（《汉书·叙传》：画纣醉踞妲己作长夜之乐），于是好奇心起，问一个叫班伯的侍中：你说说，这纣王真的无道到如此程度吗？

班伯是班婕妤的兄弟（班婕妤担心被赵飞燕姐妹迫害，在服侍王政君），也是个正经人，刘骜平时对他比较尊敬，他抓住这个机会，就跟刘骜大谈圣贤之道，劝谏刘骜别沉迷于酒。刘骜听了之后，叹道：我很久未见班先生了，今日一见，又听到了正直的话。

和朋友们高高兴兴地聚会喝酒，突然来个人一本正经地谈论政治，说些喝酒误事、不利于事业之类的话，谁会高兴呢？

宴会的欢快气氛顿时没有了，而先前玩得开开心心的张放等人非常不悦，就找借口离开了。

王政君派来找刘骜的宫女见到了这一幕，回去就告诉了王政君。王政君对张放已经很有意见了，听到这个名字都头疼，听说刘骜又和张放这种人混在一起，班伯劝说了一下刘骜，张放还意见大得很，于是等下一次刘骜来问候自己时，哭着对刘骜说："皇帝你最近变瘦变黑了，班侍中是大将军王凤所推荐，你得多亲近他，把张放那种人遣送回家。"刘骜不忍见母亲哭啼，也知道整天和张放厮混不该是皇帝所为，只好同意。

车骑将军王音得知此事，生怕刘骜在诓骗母亲，或者过两天反悔，立即趁热打铁，让丞相薛宣和御史大夫翟方进弹劾张放。大臣都希望君王勤于政事，对张放这种只教刘骜玩乐的人非常痛恨，所以听说只需要临门一脚就能撵走张放，非常积极，很快就奏了一大堆张放的罪过：骄奢淫逸、行为放纵、作威作福、包庇罪犯……张放之所为，大逆不道之至，一个臣子的罪恶，再也没有比这更大的了。

他们说那么多，倒不是把张放杀了，只要张放别留在京城就行。

第六章 燕啄皇孙

在各方压力下,刘骜不得不忍痛将好友迁到北地郡当都尉。

可张放是刘骜的真朋友,刘骜不高兴的时候,第一个想到的总是张放。他发现张放走了后,玩起来再也找不到感觉,于是只过了几个月就忍不住把张放召了回来。

刘骜本来想让张放去北地郡避避风头,等母亲火消了再回来,可他没想到,过了几个月,母亲仍然痛恨张放,不满意他召回张放。刘骜无可奈何,只好让张放去天水郡当属国都尉。

张放在天水郡待了一年多,刘骜听说张放的母亲生了重病,非常激动,亲自下诏书给张放:快回来看望母亲。

张放回来探病,自然要和刘骜叙旧,好好玩一番的。不过笔者想,肯定有很多人都盯着张放母亲的病,因为他们都指望张放快点走。果不其然,张放只待了几个月,刘骜就迫于各方压力让张放离开,这一次张放去的地方离京城稍近,是到河东郡当都尉。

刘骜没办法把张放留在京城,每一次遣张放离开,都伤心得落泪。在刘骜去世的前两年,刘骜又硬着头皮把张放调回皇宫,让张放当了一年多侍中,可当时朝政混乱,大臣们不依不饶,逼得刘骜不得不将张放遣送回富平侯国(张放继承富平侯爵)。

张放回到家只过了几个月,刘骜就驾崩了。

张放和刘骜之间,应该有着非常深厚的友情。刘骜去世之后,张放非常伤心,经常哭泣,几个月后,积郁成疾,死于家中。(《汉书·张汤传》:数月,成帝崩,放思慕哭泣而死。)

由于人们早早将张放归于奸臣之列,于是见史书说张放和刘骜一起睡觉,就说张放是刘骜的男宠,把两人的关系说得不堪之至,却不去想自己也曾和最好的同性朋友有过共卧一床谈天说地的经历。和好朋友睡在一个床上,就说人家口味重,实在有些污蔑人了。

刘骜也许不明白,皇帝和臣子之间不可能存在平等的朋友关系,皇帝的特殊身份,决定了他很难找到一个可以与他交心的朋友。因为一个唯我独尊的人很难容忍另一个和他在人格上平等的人出现。皇帝对臣子好，可能只是他一时高兴，这在本质上是一种施舍。如果皇帝不高兴了，他可以随时收回这点施舍，可能还从不记得他对这个臣子好过。跟张放在一起时，刘骜可能从没想过这些问题，然而张放身为臣子，就不得不考虑了，面对那个跟自己高谈阔论的"朋友"，张放的表现必须谦恭一些才行。

就算皇帝愿意让这个人和自己做朋友，让此人和自己在人格上平等，可其他臣子呢？此人若和皇帝有平等的人格，受到皇帝的尊重，岂不意味着他们都比这个臣属的人格低下吗？臣子们绝不能容忍此事，于是这样的人就会受到多方攻击，最终声名狼藉，就连史官也瞧不起他们。他们很可能会被当作奸猾之臣，被写入史书的《佞幸传》，遗臭万年。

史书对张放是没有好评的，后人认为他是个奸邪之臣，将他与汉武帝时代的李延年，汉元帝时代的石显、弘恭之流归为一类。张放之所以没有在《佞幸传》之中，则多亏了他的儿子张纯，此人在东汉光武帝时期被封为大司马。对于如此位高权重之人，撰写《汉书》的东汉人肯定不敢把他父亲放到《佞幸传》里的。

*　　*　　*

刘骜这个人，差不多是个无能的富家子弟，没有太大权力欲望却坐在了皇帝的位置上。这样的错置成了刘骜和那个时代的悲剧。

他不热衷于权力，不能在权力场中找到足够的成就感，因而怠于政事，将国政委托给王氏家族，他也没有努力去学习如何理政，自始至终都离不开王家；他讨厌宫中的那些繁文缛节，所以一有机会就跑出去玩耍，装扮成富家公子哥，跟别人称兄道弟、喝酒猜拳、斗鸡跑马。

他没有毅力，执行力差，有时也会产生一些想法，但倘若操作不易，他只在脑中想一想就算了。由于他为人平和宽厚，又不懂驭人之术，臣子不怎么怕他，因而许多人给他上书言事，批评朝政。比如谷永，他的那一封上书，除了没说王氏专权（因为王家是谷永的靠山），将刘骜执政的其他弊端都十分直白地指了出来。刘骜后来也知道谷永说得对，可就是很少按照谷永所说的去做，因为改掉那些毛病太难。

包括王氏专权，也有人指出过。皇族刘向就多次跟他说，王家权势太大，自古以来还没有哪个外戚比他们霸道，即便是昔日的田蚡、霍光也比不上。他建议刘骜多重用刘氏亲属，削弱王家人的势力，刘骜信誓旦旦地说会好好考虑，但考虑了几十年也没见动静。当年，刘向在给刘骜建议削弱王氏的时候，怕是死也想不到，他的儿子刘歆会跟王家的王莽结为亲家，在王莽取代汉朝的过程中立下大功。

刘骜在位二十六年，这期间汉朝国政紊乱，国力急转直下，再无盛世气象。吕思勉在其《秦汉史》中说：汉治陵夷，始于元帝，而其大坏则自成帝。帝之荒淫奢侈，与武帝同，其优柔寡断，则又过于元帝。朝政自此乱，外戚之势自此成，汉事遂不可为矣。

刘骜驾崩前，留下了两个充满活力的人，一个是他的继承人刘欣，另一个就是新上任的大司马王莽。这两个人都很有想法，要有一番作为，可最终都让人失望了。

第七章 哀帝之哀

小说《笑傲江湖》中，东方不败对部下童百熊说："做兄弟的不是没良心，不顾旧日恩情，只怪你得罪了我莲弟。他要取你性命，我这叫作无法可施。"读者把这句话中的"莲弟"改成"贤弟"，就是刘欣为了董贤，如何没有原则地整治下属了。

1. 名分

汉成帝刘骜去世前一年，三十八岁的王莽成了大司马，内朝首领，准备干一番超越前人的大事业。然而一年后，刘骜去世，刘欣继位，他很快就被排出权力核心。

刘欣是很有志向的。他一出场就给人不错的印象：熟悉法令，面对刘骜的询问，能准确回答出为何带上太傅、国相和中尉来京；刘骜问他学习情况，他能流利地背出《诗经》，且知晓其意。

但这两点只能说明他是个上进少年，还看不出他有多强的才能。

直到被立为皇太子，他的表现才让人刮目相看。汉成帝二十五年（绥和元年，前8），刘骜立刘欣为皇太子，刘骜派人去定陶国召刘欣进京时，

第七章 哀帝之哀

刘欣给刘骜写了封上书，表示：我才能不高，本来没资格高攀太子尊位，陛下圣德宽仁，敬爱祖宗，对神灵恭敬，定会有多子多福的好报。臣愿意暂时留在定陶国在京城的官邸，每天早晚侍奉您，等您有了能继承皇位的皇子，我就回定陶国当藩王。

这封上书中说的话非常漂亮，让刘骜看了后非常暖心。他说刘骜的福报深厚，迟早会有自己的儿子，这对于久无子嗣的刘骜来说是个极大的安慰，他又说自己只是暂时充任太子之位，等刘骜有了亲儿子后就立即回定陶国，这些话给人的感觉是不顾自身利益、完全站在刘骜的角度考虑问题，对刘骜可谓体贴之至，刘骜看到刘欣这样的表态，没理由不欣慰。

这看上去就是个简单的客气话，但细思之下，发现一般人还真的说不出来。要知道，刘欣已经是皇太子了，肯定对这个位置非常看重，他可不知道刘骜什么时候驾崩，如今他把这话说在前头，倘若刘骜过几年真的生个儿子，那时候刘骜拿出这封上书，他岂不要乖乖回去？

刘欣在写这封上书的时候肯定也担心这个问题，但思前想后还是觉得最重要的是讨得刘骜欢心。别以为这种谦让很容易，打个比方，如果有领导准备提拔你，有多少人敢在领导面前说自己不行，只是暂居该位，等领导有了更优秀的人选了自己就下台？我恐怕许多人生怕自己这一番话打消了领导提拔自己的想法，一个个打了鸡血似的对领导表示愿鞠躬尽瘁，将工作干好。

那时刘欣十八岁，这封上书很可能是在他祖母傅太后或其他臣僚的指导下所写的，但即便如此，刘欣身边有这样颇具城府之人，这个团队就不简单。

* * *

刘欣继承皇位时，是汉成帝二十六年（绥和二年，前7），这一年他十九岁。

十九岁的孩子都豪气勃发，刘欣在地方上时也看到了帝国存在的诸多问题，所以刚上台就想有所匡正。但刘欣是个外来户，动作如果太激烈，肯定会触犯一部分人的既得利益，招致这部分人的不满，那么他想干个什么，这部分人可能成为绊脚石。所以他的首要任务不是改革，而是立足、协调各方关系。

但首先摆在刘欣面前的问题就是：亲奶奶和母亲怎么办？

刘欣的亲奶奶，在汉元帝时代为傅昭仪，深受刘奭的喜爱，后来定陶王刘康去了定陶国，就尊她为定陶国太后。刘欣继位后，傅女士虽然是天子的亲奶奶，却因为只是个诸侯国太后，只能住在京城的定陶国邸（定陶国在长安的办事处）。刘欣的母亲丁女士更惨，她不是定陶共王刘康的正妻，所以即便儿子当了天子，称号仍然是"丁姬"，她自然也只能住在定陶国邸了。

然而，当傅女士和丁女士在定陶国邸横眉竖眼的时候，跟刘欣没有任何血缘关系的太皇太后王政君和皇太后赵飞燕正在皇宫里享受着众人的跪拜。王政君还给她们下了命令：每隔十天才能去未央宫和刘欣见一次面。

傅女士对这样的处境自然不满了。她和丁女士毕竟是当今天子的亲奶奶和生母，毕竟不能等同于普通的诸侯王太后和妾。

刘欣也觉得把亲奶奶和生母放在宫外不是长久之计，就问丞相孔光①和大司空何武：你们说说，我奶奶和母亲该住哪儿？

孔光是了解傅女士的，知道这个女人在元帝时代很受宠幸，心气儿高，性格强势，且善于权谋，刘欣就是她从小教大的，刘欣能当上天子她也出了很大力气，这个女人入宫后必定抓住一切机会干涉刘欣，很可能变成下一个吕雉（汉高祖刘邦正妻）。可他也知道，傅女士不可能一直都住在定陶国邸，所以唯一能避免傅女士干政的办法，就是把她和刘欣隔开，让她别天天都接触到刘欣。

① 在刘骜挑选继承人时，时任御史大夫孔光支持中山王刘兴。后来刘骜选了刘欣，孔光因为这个事被降级为廷尉。翟方进死后，刘骜准备让孔光当丞相，已经拟好文书了，没来得及正式任命刘骜就暴毙了，孔光只好在刘骜的灵柩前走马上任。

第七章 哀帝之哀

于是孔光就建议：给定陶太后重新建一座宫殿。重新建个宫殿，就不能和刘欣的未央宫连通，那样就可以减少傅女士和刘欣接触的机会。可大司空何武没想这么多，他觉得，那么多宫殿空着，干吗重新修呢？劳民伤财！于是何武建议傅女士住北宫。刘欣也觉得这样方便又省钱，就让傅女士搬到北宫去住了。

这下糟了，因为北宫和未央宫之间有一条通道，傅女士根本不用绕路，很容易就能见到刘欣，想啥时来就啥时来。孔光眼睁睁地看着傅女士入驻北宫却无可奈何，因为他的那个理由根本不能说出口。

孔光担心的事情很快就发生了：傅女士每天早晚都会找刘欣，让刘欣给自己解决身份的问题。

什么身份呢？

傅女士现在还只是个定陶国太后，丁女士甚至还只是"丁姬"，而跟刘欣毫无血缘关系的王政君是太皇太后、赵飞燕是皇太后。傅女士心里不平衡。

傅女士和丁女士的身份是迟早要解决的，谁在这个时候甘愿给傅女士充当马前卒，谁就能攀附上傅家。

这时一个叫董宏①的人看到了机会。他建议刘欣：将傅女士尊为皇太后，就像当年秦始皇之父秦庄襄王继位后，把华阳夫人和生母夏氏都尊为太后一样。

这是个令傅女士、丁女士甚至刘欣高兴的提议。但大司马王莽和左将军师丹不同意：你董宏坏得很，明知道皇太后是至尊之号，却拿亡秦的例子做比喻，祸乱朝政，大逆不道！

王莽是王氏家族的重要成员，自然要反对董宏的提议，保住王家利益。

和王莽一起弹劾董宏的师丹，其实是刘欣的老师。他觉得刘欣刚刚入京，就已经干了许多事情，尤其在刘骜尚未下葬、刘欣还未登基之时，

---

① 董宏，其父董忠，在汉宣帝时代因告发霍氏谋反，被封为高昌侯，董宏继承父爵。

就有两个人被封了侯：傅太后堂弟傅晏（也是刘欣岳父）被封为孔乡侯，刘欣的舅舅丁明封为阳安侯（封侯时间为四月初四）。这样的做法不但不合规矩，不尊重先帝，在汉代历史上也是绝无仅有的。刘欣那些频繁的诏书和法令得罪了许多人，因而师丹不希望刘欣在尊傅这件事上过于冒进。

刘欣刚刚继位，虽然也想提高一下至亲的地位，可他很清楚王家人的势力，不敢对王莽有所怠慢，而师丹又曾任太子太傅，所以听到这两个人弹劾董宏，就没有坚持，将董宏免为庶人。

董宏被免了，但傅女士都快气死了。因为，王莽和师丹不同意的理由，不是这件事情本身有问题，而是董宏举的例子不对。因为例子举的不对，所以不能按照董宏说的办。这完全是舍本逐末。对于傅太后而言，那些跟孙子没有任何血缘关系的女人都能在皇宫里名正言顺地享受着众人的朝请，我作为天子的亲奶奶，居然只能毫无名分地居住在北宫，有多少人在嘲笑我没有本事？这也就算了，可如今有人提出要提高我的地位，王家人竟然千方百计打压，这王家也太霸道、太目中无人了吧！

王莽和师丹的行为激起了傅女士的怒火，她找到刘欣：你必须给我解决身份问题，没有为什么，就因为我是你奶奶，没有我就没有你的今天！（《汉书·何武王嘉师丹传》：傅太后大怒，要上欲必称尊号。）

这让刘欣非常难办。其实他内心也一直想削弱王氏，给奶奶和母亲上尊号的，可太皇太后的王家掌控朝政几十年，不好惹，王家一直压着，该怎么办呢？

刘欣只得去求王政君：太皇太后啊，您体谅体谅孙儿吧！

王政君也明白，当今天子和她没有血缘关系，王家衰落、傅家崛起是大趋势，这个时候跟刘欣、傅氏把关系闹太僵不明智。

王政君松口了，同意提高刘欣直系亲属的身份，先尊刘欣的生父定陶共王刘康为共皇（共，为刘康去世后的谥号）。①

---

① 关于刘康的谥号，史书有"共"和"恭"两种说法，因此"共皇"也写作"恭皇"，"共皇太后""共皇后"也写作"恭皇太后""恭皇后"。

第七章　哀帝之哀

紧接着，在刘欣继位的当年（绥和二年，前7）五月，此时距离刘骜下葬才过了一个月左右，刘欣就大办喜事，立皇后傅氏（傅太后堂弟的女儿，严格按辈分还是刘欣的姑姑），同时尊奶奶傅女士为共皇太后，母亲丁女士为共皇后①。

*　　*　　*

从定陶傅太后到定陶共皇太后，王政君感受到了傅太后的锋芒，她知道此时不能直撄其锋。王家斗赢了傅家，他们的权势不会增多，斗不赢，就什么也没有了，傅家倒是光脚的不怕穿鞋的，大不了斗不过王家，还和以前一样。然而以当时的形势，傅家发达是谁也阻挡不了的。

既然挡了也挡不住，不如退一步积蓄实力。王政君让担任内朝长官的大司马王莽辞职，一方面避免王家和傅家斗个两败俱伤；另一方面也是给刘欣一个下马威。

在那时候，朝政主要由内朝控制，内朝长官的权力非常大，王家掌控朝政二十多年，势力错综复杂，可以说整个朝廷都掌握在王家手里，有很多事情让王莽去做只需使三分力，但别人去做的话可能十分力气都不能奏效。刘欣刚来长安，什么都不熟悉，连重要人物都认不全，更没有心腹，王莽突然辞职，一下把他弄了个措手不及。

刘欣连忙派尚书令唐林给王莽传达自己的意思：你辞职，就是说朕不能顺承先帝的指示，朕觉得非常悲哀。（《汉书·王莽传》：今君移病求退，以著朕之不能奉顺先帝之意，朕甚悲伤焉。）

刘欣也知道，这事不是王莽一个人说了算的，还得王政君点头才行，

---

① 那时候，贵族男子如王爷、侯爷享有食邑，贵族女子如太后、皇后、公主也享有食邑（一般称汤沐邑）。傅太后享受的食邑数量等同于王政君，丁女士享受的食邑数量等同于皇后。在尊傅太后和丁女士的同时，还追尊傅太后父亲为崇祖侯，丁女士父亲为褒德侯，刘欣舅舅的儿子丁满为平周侯。考虑到皇太后赵飞燕，刘欣又封赵飞燕的弟弟赵钦为新成侯。值得一提的是，在刘骜尚未下葬，傅氏还不是皇后时，傅太后就将她的堂弟、刘欣的岳父傅晏封为阳安侯，刘欣的舅舅丁明封为孔乡侯。

于是又让丞相孔光、大司空何武、左将军师丹和卫尉①傅喜亲自去跟王政君说：陛下听说大司马要辞职，非常悲痛，陛下说了，如果大司马不出来工作，他就不理会政事。

刘欣把事情做到这个程度，在王家人看来就是服软，说明刘欣是知道轻重的，王家人并非真的不想当官，就是为找回场子，既然皇帝苦苦哀求，那就给皇帝一个面子。

王莽答应不辞职了，刘欣总算松了口气。刘欣何尝不想把权力都集中在自己手中，只是以他目前的状况必须倚仗王家，只有等他站稳了脚跟，有了自己的势力，才能跟王家摊牌。

可即便刘欣拼尽全力协调傅家和王家的关系，两家的矛盾也在升级。

王莽辞职时刘欣的表现让王家吃了定心丸：小皇帝知道我王家厉害，离不开我们。有了这点认识，王家就不那么怕傅家了。

过了不久，刘欣在未央宫设宴，安排座位的时候，发生了不愉快。当时，摆放座位的官员内心挣扎了好久，将傅太后的座位放在了王政君的旁边，哪知道王莽看到后将此人狠狠训斥：你懂不懂规矩，定陶太后只不过是居住在藩国的妾，怎能与至尊的太皇太后并肩而坐！

说完，王莽就下令把傅太后的座位移开，放到别处。

谁都看得出来，这是王莽当众给傅太后难堪，当众折辱傅氏家族，这样的羞辱，傅太后岂能忍受？傅太后拒绝赴宴，从此深深地恨上王莽。

王莽自然明白，也预料到傅太后肯定会想尽办法在刘欣面前说自己坏话，于是又像不久前一样给刘欣递交了辞呈。

前段时间好不容易才安抚住王家，可是他这个奶奶，就是不替自己考虑，整天想的都是地位。而王家也真是的，明知道那样做了奶奶会生气，非要把冲突公开化干吗呢？

---

① 卫尉，中二千石，是皇城保卫官，负责统领宫门的守卫。一般来说，那些由地方上诸侯王继承皇位的人，刚登基都非常重视安保工作，会选择自己信任的人来担任此职。

第七章 哀帝之哀

刘欣实在调和不了他们的矛盾了。另外，他对王家也有些不满，他在藩国时早就听说过王家的霸道，来到京城后一直对王家恭恭敬敬，上一次不惜放下皇帝的尊严去求他们，可他们非要让自己难做，还动不动就用辞职来威胁自己。刘欣并非发自内心地尊敬王家，而是被现实所迫，不得不那样罢了。

既然无法调和傅家和王家的矛盾，既然王家人以为朝廷离了他们就无法运转，实在要走那就走吧，这样的爷自己以后也难伺候。

刘欣批准了王莽。

但王家在朝中的势力并不会因为走了一个王莽而彻底消失，刘欣还得倚仗王家，就算要削弱王家，也得先利用他们积累实力。所以即便准许王莽走，也得把表面工作做好，别让人以为刘欣不爱惜人才，逼走了王莽。

当年（前7）七月，王莽辞职，刘欣赐予其五百斤黄金、豪车一辆。

但紧接着，百官的反应让刘欣再一次见识到王家的势力。他们纷纷上书，说王莽如何如何优秀，是国家不可或缺的人才。

刘欣的五百斤黄金和一辆豪车看来不够。为显示对国之栋梁的重视和尊重，他派使者到王莽家服侍，并要求每十天给王莽赐一顿御膳。他又发诏书，高度评价了王莽，还表示自己对太皇太后要求王莽辞官回家的命令感到遗憾。

同时，刘欣给王莽加封了三百五十户食邑，令其朝请时地位位于所有侯爷之上（位特进），每天早晚都进宫和天子见面，待其礼仪如同三公，皇帝外出时，允许王莽乘车跟从。

刘欣不能让王莽立即走，他用这些恩宠留住王莽，为的就是随时请教王莽。

然而刘欣允许王莽辞职，这不可避免地令王家不满。为了尽可能得到王家支持，刘欣给前大司马卫将军王根（刘骜的七舅舅、王莽七叔）加封二千户食邑，给安阳侯王舜[①]加封五百户食邑。红阳侯王立（刘骜

[①] 王舜，是王音之子，王莽的堂弟。王音在汉成帝十一年（前22）到汉成帝十八年（前15）担任大司马车骑将军。

的六舅舅、王莽六叔）因为淳于长事件被遣送回红阳侯国，刘欣也准许他回京城居住。

他同时要拉拢百官。虽知道丞相孔光曾反对自己继承皇位，但还是给孔光加封了一千户食邑。同时，大司空何武也被加封一千户食邑。

王莽辞职了，但整个过程还是很有面子的：第一次辞职，皇帝退让；第二次辞职，皇帝重赏，百官上书挽留，连带着王家人都被优待。

但不论你辞职时多么风光，皇帝多么狼狈，你走之后国家还得运转，权力必然归于别人，所以等朝政稍微稳定就该收拾王家了。

那个要揭露刘骜和赵昭仪谋杀亲子的司隶校尉解光，给刘欣写了一封奏疏，弹劾前大司马王根（王家老七）、前大司马车骑将军王商（王家老五）之子王况。说王根贪污受贿、骄奢淫逸、欺凌百姓、任用亲信，平日铺张浪费，很多配置都超过了他这个官职的规格，而且在先帝（汉成帝）驾崩后，王根竟然娶皇宫掖庭中的女子为妾，整天在家里歌舞升平，莺莺燕燕，毫无悲戚之心；王况也一样，不感念先帝的恩德，娶掖庭女子为妻。

同时，建平侯杜业也上书弹劾王根，说王根曾经手握权柄却不干正事，坏透了。

有了这两封奏疏，刘欣就有理由了：原来自己优待的王家人，对给他们带来荣耀的先帝一点都不尊重，这样忘恩负义之人怎能优待呢？他下令将王根遣返回曲阳侯国，将王况夺爵，免为庶人。

这些故事，发生于刘欣继位后的几个月之内，连汉哀帝元年都还没到。然而傅家对王家的打击还没有结束，因为王莽还在长安。

2. 换人

王莽是内朝长官，是第一辅政大臣，他走了，谁来替代呢？

很多人都推荐傅喜。

傅喜是傅太后伯父的儿子，也就是她的堂弟。刘欣初继位时，傅喜为卫尉，两个月后，被迁为右将军。当时，由于傅太后的强烈干预，刘欣不得不在刘骜刚刚去世的时候操办喜事，给外戚傅宴、丁明、丁满（刘欣表兄弟）等人封侯，本来也要连带着封傅喜的，但傅喜觉得不妥，就说自己有病，封不得。傅喜主动辞让的行为让众人对他充满了好感，加上傅喜学识渊博，操行高洁，因而王莽辞职后，他成了众望所归的内朝长官。

但既然傅喜是一个有德行、受众人称誉的人，自然就讨厌女人对朝政指手画脚。傅太后权力欲望大，入驻皇宫后动不动就干预政事，傅喜看不惯，数次阻挠。

傅喜是这样一个人，傅太后肯定不喜欢，就算刘欣想让傅喜干，奶奶天天都跟他吵，天天说傅喜不好，他能有什么法子？别说当内朝首领了，哪怕现在当了右将军，傅太后都是反对的。

刘欣看出来了，傅太后对傅喜是非常不满的，傅喜这样子下去迟早要离开朝廷。与其把傅喜重用了之后再罢免，不如直接让傅喜退下去，也免得下台时背个罪名。刘欣免了傅喜在内朝的右将军职务，赐予其一百斤黄金作为慰问，让他保留光禄大夫的外朝职务居家养病。

傅喜被排除出权力中心，让很多人失望透顶，大司空何武跟尚书令唐林就上书，说傅喜因为和傅太后的意见不合就被罢免，实在让人痛心，陛下若重用了傅喜这样的人才，必定给陛下增添光彩，也必能使傅氏家族越来越好。

何武、唐林的这封上书让刘欣更加痛心：这么好一个大司马，可就是用不成！

刘欣心目中最好的大司马还是傅喜，可他也知道，目前傅太后对傅喜的意见很大，傅喜必须等。

当年七月，大司马王莽辞职后，刘欣让左将军师丹接替。当年十月，刘欣不满大司空何武事无巨细往上奏事，就找了个借口将何武免了，由大司马师丹接替。如此，大司马一职空缺。

　　大司马虽然和丞相、大司空并列为三公，可长期以来大司马都是内朝长官，属于第一辅政大臣，刘欣对这个职位非常重视，对于这个人选，他不想勉强，思前想后，他还是希望既有德行又是外戚的傅喜来当。

　　刘欣费尽唇舌，用了好几个月的时间，动之以情，晓之以理，终于说服了傅太后，在汉哀帝元年（建平元年，前6）正月，将傅喜封为大司马。

　　讲了这么多，才终于讲到汉哀帝元年的正月，在旧皇帝驾崩的当年就这么折腾的皇帝和外戚，在汉朝历史上是绝无仅有的。

　　然而，傅喜这个大司马，还是坐不稳当。

*　　*　　*

　　傅女士和丁女士都有了尊号，为方便称呼，以后称刘欣奶奶傅女士为傅太后，母亲丁女士为丁后。

　　但傅女士还不满足，因为她到现在还只是个共皇太后，如果认真点，说全称的话，还叫"定陶共皇太后"，且不说和王政君的地位有差距，那个皇太后前面居然还加个"定陶"和"共"，那个"定陶"无疑在强调她来自藩国，那个"共"简直就像个"假"字一样，让傅太后时时记住自己低人一等的身份。

　　汉哀帝元年，郎中令泠褒、黄门郎段犹上书一封，点燃了炸药包。

　　他们认为，傅太后的"定陶共皇太后"、刘欣母亲丁氏的"定陶共皇后"，名号都太低了，应该加高，因为把"定陶"这个代表藩国的名号加在"皇太后"和"皇后"这样更加尊贵的名号之前很不合适；傅太后和丁后的待遇，如车子、服饰、从官规格，也得是最尊贵的标准，而非藩国标准；另外，定陶共皇刘康是天子的父亲，应该在京城立庙才行。

　　刘欣虽然不喜欢奶奶干政，但对于提高奶奶和父母地位这种提议，还是非常欢喜的。毕竟，让跟自己没有血缘关系的王政君和赵飞燕享有比他亲奶奶和母亲更高的待遇和地位，他心里也不好受。他是刘康的亲儿子，可只能把最好的祭祀献给伯伯而非父亲，心里或多或少都有些遗憾和不甘。提高亲戚的地位，一方面是报答他们的养育之恩，另一方面也是刘欣在朝廷拥有权威的体现。

看到这俩人的提议，刘欣让群臣讨论。

傅太后来京城一年多了，其强势众所周知——把王莽逼走、把刘欣逼得在朝廷大换血、整天要这要那，加上刘欣也支持这个提议，所以许多臣子也不阻挠，都说"母以子贵"，这么做是应该的。

但有几个重量级人物不同意，他们是丞相孔光、大司马傅喜和大司空师丹，这三人也就是朝中三公，级别最高的官员。

这三人认为：第一，让傅太后、丁后之前加个"定陶共"，是基于"母从子""妻从夫"的道理，没有不妥；第二，至尊之人只能有一个，所以不能让傅太后和太皇太后（王政君）具有同等地位；第三，刘康的尊号和谥号在之前已经定了，就是定陶共皇，不能再改，刘欣继承了刘骜的帝位，就是刘骜之后，以皇帝的规格去祭祀刘康，很不合适，刘康又是定陶国的太祖，如果把庙立在京城，那么迟早会因为亲尽而被毁①，也不合适。

总之，三公的态度很明确：泠褒和段犹的提议，都不能采纳。

师丹这回的表现让刘欣也有气了。

我们知道，刘欣刚当皇帝时，傅太后就要求给自己上尊号了，那时担任左将军的师丹和大司马王莽反对过一次；这一回，臣子们都说行，可这个师丹还是非说不行。而且根据史书，虽然三公全都反对泠褒和段犹的建议，但师丹应该是挑头的，反对最激烈②。

刘欣是皇帝，就是师丹、傅喜、孔光的领导。属下明知道领导的想

---

① 为了庙的数量不无限增加，那些与当朝皇帝血缘关系较远的祖先庙（一般是相距五代以上），会被拆除，但一国太祖的庙，只要国家还在，就不会被拆。如果给刘康在京城立庙，几代过后，皇帝跟刘康的血缘关系就不那么亲近，他的庙就会被拆。

② 史书将反对泠褒和段犹的那一大段理由，写在师丹的个人传记中，而且明确说是"丹议独曰"，所以很可能的情况是师丹主要反对，孔光和傅喜附和。

法，却非要来阻挠，在领导看来无非有两种可能：第一，自己的想法确实有问题，而且问题不小；第二，这几个属下不买自己的账，觉得可以和领导对着干，以为领导没了他们就干不成事，总之就是不尊重自己。

那么给傅太后上尊号是原则性问题吗？问题真的很大吗？

刘欣可不这么看。也许之前刘欣还觉得让傅太后拥有和太皇太后一样的地位有些荒唐，可当泠褒、段犹提出这个建议，大部分官员也都同意的时候，刘欣自然会觉得，这么做的问题不大，就算有些问题，也绝不是什么原则性问题，否则不可能那么多人支持。

朕平时待他们三个那么尊敬、那么好，可是在这种非原则性的事情上，他们明知道朕心里所想还要阻挠，完全不把朕放在眼里，尤其师丹，仗着是朕的老师拼了命反对，你还把朕当成你的学生呢是吧！其实道理简单得很，其他人之所以同意，是因为怕朕、尊重朕，你们几个反对，就是不怕朕，不尊重朕，嫌朕年纪轻！

刘欣不满意了，师丹的好日子也就到头了。

紧接着，师丹在工作中又出现了两个失误：第一，有人提出了货币改革，师丹一开始同意，后来他居然忘记自己说过同意的话，随了大溜，不同意改革，让刘欣不满；第二，师丹要给刘欣写封事（跳过尚书令直达天子的奏疏），让秘书给自己起草，结果被丁氏、傅氏的人知道后，说他给天子上封事这么庄重的事情，居然弄得人尽皆知，没有保密意识。

师丹遭殃了。他被免了官、夺了爵，其间博士申咸和炔钦上书为师丹辩护，还得了降级处分。

师丹倒了，接下来就是傅喜。可傅喜有什么问题呢？

傅喜没什么问题。如果非要说有问题，就是他品行好。傅喜这个人，平日里为人恭谨、生活节俭，和傅家、丁家那些一人得道鸡犬升天的暴发户有着天壤之别，那些人看不惯傅喜这个样子，总觉得傅喜在装模作样、故作清高，看到傅喜就有气。

所以，就算刘欣不想处置傅喜，傅太后和傅家人也会要求刘欣把傅喜免了的，尤其这一次傅喜明确反对给傅太后上尊号，可是令"傅太后大怒"了的。

面对傅太后的压力，刘欣很难办，因为他找不到傅喜的毛病。然而他实在受不了傅太后的不断施压，所以在处置师丹的时候做了个小动作。

一般来说，要惩罚没有大过的官员，只把他的行政职务解除就是了，人家的爵位是不动的。可刘欣对待师丹时，似乎毫不顾及师生情谊，把师丹的官职和爵位全都免了。

给师丹这么重的惩罚，就是为了告诉傅喜：反对给傅太后上尊号的师丹已经被免，连侯爵都没了，你也和师丹一伙，所以趁早主动辞职，那样你就没罪，还能保住爵位①。（《汉书·王商史丹傅喜传》：先免师丹以感动喜。）

但傅喜装聋作哑，就是不辞职。

不辞职，那就诋毁你。

当时，师丹被免后，京兆尹朱博接替了大司空之位。朱博完全是傅家同党，一直支持给傅太后上尊号，因而很受傅家人喜爱。他和刘欣的岳父傅晏一有机会就诋毁傅喜，挑拨傅喜和刘欣之间的关系。

宣传工作得天天讲、有机会就讲，讲得多了，听的人也就慢慢相信了。刘欣天天都听到傅喜的坏话，就算不以为傅喜坏，对傅喜的印象至少也会打一些折扣，甚至偷偷地进行验证：咦，他今天的表现似乎确如傅晏等人所说，有点不尊重我哦！

就这样，傅晏和朱博动不动诋毁傅喜，傅太后三句话不离主题地要求罢免傅喜，于是傅喜在当了一年大司马之后，于汉哀帝二年（建平二年，前5）二月被免。

三个反对给傅太后上尊号的人，师丹、傅喜都倒了，接下来就是孔子的十四世孙——丞相孔光。

当傅晏和朱博等人诋毁傅喜的时候，孔光也在被骂之列。

孔光被骂得更惨。那时候，国家问题很多，社会矛盾重重。这时朱

---

① 刘欣对师丹的处罚过重了，尚书令唐林指出了这一点，刘欣听了唐林的话，将师丹封为关内侯，食邑三百户。

博和傅宴就把所有问题都归结为孔光这个丞相不行，说他没带好头，致使官场一团糟，民间阴阳失调，百姓年年歉收、流离失所。而皇帝数次咨询孔光，孔光都给不出好办法，还说什么盗贼不能为害。丞相如此无能，百官就更加懈怠，丞相尸位素餐，整天想的不是把国家治好，而是明哲保身。所以问题的根源不是皇帝不好，而是丞相差劲。

朱博和傅宴的这一通解释，让刘欣很受用。刘欣心气虽高，可执政一年多了，即便夙兴夜寐，宵衣旰食，也没有多大改变，心里烦躁得很。朱博和傅宴的说法让他恍然大悟：若非孔光不称职，朕如此努力，何至于斯！

有了这个想法，再想到当年孔光反对自己而支持中山王刘兴当皇帝，刘欣对孔光就有说不出的厌恶。终于，在傅喜被免两个月后，孔光被一撸到底，官职爵位全都没了。

就这样，汉哀帝元年（前6）十月，大司空师丹被免，京兆尹朱博接替；汉哀帝二年（前5）二月，大司马傅喜被免；四月，丞相孔光被免。

这个时候，朝中最活跃的人就是上面和傅宴一起奏免傅喜、孔光的朱博。

3. 朱博

朱博一上台，就要搞改革。改革的目标，是废掉三年前汉成帝时期的官制改革。正因为改来改去，读者阅读这一段历史时会觉得官制混乱，很难记住。所以，有必要借讲述政治斗争的机会，讲一下西汉末年的官制，否则看王莽的那一系列改革也会一头雾水。

汉成帝刘骜在位时，一个叫何武的人（就是刘欣继位之初，因事无巨细都要汇报而被免官之人），建议刘骜设置三公官，对应天上的日月星。

第七章　哀帝之哀

三公官是什么呢？

那之前，我们通常将丞相、太尉和御史大夫统称三公：丞相是政府首脑，负责行政；太尉是最高武官，负责军事，后来不设太尉，由大司马加官将军，负责军事；御史大夫是最高检察官，负责监察。但那时只有三公之名而没有完善的三公制度，在汉武帝设置大司马之前，太尉官不常置，御史大夫的级别又低于丞相、太尉，所以三公之中经常都是丞相一家独大。

汉武帝为了加强中央集权、将更多权力从臣子处夺到自己手中，开始重用一些听话、好用的臣子，给他们加个侍中或给事中的官衔。中，就是皇帝居所禁中（也叫省中），这官衔的字面意思就是，他们可以在禁中陪伴侍奉。

如此一来，汉武帝身边除了伺候自己衣食住行的人，还有一帮可以跟他议论政事甚至做决策的人。这样，以丞相为首的百官逐渐被撇开，由决策者变为执行者。随着这种模式的制度化，这帮直接听命于皇帝又经常在皇帝身边参与决策之人被称为内朝官（或中朝官），以丞相为首的行政官员就是外朝官了。

汉武帝之后，大司马大将军霍光为辅政大臣，领尚书事，成为内朝的首领。那之后，大司马大将军越来越多地参与到国家行政，将本来负责行政的丞相和负责监察的御史大夫的权力一点点削弱，至此形成了大司马大将军一家独大的局面①。

汉宣帝为了打击霍氏，将内朝权力更多地移到了外朝，内朝独大的情况有所改观。汉成帝上台后，立即重用舅舅王凤，那时候刘骜什么也不管，全都王凤说了算，内朝权势再次变大，内朝长官（大司马大将军、大司马车骑将军、大司马卫将军、大司马骠骑将军）独大。

国家设置丞相、太尉（大司马"某"将军）和御史大夫的本意，是

---

① 因为如此，所以学界有观点认为，在汉成帝之前不存在三公之制。笔者以为，那时候三公的叫法是有了，但没有完善的保障三公发挥正常职能的三公制度。

让这三个官职分别负责行政、军事和监察，并且相互制衡，哪个职务的权势一旦过重，也就失去相互制衡的初衷。

何武就希望刘骜合理地分配行政、军事和监察三个长官的权力，使他们的秩禄和地位相等，从而真正发挥三公制度的作用。

到汉成帝时代，行政、军事和监察三个长官的权势如何不平等呢？

第一，御史大夫的地位和级别比另外两个低，御史大夫就是副丞相，丞相的印绶是金印紫绶，御史大夫是银印青绶。

第二，内朝首领不但拥有太尉的军事权，还有很大的行政权力（决策权）。由于内外朝制度，内朝首领的行政权力比专门负责行政事务的丞相都大。然而，大司马本身是没有印绶和属官的，这个职位往往冠以将军之号，担任大司马的人拿的印绶是将军的，手下人员的编制也在将军府。内朝首领比丞相权力都大，却没有与该职位相匹配的印绶和制度保障，自然是不合适的。

要使行政、军事、监察相互制衡，就得这三者首领拥有同等地位、级别和待遇。

汉成帝二十五年（绥和元年，前8）四月，刘骜听从何武建议，做了一个较大改动：去掉大司马后面加的将军之号，让大司马和丞相一样，拥有属官和金印紫绶，秩禄也与丞相相等；将御史大夫更名为大司空，职责不变，但抬高其地位和秩禄，金印紫绶；大司马和丞相都被封侯，所以大司空也被封侯。

把御史大夫变为大司空，级别、秩禄都升高，就是重视监察。重视监察，除了提高最高监察官的权力，还得做好地方监察队伍建设。

武帝三十五年（前106），刘彻将天下分为十三个部，每个部设置了刺史官，他们的主要工作是督查郡中二千石官员，也就是郡里的行政长官。当时，制度初定，担任刺史的都是六百石的官员。

汉武帝之后，刺史承担了更多事务，越来越重要，汉宣帝刘询每次任命刺史，都会像任命太守一样跟他们谈话。按照何武、翟方进的说法：刺史这个职位，统管一州，能推荐和斥退高官，任务重、职位高。

监察制度如此重要,那么让一批低级别的官员担任刺史,开展工作时肯定困难重重,尤其让低级别官员去约束、监督二千石的地方大员,会很不方便。

何武联合丞相翟方进就又建议:将刺史更名州牧,由真二千石官员担任,地位仅次于中央的九卿(中二千石)①。

设置三公官、州牧,都是刘骜听从何武的建议所做的改革,然而只过了三年,朱博刚当上大司空,就着重阐述何武那个改革中的弊端,尤其是,汉代官制本来就跟古代不同,朝廷进行官制改革,却只是像古代那样设置三公,而不改其他的,新旧搭配,容易混乱。

于是汉哀帝二年(前5)三月,也就是傅喜被免的下一个月,刘欣听从朱博的建议,废除大司空一职,重新设置御史大夫,朱博由大司空自动切换成御史大夫。不久之后,又罢州牧,复置刺史。

三月的时候,师丹、傅喜已经被免,丞相孔光岌岌可危(孔光四月被免),朱博意识到这是机会来临,立即给刘欣上书,重提泠褒和段犹的建议,请求给傅太后和丁后上尊号。

事情到这个程度已水到渠成,当年四月,刘欣下诏,将傅太后尊为帝太太后(原先叫共皇太后),丁后尊为帝太后(原先叫共皇后),让帝太太后傅氏的地位等同于太皇太后王政君,帝太后的地位等同于皇太后赵飞燕。同时,给刘康在京城立寝庙。由于王政君是太皇太后,住在长乐宫内的长信宫,所以习惯称王政君为长信宫;皇太后一般居住在长乐宫,长乐宫在未央宫以东,所以也称东宫。现在傅太后、丁后和太皇太后、皇太后的地位等同了,王政君有个"长信宫"的称号,傅太后就称作"永信宫";赵飞燕叫"东宫",丁后就叫"中安宫"②。

---

① 按照三国时如淳的说法,真二千石位于中二千石和二千石之间。二千石官员每月得到一百二十斛粮食,真二千石每月得一百五十斛,中二千石每月得一百八十斛。汉代,九卿为中二千石级别,地方行政长官郡守(太守)为二千石,郡里军事长官郡尉是比二千石。按照《王立古汉语字典》,汉代一斛为20升。

② 按照何清谷所撰《三辅黄图校释》:傅太后所居永信宫,是北宫一部分(一说桂宫一部分);丁太后所居中安宫,应该是桂宫的一部分。

在给她们这些尊称的同时，还在京城给刘康立寝庙。在西汉，只有帝王陵墓旁边才会立庙①。但是有三个人例外，第一个是刘邦父亲刘太公，第二个是宣帝刘询父亲刘进，第三个就是哀帝父亲刘康了。本来，皇帝驾崩后，其陵园内会修庙、便殿和寝，每个建筑的功能有所不同（庙在陵园前边，里面供奉神位，是行祭祀之礼的地方；寝，在陵园后面，为放置祖先衣冠之处；便殿，为庙寝之外的偏殿，一般为祭祀人员的休息之所）。刘康死后，葬在定陶国，所以要纪念他，就只在京城给他修庙、寝和便殿（没有陵墓），修建办法和规格，与汉宣帝刘询父亲刘进的一样②。在祭祀时，礼仪与汉元帝刘奭等同③。

此时的朱博在刘欣眼里是个听话的、有想法、有能力、有悟性的官员，对比无所建树还光唱反调的孔光，刘欣觉得朱博就是最合适的丞相人选。

当年四月，孔光被免，政治新星朱博接替。至于大司马，刘欣让自己的舅舅丁明担任，只是由于朱博的建议，否定何武之前的改革，所以要像以前一样，大司马之后加将军之号，丁明就是大司马卫将军。空出来的御史大夫由刘欣的老师——少府赵玄接替。

＊　　＊　　＊

当时，傅喜、孔光和师丹都被免了，傅太后也得到了她理想中的地位，但她还是心里不舒服。

---

① 汉朝皇帝的陵墓都是大土包。皇帝活着时就开始给自己修庙。
② 刘进是汉宣帝刘询的父亲，是汉武帝时期的皇太子刘据的长子，因巫蛊之祸被杀。刘进并非诸侯王，但由于是汉宣帝之父，被允许在京城按照诸侯王的规格建造陵园（庙、寝、便殿），以三百户人家为其守陵，谥号为悼。刘进的庙就被称为悼皇考庙。
③ 对皇帝的祭祀非常复杂。每个陵园中的寝每天要供奉四次食物，寝中有寝殿，每月祭祀；庙，一年二十五次祭祀；便殿，一年祭祀四次。除此之外，每个月还有一次活动，活动名称叫"月一游衣冠"，内容是抬着从寝中拿出的先帝衣冠，送到园中庙，供奉完毕后，经由专门的"衣冠道"送回寝。

第七章 哀帝之哀

因为孔光、傅喜、师丹是三公，孔光被免职的同时还被夺爵，师丹本来也被夺爵，可后来刘欣又听尚书令唐林的建议，将师丹封为关内侯，享受三百户食邑，而那个傅喜仅仅被免职，还当着高武侯。

也就是说，师丹和傅喜这两人现在活得还很自在。

傅太后对这两个人都不满意，想到他们还在家当侯爷就不舒服。

朱博很懂得体察傅太后之意，他当了丞相，就和御史大夫赵玄一起奏请刘欣，提了两点建议：第一，师丹不顾尊亲之义，采用邪说，反对给傅太后、丁后立尊号，非要亏损刘欣的孝道，不忠之极，师丹恶行昭著，不配享受食邑，应免为庶人；第二，在刘欣继位之初，高昌侯董宏率先请求给两个太后上尊号，却遭掌权的师丹弹劾而被免为庶人，希望能够恢复董宏的爵位。

刘欣同意了，将师丹的关内侯免了，复封董宏为高昌侯。

朱博还知道，傅太后对以王莽为代表的王家人恨得咬牙切齿，因为王家人把傅太后压了好长时间。

已经辞官的王莽要中枪了。

朱博继续弹劾，把王莽的罪过说得跟师丹一样：不顾尊亲之义，反对给傅太后、丁后立尊号，非要亏损天子的孝道。按照朱博的说法，王莽这种人按道理应该去死的，只是天子仁慈，才赦免了他的罪过，但这种坏蛋是不能享有爵位的，得免为庶人才行。

刘欣表面上尊重王家，实际上对王家和王莽不满已久了。朱博的这个奏议，还是说到刘欣的心里了。但考虑到王莽和王政君的关系，以及王家在朝中的势力，刘欣没有把王莽夺爵，但是要求王莽离京，回新都侯国休养。

在王莽被遣的同时，王家老三王谭的儿子王仁也被告发藏匿赵昭仪的亲属（赵合德，她谋杀皇子，是罪人，家人要连坐），被夺了平阿侯的爵位，免为庶人。

师丹倒了，王家再次受到重创，可是让傅太后不满的还有傅喜。

傅太后见朱博一直没有动傅喜的打算，就找来弟弟傅宴，让傅宴去告诉朱博：上个奏疏把傅喜免了。（《汉书·薛宣朱博传》：令奏免喜侯。）

朱博很会巴结领导，知道傅太后喜欢什么、讨厌什么，可他一直没有奏免傅喜，就是因为这件事情不好操作。

但朱博还不能说不好弄，他要敢说自己想不到办法，那就是没有能力，把领导交代的事情办不利落。他能到这个位置，秘诀就是事事顺从傅太后，傅太后指哪打哪，倘若这一回讲什么原则，他的下台之日也就快了。

可朱博也知道，刘欣很维护傅喜，对于给傅喜免官，刘欣是不情愿的。更重要的是，傅喜虽然被免，但理由并不充分。

朱博觉得这个事不好操作，就找御史大夫赵玄来商量。赵玄听了也一筹莫展：对傅喜的处理，之前朝廷已经下定论了，现在又翻出旧账，不合适吧！朱博说："我已经答应了孔乡侯傅宴，不合适又如何？平头老百姓做了承诺，都会誓死履行，何况我承诺的对象是至尊之人呢？为了这件事，我朱博豁出性命也要干！"赵玄见朱博如此表态，也只好跟朱博合作。

朱博心想，奏免傅喜完全是抱私怨，而公报私仇是官场上非常忌讳的事，如何才能让刘欣觉得自己的行为出于公心呢？

他想起了之前的大司空何武。当时，何武就因为有过错被免官，但保留了爵位。何武跟自己没有恩怨，奏免何武，足以证明自己没有私心，如此再带上傅喜，看起来就大公无私了。

于是朱博和赵玄上书一封，说何武跟傅喜之前在重要岗位任职，虽然官职被免，可他们没有贡献，不应当享受列侯爵位，应该免为庶人。

朱博、赵玄的这封奏疏，重点不在何武，而在于傅喜，何武只是个垫背的，用来遮掩他们私心的幌子。

可刘欣不是笨蛋，他觉得很奇怪：你朱博、赵玄怎么突然提起这个事情了呢？傅太后可一直都看不惯傅喜，朱博、赵玄提这个建议，是不是得到了傅太后的授意呢？刘欣将信将疑，就下诏让赵玄到尚书处汇报情况。

奇怪的是，身为监察长官的赵玄，被尚书处的官员一番约谈，竟什么都招了——他堂堂御史大夫，本职工作纪律监察、约谈其他官员，怎么如此轻易就招供呢？

刘欣瞬间大怒！他把这件事交由内朝处理。

这件事的原委就是朱博、赵玄无下限逢迎傅太后。这次朱博整的恰恰是刚刚下台的内朝首领傅喜，傅喜为人恭俭，好学问，常常阻止傅太后为所欲为，口碑很好。内朝官员审理此案，一定对朱博、赵玄毫不留情。

想当初，师丹、孔光等人被整，也顶多被免官、夺爵，而这一次审理结果出来后，朱博和赵玄被认为大逆不道，得坐牢。傅宴是刘欣岳父，是孔乡侯，被削去四分之一食邑。

那个时候，像丞相这样的高官是不会到监狱受刑受审的，因为在狱中受审往往意味着拷打。作为高级官员，他们一般不为自己辩护就自杀了，这自汉文帝以来就成了惯例。当使者持节传召朱博去坐牢的时候，朱博已经自杀了，此时是汉哀帝二年（前5）八月，距离他当上丞相仅过了四个月。至丁赵玄，死罪虽免，但活罪难逃，被罚做苦役。

4. 冤案

至此，我们已经感受到傅太后的霸道了：在汉成帝尚未下葬时，她就主导着，把丁明和傅宴封侯，生怕晚当一天侯爷影响了他们的"侯龄"。

她一住进北宫，就跑去跟刘欣闹，要刘欣给自己上尊号，面对王莽、师丹等人的阻挠，她不依不饶，硬是弄了个"定陶共皇太后"的称号；又过了不到两年，她将自己的称号改为"帝太太后"；再过了两年，她的称号听上去又高级了些，叫"皇太太后"。

对傅喜，她咬牙切齿。由于她"不欲令喜辅政"（《汉书·王商史丹傅喜传》），刘欣只好让傅喜回家养病；后来在一众大臣和刘欣的支持下，傅喜终于当了大司马，然而一年后就因为不同意给傅太后上尊号被免官，差点丢了爵位；就这她还不满意，仍旧步步紧逼，让新丞相朱博弹劾傅喜，要把傅喜夺爵，朱博知其不可为而不得不为之，最终丢了性命。

王莽顶撞她，她就大发脾气，不管什么王政君、赵飞燕，拒绝参加宴会，王莽看出她不是善茬，避其锋芒，辞官回家；她希望自己的地位跟王政君一样，面对三公的反对，将三公一一剔除，换上听话的人。

她在皇宫里，经常对刘欣指指点点，刘欣干的事情稍不合她的意愿，她就大怒……

她不再把王政君放眼里，有时直接称王政君是老太婆（《汉书·外戚传》：傅太后既尊，后尤骄，与成帝母语，至谓之妪）。这是非常无礼的行为，她和王政君虽然都是汉元帝刘奭的女人，可王政君是刘奭的正妻，她虽然受刘奭喜爱，毕竟是个妾，在规矩森严的宫廷，妾是不能对妻如此放肆的。

然而，对王政君只是无礼，她对刘奭的另一个女人冯媛，就很无情了。

许多年前，冯媛和汉元帝刘奭共去上林苑时，一头黑熊没被拴住，逃到圈外，还朝刘奭一伙人过来，当此之时，冯媛挡在刘奭身前，欲以命相救。刘奭深受感动，将冯媛之子刘兴立为信都王（后来又改封为中山王），冯媛的级别由婕妤提升至昭仪。

冯媛还有个身份，就是汉元帝时代的名臣冯野王的妹妹。而这个冯野王，在汉成帝时代曾一度是代替王凤的最佳人选。

冯媛生了中山王刘兴，她就是中山国太后。

我们知道，刘兴也曾是皇太子的候选人。只是由于刘兴自己表现不佳，加上刘欣的奶奶傅太后跑关系，刘骜最终选了刘欣。汉成帝二十五年（绥和元年，前8），刘骜立刘欣当了皇太子，为了慰藉中山王刘兴，给中山国加封了三万户食邑,同时封刘兴的舅舅(冯媛的弟弟)冯参为宜乡侯。只是不知何由,刘兴在当年八月就死了。

刘兴死后,其未满两岁的儿子刘箕子继承王位。但刘箕子患有恶疾,很难医治,汉哀帝刘欣登上帝位后,还专门派一个叫张由的人去中山国给刘箕子治病。

可这个张由去了一趟中山国,就惹了大祸。

据《汉书·外戚传》记载,这个张由患有"狂易病",意思是张由经常会发狂,大概是脾气暴躁甚于常人。他在中山国,也不知发生了什么事,发了一通脾气就回长安了。

朝廷得知张由不好好给刘箕子治病,派人斥责张由,张由担心朝廷给自己治罪,就编了个弥天大谎:我发现中山国冯太后在诅咒天子和傅太后!

在汉元帝时代,傅太后还叫傅昭仪时,跟冯媛就是情敌,黑熊之事让刘奭感动不已,从那之后对冯媛格外不同。为此,傅太后十分厌恶。在刘欣和刘兴争当皇太子之时,两人肯定又暗暗交锋了一番。即便多年之后傅太后到京城当了太后,提起冯媛仍愤愤不平。如今傅太后听说冯媛在诅咒自己和孙儿,想起当年争宠和夺权的日子,妒火上升,觉得冯媛这样的人干出这种事情很有可能,就派人去调查。

调查团一到中山国就逮捕了一百多人,分别关在洛阳、魏郡和钜鹿郡的监狱中。然而,被抓之人在狱中经受了数十天的拷打,也仍然没人承认诅咒之事。

朝廷再派调查团,调查团主要负责人有中谒者令史立。

史立出发前,傅太后给了他指示:干得好,可以考虑封侯!

封侯是那个时代所有人的梦想,史立当然知道傅太后想自己怎么做,他高兴坏了,说什么也要让傅太后满意。

史立一到,就严刑拷打,把数十人整死在狱中。

终于有人忍不住,言不由衷,开始诬告冯媛的妹妹和弟媳,说这两个人讲过"想杀了当今天子让中山王代替"的话。

得到这个供词，就算审讯工作取得了阶段性胜利，因为这就算有了证据。史立马上弹劾中山国谋反。

案子很快就审到冯媛了，但调查团无法从冯媛口中得到他们想要的话。

史立不耐烦了，说道："当年黑熊上殿之时你何等胆量，如今怎么不敢承认罪过了呢？"

冯媛这下明白了：当年和天子在一起发生的事情，史立这种小人物如何得知呢？定是傅太后告诉他的。傅太后把我这么详细的情况都告诉史立，是想让史立充分了解我，方便构陷于我啊！

想明白这一点，冯媛就自杀了，但至死没有认罪。冯媛的弟弟宜乡侯冯参等人，要么自杀要么被杀，冤死者达十七人。整个事件的始作俑者张由，被封关内侯，办案主力史立，被提拔为中太仆。

冯家遭此横祸，没有人不怜悯。就连刘欣都觉得过分，下诏书将冯媛以诸侯国太后的礼仪埋葬。

冯氏一脉被除了，可就在这时，司隶孙宝①觉得案子有疑点，希望再查。

这本身就是个冤案，傅太后就是想搞死冯媛，如今孙宝跳出来让重新调查，傅太后焉能允许？

傅太后跳起来破口大骂：皇帝设置司隶校尉是来调查我的？冯氏谋反一案事实俱在，居然有人妄图通过翻案来辱我名誉，我看我是该坐牢了！

哪个孙子招架得住奶奶的这等淫威！刘欣不敢再让人调查，人反正都死了，倘若调查结果是"冯氏冤枉"那就不得了。为了息事宁人，他把孙宝关进了监狱。

---

① 孙宝担任丞相司直时，曾告发了王家老六王立侵吞国家资产，本该继承王商的王立因此失去了当辅政大臣的机会。孙宝和淳于长的关系不错，后来淳于长犯了法，翟方进弹劾了许多跟淳于长亲密的人，孙宝因此而被免官。刘欣继位后，孙宝当上了司隶。司隶即以前的司隶校尉，该官职在汉成帝驾崩的那年被取缔，汉哀帝时恢复，秩禄等同于丞相司直，比二千石。

孙宝这人平时口碑很好，被抓之后，上书仆射唐林为他辩护，刘欣认为唐林和孙宝结党营私，将唐林流放到敦煌郡一个叫鱼泽障的地方。

冯媛一家人死时，刘欣才继位一年多，汉哀帝元年（前6）。那时傅喜还是大司马，觉得孙宝只是提了点建议就被下狱，实在荒唐，也为孙宝说话。无奈的刘欣只好再找傅太后说情，才最终把孙宝释放，官复原职。

5. 封侯

汉哀帝元年（建平元年，前6），中山国遭到无妄之灾，罪名是张由的诬陷之辞：冯媛诅咒天子和太后。

中山国的案子让河内人息夫躬（复姓息夫）和长安人孙宠受到启发，觉得可以通过一些方法来飞黄腾达。

息夫躬和孙宠心想：当今天子刘欣尚无子嗣，身体又不好，东部诸侯国肯定都觊觎天子尊位，当时刘欣制造冤案惩治中山国，足见他十分忌讳人诅咒自己。

汉哀帝三年（建平三年，前4）时，他们听说在东平国的首都无盐县瓠山，有一块石头立了起来，还转了个圈，东平王刘云①和王后亲自到大石立起来的地方祭拜，后来又做了个状似瓠山的雕塑，一并祭祀。他们还听说，在无盐县的危山，地面鼓起，上面还长了草，外形就像天子出行时行走的驰道一样。

这样的历史事件，无法不令人想起七十多年前、汉昭帝时期的往事。据史书记载，在汉昭帝时期，泰山有块大石自己立起来，这被视为汉宣帝刘询当皇帝的征兆。息夫躬和孙宠认为，东平王听说有大石立起，就急急忙忙跑去祭拜，对大石头那么尊敬，说明他有非分之想，加上东平

---

① 东平王刘云，是汉宣帝刘询的孙子。

王后的舅舅伍宏在宫里当太医，如果在这件事情上好好做文章，说东平王有非分之想，肯定一告一个准。

计谋已定，俩人就写了封上书，托各种关系，通过宫里的宋弘交给刘欣。

那时，刘欣正生着病，对这种可能诅咒自己的事情非常反感，听说刘云不但没有为自己祈祷，反而有取代自己的心思，立即让人去查。

最终的调查结果是：东平王刘云承认自己想当天子，他的王后还指使巫师诅咒刘欣，且和懂得灾异的人研究过，认为刘欣的病好不了，自己以后肯定能坐天下。

刘云服罪了，可司法大臣廷尉梁相有疑惑——刘云案发时是年底了，距离冬季结束不到二十天，而冬季结束之后朝廷一般会赦免罪人，审案人员会不会为了整死刘云，赶在冬季结束前将此案定性，因而采取一些非常规手段迫使刘云服罪呢？倘若如此，刘云的供词就可能是假的。

梁相给朝廷写了个奏疏，建议把刘云押送到长安，由朝臣共同商议后慎重处理。尚书令鞠谭和尚书仆射宗伯凤也同意梁相的做法。

对待诸侯王这么重要的人物，审案时谨慎点是必要的。只是梁相没有想到，他这封合理的奏疏把许多人都送进了棺材。

刘欣对梁相的上书非常生气：这几个家伙，是看到我身体不好，就脚踏两只船，故意拖延时间，好让刘云遇到春季大赦后活命，那样等自己一命呜呼了，刘云当上天子，他们就是拥立刘云的功臣。别有居心，别有居心啊！

刘欣把梁相、鞠谭和宗伯凤免了。至于东平王刘云，虽然刘欣下诏免了他的死罪，但仍旧自杀了，他的王后被弃市。值得一提的是，王家老四王崇的妻子也因为此案被弃市。

案子了结了，但有一件事成了疑问：东平王的案件是谁发现的？谁是发觉奸谋的忠臣？

从上文可以看到，有息夫躬、孙宠，还有宫里的宋弘。案子结束后，原为布衣的息夫躬、孙宠当了高官，宋弘也得到了提拔。

第七章　哀帝之哀

本来是明明白白的，可天子刘欣想换个人。确切地说，是把宋弘换掉，变为董贤，那么东平王的奸谋就是通过董贤被天子知晓的，如此，董贤就变成了大功臣。

说干就干，刘欣改了息夫躬、孙宠的原始奏疏，抹去中间人宋弘，换成董贤，然后把这三个人封为关内侯。

但刘欣的最终目的是想把董贤封为列侯，即便关内侯算得上"准侯爷"，以后很容易找机会转正，刘欣也不能忍受，他想立刻让董贤变成堂堂正正的侯爷。

不久，刘欣让人写好诏书，说此三人有大功劳，要封侯。

但这毕竟是假的，东平王案那么大的事情，很多人知道原委。这样的诏书，丞相王嘉会不会反对呢？那个人可是非常正直的，他有点怕。（《汉书·何武王嘉师丹传》：上心惮嘉。）

刘欣把拟好的诏书交给岳父傅晏，让他拿给王嘉和御史大夫贾延看。

王嘉和贾延显然不同意。他们上了个只能刘欣看的封事，说董贤之前被封为关内侯，就已经让大家意见大得很了，至今都未平复；陛下如果非要封董贤，那就请拿出董贤当日传达奏疏时所写的文书，询问公卿、大夫、博士、议郎等，然后考察制度，研究之后再决定是否封侯，否则一意孤行，一定大失人心，舆论哗然；找王嘉和贾延，知道如果顺从了陛下的旨意，就可以保全自身，可又实在不能如此。

俩人的奏疏中还提到汉成帝时给淳于长封侯引起争议的往事，刘欣也觉得他们说的有道理，悻悻作罢。

可是接下来几个月，刘欣发现，要给董贤找个封侯的理由非常困难，因为他之所以给董贤封侯，就是喜欢董贤，而且喜欢到欲罢不能，不给董贤封侯就无法表达他的喜爱。通过移花接木给董贤封侯的想法已经在刘欣的脑海里萦绕了许久，加上他实在找不到其他理由，就决定用最没有水平的方式：不征求意见，霸王硬上弓，反对也没用。

臣子反对，他可以不管不顾，可如果傅太后反对呢？

那就堵住她的嘴。傅太后所图的，就是怎么让自己和傅家人显贵，把这点满足了，你做什么她都不反对。

当年六月（汉哀帝四年，前3），刘欣给傅太后升级，由帝太太后变为皇太太后，还打算把傅太后的侄子郑业①封侯。

当年八月，刘欣直接下了一道诏书，把百官统统臭骂了一顿。

刘欣说，朕继位以来，疾病缠身，可谋反之行不曾断绝，身边也好多贼臣。前段时间东平王刘云和他的王后诅咒朕，王后的舅舅伍宏居然还是朕的医生，这一伙人差点危害到江山社稷。刘云等人之所以有谋杀天子的图谋，皆因朕的肱骨大臣不称职。幸亏祖宗庇佑，侍中驸马都尉董贤等察觉奸谋，才使得歹人伏诛，所以我决定封董贤为高安侯，孙宠为方阳侯，息夫躬为宜陵侯。

群臣见到这封诏书，还能说什么呢？刘云一案，大家都没发觉，董贤"发现"了，他们这些大臣就不称职，有什么好说的！刘欣的意思很明白：你们一个个的，平时这意见那意见，这么大的谋反，都威胁到朕的生命了，怎么没有被你们发现呢？多反省自己，别整天给我提意见。

这个时候谁也不敢出来反对，一来，刘欣的怒气正盛；二来，刘欣先责备他们，哪个人敢说自己没有一点失误？倘若刘欣拿他的失误说事，他这个乌纱帽恐怕就保不住了。木已成舟，就算了吧。

董贤在巨大的争议中被封为高安侯，食邑一千户。然而，当大臣们为此困惑不解、愤愤不平的时候，刘欣却仍在烦恼：给董贤一千户食邑，不够，得找个机会加封。

四个月后，汉哀帝五年正月，发生了日食，这个日食改变了很多人的命运。包括蛰伏在新都侯国的王莽，就是因这次日食复出的。

*　　*　　*

刘欣下诏，说上天出现这等灾异，罪过都在他，希望公卿大夫们上书，直言他的过错，还要推荐贤良方正、直言敢谏之士。同时大赦天下。

为贯彻刘欣的最新指示，丞相王嘉做了两件事。第一件事，上疏刘

---

① 傅太后的母亲曾改嫁郑翁，生子郑恽，郑业是郑恽之子。

欣。他援引汉元帝、汉成帝时的历史，又说刘欣在定陶国时，喜爱学问，崇尚节俭，文章最终的落脚点是，刘欣如此智慧之人，却因为董贤而被人讥笑，对董贤的宠幸得收一收。刘欣览过，不悦，但对于董贤更是爱不释手。

几天后，王嘉做了第二件事：给之前因东平王刘云一案获罪的廷尉梁相、尚书令鞫谭、尚书仆射宗伯凤求情，希望刘欣重用这三个人。

刘欣览过，还是不悦：那几个畜生维护刘云，还盼着朕早点死了，你居然让他们复出！

又过了几天，发生了一件大事：刘欣的奶奶傅太后去世。刘欣觉得，这正是给董贤加封食邑的绝佳机会。

傅太后的死，难道能给董贤安上功劳？

刘欣的想法就是，假借傅太后之口，说傅太后临终前有交代，要给董贤加封食邑。刘欣根本不像上次给董贤封侯的时候那样事先征求丞相御史大夫的建议，他让太皇太后王政君直接给丞相御史大夫下命令，给董贤加封二千户食邑。

王嘉见刘欣如此简单粗暴，蛮劲也上来了，直接把这个诏书封装起来，退了回去，拒不执行，还写了个封事，劝谏刘欣和王政君，陈述给董贤封侯如何如何荒唐。

刘欣一下怒了！

之前董贤迟迟不得封侯，都是你从中作梗，我忍了。这个月以来，你三次跟我唱反调：把日食归咎于董贤，替梁相等罪臣求情，还敢把给你执行的诏书退回来，我看你的胆太大，太目中无人了！

刘欣抓住王嘉前几天给梁相求情那个事不放，派尚书前去责问：梁相等为人不忠，亲附诸侯，当两面派，没有臣子之义，你却居然说他们优秀到足够抵消罪过。他们的罪恶天下无人不知，且当时他们自己都承认错了，你位列三公，居然推荐那种人，还说要朝廷珍惜，如此误国欺上，什么意思！你给我说清楚！

王嘉见斥责自己的尚书疾言厉色，心知不妙，赶紧免冠谢罪。

可来不及了，刘欣真的动怒了，而且下了决心要杀王嘉。他不管王嘉的谢罪，让内朝审理。内朝对王嘉的认定是：王嘉的行为是迷误国家，欺瞒圣上，大逆不道！只有光禄大夫龚胜表达了异议：王嘉就推荐了个梁相，有那么严重吗？但刘欣没理会龚胜，他认同内朝的判断，派使者持节，召王嘉到监狱受审。

这是什么意思呢？

入狱服刑之人，虽然能多活几日，可免不了遭受折辱。中国古代的文人都讲究气节，死前比较重视造型，所以一般来说，他们听说自己要被关进监狱，不做辩护就会自杀。王嘉的上上任丞相朱博，听说要抓他入狱，就自杀了。

所以，抓捕高级别官员入狱，其实就是逼迫官员自杀，因为这已经成为惯例和潜规则[1]。

刘欣这么做，目的很明显，就是要王嘉死。

但王嘉不愿意遵循惯例。当时，丞相府的官员得知这个消息，大声哭泣，同时给王嘉准备毒药。

王嘉不吃，不论属下说什么高官自杀是潜规则，王嘉都无动于衷。王嘉的态度也出乎使者的预料，他们见王嘉不自杀，索性坐下来，慢慢等。

这时属下又拿着毒药来了。王嘉一把夺过杯子，重重地摔在地上，昂然道：丞相位列三公，在履行职责时有负国家，当在闹市伏诛以示众人，丞相难道是小女人，那么没有胆量，要吃毒药偷偷死掉！

其实王嘉哪是想死于闹市，他只是不服气。堂堂丞相，因为工作发表了一些观点就不能活，实在荒唐之至。王嘉也知道此去凶多吉少，没戴帽子就去了廷尉府。

---

[1] 汉文帝时期，文帝听从贾谊的建议，谨慎处置犯错官员，即便要处死官员，也会让这个人自己解决，给官员自杀的机会。从那之后，高级别的臣子有罪了，都会自杀，而不会到牢里受刑。

第七章 哀帝之哀

王嘉拒绝自杀让刘欣异常愤怒：这老家伙冥顽不灵，非要跟我作对！

刘欣让人组成调查团，严加审讯。狱吏问王嘉认不认罪。王嘉说："审案之人都希望实事求是，查到案子的真相，当初，梁相等人负责东平王案子时，没有说东平王不该死，而是认为此案要慎重处理；当时梁相让驿站运送刘云等囚犯，就算刘云到了京城，也不会超过十二月（言外之意是没有刻意让刘云撑过十二月后，迎来第二年的大赦），而且我们也没发现梁相等人有勾结刘云的证据。后来我见大赦天下，想到梁相等人都是好官，国家废了他们实在可惜，所以为他们说情，而不是我跟这三人有什么私交。"

王嘉的话合情合理，把狱吏搞得也不知道怎么找茬。

也实在难为这个狱吏了，因得到领导的指示必须给王嘉判死罪，就算他再怎么同情王嘉，也救不了王嘉，他只好胡搅蛮缠：你若没有罪，那之前为何承认？你能来到监狱，就说明你承认自己有罪！

其实王嘉之前哪里承认自己有罪，他只是说：自己在职责岗位上有负于国家，应当在闹市服刑。（《汉书·何武王嘉师丹传》：奉职负国，当伏刑都市以示万众。）是个人都能看出来，王嘉的本意是不应当自杀，而非自己有罪该杀。

王嘉被狱吏的这通话说得哑口无言，而狱吏也不再跟他多说，因为王嘉必须死，于是动手折辱王嘉。王嘉被狱吏百般欺凌，悲从中来，仰天长叹道："我死有余辜啊！我一个宰相，却不能斥逐奸邪、重用贤人，有负国家啊！"

狱吏听这话中信息量大，连忙追问：谁是贤人，谁是奸邪？

"贤者，有故丞相孔光、故大司空何武，遗憾不能举荐；奸邪之徒，就是高安侯董贤父子，让这种邪臣乱朝而不能斥退，这是我的罪过，我死无所恨！"

悲哀的是，王嘉说这些话的时候，绝不会想到，他推荐的孔光正是内朝审议时给他定罪的主要成员。

那之后，王嘉不再进食，过了二十多天，一代名相呕血死于狱中。

王嘉死后，刘欣的火气消了，似乎有些后悔，他看着王嘉在狱中的对辞，深有感触，加上董贤也说何武不错，刘欣就重新起用了孔光、何武。

汉平帝四年（4），王莽秉政，下诏书追录忠臣，将王嘉之子王崇封为新甫侯，给王嘉赐谥号"忠"，但此时王嘉已去世五年了。

6. 断袖

王嘉之死，完全是因为他惹恼了刘欣。他之所以惹恼刘欣，并不仅仅因为推荐了梁相、鞫谭和宗伯凤，而是他多次反对给董贤封侯。

在汉哀帝时代，不喜欢董贤的人基本都没有好下场。我们也看到，为了给毫无功劳的董贤封侯、加封食邑，刘欣是无所不用其极的，他宁愿得罪百官，宁愿让人戳他脊梁骨，也要如此，只因他太爱董贤。

这个爱，我也不清楚是朋友之爱还是其他的爱。古人称男同性恋为断袖，就源自刘欣和董贤。

董贤字圣卿，云阳县（今陕西省淳化县西北）人。其父董恭是御史府的御史，就安排儿子董贤到太子家当舍人。后来刘欣做了皇帝，董贤当上郎官，掌管报时间的沙漏，定时播报时间。汉哀帝二年（前5）左右，有一次刘欣看到了殿下的董贤，见此人长得特别好看，细看之下发现这人面相好熟，就叫他过来：是太子舍人董贤吗？

俩人攀谈了一会儿，刘欣非常高兴，让董贤当了黄门郎。从此之后，刘欣就忘不了董贤的样子，经常找董贤，一来二去，两个人渐渐熟络起来。

跟董贤接触得越久，刘欣就越喜爱董贤。到后来，他每次外出都要董贤陪乘；在宫里办公，要董贤陪伴左右；有时俩人玩得高兴，就一起睡了。有一回，他们白天睡觉，刘欣醒来准备起床时，见董贤还在梦乡，脑袋偏过来压住了自己的衣袖，他不忍打扰，就割断了袖子才起身。

董贤如此受宠，赏赐自然是少不了，董贤在刘欣身边待了不过一个月，刘欣就给了他超过一亿的赏赐，数量之多，震动朝野。

刘欣爱董贤，董贤也体贴刘欣，每次刘欣给董贤休假，董贤都表示想陪在陛下身边，不愿休息。由于刘欣的身体不好，常年吃药，董贤就成了刘欣身边伺候医药的人。

董贤的辛苦和体贴刘欣看在眼里、记在心里。他知道董贤也有家室，生怕董贤受苦，竟然让董贤把妻儿接到宫里，在宫里给董贤和家人安排住宿，这在大汉王朝是没有先例的。

后来，刘欣爱屋及乌，将董贤的妹妹纳为昭仪，地位仅次于傅皇后，皇后为求多子多福，因而把住所称作"椒房"，刘欣为了董昭仪和皇后的住所对应，称董昭仪的住处为"椒风"。

总之一句话，刘欣因为喜爱董贤，短时间里给了董贤极高的待遇。他给董贤建了奢华无比的宅子（《汉书·佞幸传》：土木之功，穷极技巧），董贤的亲属，被封为高官，其父董恭成为少府（九卿之一，皇帝的金库管家）、被赐爵关内侯，其岳父为将作大匠（二千石，负责基建）。哪怕董贤府上奴仆，也被皇帝喜欢，受到赏赐。除此之外，刘欣还让人从武库中拿了兵器，送到董贤家里让他把玩，至于从宫里拿给董贤的珍宝，更是数不胜数。刘欣甘愿自己和皇室成员使用次等物品，也要把最好的东西交给董家。

短短时间，董家就拔地而起，成为新贵。

那些起早贪黑、辛辛苦苦做官的人，看到董贤一个男人，没干什么就得到他们努力一辈子也不能得到的荣华富贵，心里非常难受，于是弹劾董贤的奏章就一封封传到了刘欣那儿。

但从史书记载来看，那些对董贤的弹劾，丝毫不影响董贤的地位，那些弹劾之人甚至有可能遭殃。

* * *

在刘欣眼里，董贤不可侵犯。连在刘欣继位之初气势汹汹的外戚集团，在刘欣有了董贤之后也失去了往日风采。

傅家人对"异军突起"的董贤甚为反感，但他们很聪明，没有走弹劾董贤的路，而是想办法加重自己的权势，因为他们明白董贤"不可侵犯"。但即便他们没想着跟董贤正面交锋，也仍然完败。

当时，和董贤一起封侯的息夫躬能说会道，很受重视，他可以在刘欣面前批评任何人（当然除了董贤），大臣害怕他那张嘴，人人侧目而视。

刘欣的岳父傅宴（傅宴跟朱博弹劾傅喜，为刘欣察觉，朱博自杀，傅宴被免官）就找到息夫躬，跟息夫躬合谋，希望想个办法让傅家人掌握实权，成为刘欣身边的辅政大臣。

机会出现于汉哀帝四年（前3），当年，匈奴单于来信，说想在下一年（前2）到长安朝见天子。这个汉武帝等了一辈子也没等到，在汉宣帝、汉元帝时代备受重视的事情，到了刘欣这儿，居然有人说别让单于来为好，而刘欣也赞成这个观点。

刘欣做这个决定也情有可原。因为汉宣帝时期呼韩邪来汉之后，过了不久宣帝就死了；汉元帝时期呼韩邪来了一次汉朝，不久后汉元帝也死了。有了这两段历史，是个人都会觉得：只要单于来一回，就会给中国带来不幸。

当时，刘欣身患疾病，对这种暗示更为敏感，很担心单于到来会给国家带来不幸，会让自己也像宣帝、元帝般受到来自异国魔法的诅咒很快死去，就和公卿商议。大臣们也觉得单于来了不好，花费甚多还容易惹事，建议不许可。

刘欣跟大臣一拍即合，就对匈奴来使说不同意单于来汉。这时黄门郎扬雄实在看不下去了，上书一封，仔细陈述接待单于朝见的重大意义。扬雄是西汉时期的大文豪，文章写得好，把刘欣看得恍然大悟，忙派人

第七章 哀帝之哀

追回匈奴使者，说同意单于朝见。

可过了一段时间，单于又派人来说自己生了病，得把访问长安的时间延后。息夫躬觉得可以借此机会，给傅家增加权势。

息夫躬酝酿了一个大计划。

他给刘欣上书，认为单于将入朝时间推后，恐怕不是简单的生病，而是有什么阴谋。他给刘欣连提了两条建议：第一，乌孙卑援疐（zhì）强大，有统一乌孙的势头，汉朝可以伪造一封卑援疐的上书，在这封上书中借卑援疐的口吻说匈奴坏话，并使匈奴知晓，挑拨卑援疐和匈奴的关系，此所谓"上兵伐谋、其次伐交"；第二，天象显示，国家恐有兵祸，所以天子应该派大将军巡行边境，加强武备，并斩杀一名太守以震慑四夷。

息夫躬的第一条建议遭到左将军公孙禄的反驳，公孙禄还保证，终自己一生匈奴都不可能扰乱汉边的。第二条建议遭到丞相王嘉的批判，王嘉还趁机把息夫躬骂了一顿①。

可刘欣就觉得息夫躬说得有理，觉得单于对汉朝有重大图谋，应该实行反间计，同时加强军备。

加强军备，那就得增设武官了，刘欣没打过仗，封武官的时候肯定最信任自己的亲戚，很自然地，他把自己的舅舅丁明——原大司马卫将军改封为大司马骠骑将军，而空缺的大司马卫将军由岳父傅宴担任。同时，刘欣还下诏书，让将军和中二千石以上的官员推荐熟知兵法和谋略者。看刘欣这架势，是决心要打仗了。

如此一来，息夫躬凭借自己的口才，把单于推迟来汉朝这件事上升到危害国家安全的高度，帮傅宴谋了个大司马卫将军的职位。

息夫躬为傅家立此大功，可傅家还未来得及感谢息夫躬，他们就遭殃了。

刘欣封傅宴之时，正是汉哀帝五年（前2）正月初一，当天发生了

---

① 息夫躬在刘欣面前说过公孙禄和王嘉的坏话，他说公孙禄（还有鲍宣）从外边看刚直不阿，实际上外强中干、不堪大任，说王嘉也不可重用。

日食。

　　这一年的日食，让很多人的命运发生了变化。比如因为日食，刘欣思念故丞相孔光，将孔光召回，询问日食原因，孔光得以再入朝廷；丞相王嘉给刘欣写了一系列上书，弹劾董贤、推荐梁相，又退还诏书，触怒了刘欣，最终死在狱中；还有王莽，也在日食后被人推荐，再度入朝。

　　董贤看到日食后也有所感，想说两句。

　　董贤是刘欣身边的第一红人，虽然年轻，可也精明得很，对傅宴、息夫躬搞的把戏看得一清二楚，他借着日食，向刘欣阐述息夫躬和傅宴备战的建议多么多么不好。

　　息夫躬这两个建议，丞相王嘉和左将军公孙禄都反对过，史书把反对的原因都一条条陈列出来，可刘欣就是不听，觉得息夫躬的建议好。然而董贤说不好，刘欣就直接把息夫躬和傅宴否定了。史书连董贤的反对理由都没给，可能在刘欣那里他"贤弟"的话就是天理。

　　刘欣一旦认为息夫躬和傅宴的建议不好，甚至别有居心，就要下手。他岳父傅宴当上大司马卫将军仅仅过了十天，就被罢免。丞相王嘉、御史大夫贾延瞅准机会，弹劾息夫躬胡说八道。

　　息夫躬等人得罪了董贤，就不可能有好果子吃。很快，刘欣就下诏书，说息夫躬弄虚作假（指伪造卑援毚的诏书），误导朝廷；那个和息夫躬一起封侯的孙宠劣迹斑斑，鱼肉百姓。这俩人结交权贵，品行不端，全被免职，遣返回所在侯国。

　　史官对息夫躬是没有好感的，因为他记录了息夫躬回到宜陵侯国的心酸生活。

＊　　＊　　＊

　　息夫躬、孙宠是在汉哀帝四年（前3）八月和董贤一起被封的侯爷，他们被免官时，是汉哀帝五年（前2）正月左右，刚好半年。息夫躬被封侯时，意气风发，做梦也想不到这么快就倒霉，所以根本无心去建设自己的宜陵侯国，他被免时在宜陵侯国连个居住的房子都没有。

第七章　哀帝之哀

息夫躬刚到宜陵侯国，首要工作肯定是起宅子，但这需要时间。他在宜陵侯国没有熟人，房子未修好的这段时间里无处落脚，就找了个亭子居住。但当地人知道这个衣饰华贵之人是新封的侯爷，心想他肯定有钱。一些小偷或强盗见这个有钱的侯爷住在亭子，就将他当成一块肥肉，经常窥视他，以便趁他不备的时候摸些宝贝。（《汉书·蒯伍江息夫传》：奸人以为侯家富，常夜守之。）

别看息夫躬在皇宫里巧舌如簧，他毕竟是个读书人，遇上充满原始力量的草莽，有什么办法？他明知道那些人心怀不轨，却不敢发作，每天提心吊胆，活得甚是艰难。

一天，他一个叫贾惠的朋友看望他，得知他有这个苦恼，就教给他一个防贼的办法。

贾惠走了之后，息夫躬就找了棵桑树，砍了一根指向东南的树枝，削成匕首，在木匕首上刻下北斗七星。月上梢头，息夫躬霍然起身，来到庭院之中，须发皆张，手持匕首，脸正对着匕首上的北斗七星，或招或指，口中念念有词，以此来诅咒恶贼们不得好死，恐吓盗贼们不得踏入他方圆五里之内。

息夫躬的怪异行为很快就引起了当地人的注意，人们当然不会觉得一个朝廷所封的侯爷会通过这种方式防贼，也不会觉得息夫躬精神有毛病，而只会认为他在干着什么不可告人的勾当。

不久之后，就有人状告息夫躬，说他心怀怨恨，每天都观看天象，预测天子吉凶，和巫师一起诅咒天子。

刘欣身体不好，对诅咒自己这种事非常反感，立即派人去调查息夫躬。

息夫躬悲伤至极，他堂堂侯爷，沦落到露宿的地步，每天贼眉鼠眼地防着盗贼，后来还得像疯子一样披头散发在月光下乱舞，让人嘲笑。可自己都如此狼狈了，居然还被诬陷为诅咒天子。他忽然想起，他曾经就是靠着告发东平王诅咒天子而飞黄腾达，没想到，自己最终也因为诅咒沦落至此。他心里难受，到了洛阳监狱，当狱卒准备拷打他的时候，突然仰天长号，叫唤了一声突然没了声音，身子僵直，扑倒在地。不多一会儿，息夫躬口鼻出血，气绝身亡。

息夫躬死后，其诅咒天子的罪行依然存在，他的亲朋好友受牵连者达百余人，其母亲被弃市，其妻与家属皆被流放至远在南边的合浦郡（治所徐闻县，今广东省徐闻县南部）。

* * *

外戚傅家和丁家对董贤的突然富贵非常不满，傅宴虽没正面对抗董贤，可还是因为董贤的几句话而被免官，算是把刚刚吃进嘴的肉又吐出来。除了傅宴，刘欣的舅舅丁明对董贤也很反感，有时他忍不住，就把这种反感在刘欣面前表露出来。

刘欣把丁明的态度看在眼里，对丁明渐渐有了不满。

丞相王嘉绝食而死后，丁明对王嘉之死表达了同情，刘欣借此机会，说丁明的堂弟丁吴和东平王刘云王后的舅舅伍宏关系好，丁吴还推荐伍宏到皇宫当医生，丁明身居高位，嫉妒忠良（指董贤），包庇丁吴和伍宏……刘欣把丁明狠狠数落一顿，然后免职。

在王嘉死于狱中半年之后，汉哀帝五年（前2）九月，大司马骠骑将军丁明被免，刘欣任他的老师韦赏接替，只是韦赏只当了十来天就老死了。韦赏之后，刘欣发了一份气势磅礴的诏书，封年仅二十二岁的董贤为大司马卫将军（先前的大司马卫将军傅宴，在息夫躬之前就被免了）。

* * *

我们知道，孔光在汉成帝刘骜执政时期就当过御史大夫、丞相，只是后来因为傅太后尊号一事被一撸到底。他第一次当御史大夫时，曾有个属下，就是董贤的父亲董恭。

如今董家人鸟枪换炮，董恭的儿子成了内朝首领，和丞相孔光同属三公，孔光这个昔日领导，习惯吗？

刘欣觉得这很有趣，让董贤到孔光家做客。

刘欣让董贤到孔光府上有何深意呢？孔光以前是大领导，肯定没正眼瞧过董恭。刘欣就是要董贤去示威：孔丞相，你原来可是我父亲的领导，以后多多关照啊！

孔光心里明白得很，他可不敢真的把这个后辈指教一番，更是不提董恭曾是他属下的往事。从董贤一进门，孔光就恭恭敬敬地迎接，他虽然是丞相，但姿态放得很低，不去想自己和董贤平级，整个过程就像下属在迎接领导。

董贤受到了礼遇，回去告诉刘欣。刘欣得知孔老头对他的"贤弟"如此尊敬，非常高兴，当即下令，给孔光的兄弟升官。

孔光像接待领导一样对待董贤，可孔光真正的领导是谁呢？是天子刘欣。这说明，刘欣不满足于让董贤当个最尊贵的官。

他甚至希望董贤和自己有同样地位。

这绝不是乱猜。有一次，刘欣邀请董贤和董贤的亲戚们饮酒，喝着喝着，刘欣忽然说道："我想学习尧帝将帝位禅让给舜帝的做法，你觉得如何？"

明摆着刘欣想把帝位传给董贤啊！这看上个去像是玩笑，可这种玩笑往往带着三分真意。在那一个半世纪之前，汉景帝三年（前154），类似的情况也发生在酒宴上，当时刘启对弟弟刘武表达了传位的意思。只不过后来证明，刘启这么做是在利用刘武。而刘武把这句话当了真，在追求皇位上下了大功夫。当年，刘启说完这句话后，窦婴立即跳出来反对。

这一次，刘欣说完话，就有一个叫王闳的侍中不同意：这大汉的天下是高皇帝的，不是你一个人的。陛下继承大统，当世世代代传于刘氏子孙。这是关乎皇族血脉的大事，陛下不能拿它开玩笑！（《汉书·佞幸传》：天下乃高皇帝天下，非陛下之有也。陛下承宗庙，当传子孙于亡穷。统业至重，天子亡戏言！）

刘欣的脸马上就黑了，整个宴会顿时肃静，所有人都惶恐不安，不知刘欣要如何大发雷霆。

　　刘欣忍住了，不仅因王闳实是为了他好，也因为王闳是王政君的侄子（王老三王谭之子），那时的朝廷，王家子弟就只剩王闳和他哥哥王去疾了。最后刘欣指示身边的人让王闳滚得远远的，以后再也别到自己宴会上来。

　　二十二岁的董贤当了三公，曾引得外国人疑惑。汉哀帝六年（元寿二年，前1），匈奴单于来汉，在招待宴会上发现有一个特别年轻的高官，非常奇怪，就问翻译那是谁。翻译跟他说：这是汉朝新封的大司马，是不世出的大贤之人，所以如此年轻就身居高位了。

　　这个单于也很有意思，他听完后立即目瞪口呆，把董贤仔细端详一阵，躬身离席，走到大厅中央，高声唱喏，称赞大汉朝人才济济，祝贺刘欣得到了如此贤人！史书把单于称赞董贤是"贤人"的故事记载下来，可能就是为了显示，刘欣和他的"贤人"羞先人的故事连外国人都知道了。

　　至此，毫无本领的董贤在官场已经达到了后人无法逾越的高度：第一，任何人弹劾董贤，都没有好下场，不管他多有本事（鲍宣除外）；第二，二十二岁就当上内朝长官；第三，百官之首丞相在他面前表现得像个下属；第四，受到外国元首的公开称赞；第五，天子宁愿自己用次品，也要把好东西交给他；第六，天子欲传位给他。

　　董贤在刘欣眼里，跟东方不败口中的"莲弟"也差不多了。正因为他们之间的关系已经远远超越了普通朋友关系，因而后人才说刘欣和董贤是同性恋。依我看，就算他们不是同性恋也胜似同性恋了，因为刘欣对待董贤，比对待热恋的恋人还要义无反顾。

　　但盛极而衰，董贤终有落寞的一天。

　　倒不是董贤年老色衰，刘欣喜新厌旧，而是那个"单于一到汉朝，皇帝就死"的诅咒又发生了，刘欣在会见了单于的那年夏天就驾崩了。

　　那一年是公元前1年，离汉朝灭亡还有不到十年。

7. 哀帝

史书不止一次地说过，刘欣刚继位时，看到了汉成帝施政的诸多问题，想要励精图治，效法汉武帝、汉宣帝，一改成帝之失。据《汉书·匡张孔马传》记载，"哀帝初即位，躬行俭约，省减诸用，政事由己出"，那时朝廷安定，有太平之世的样子。他知道外戚专权，知道刘骜铺张浪费、声色犬马。在继位的当年，年号还是汉成帝"绥和"的时候，就要有所匡正，他动作频频，撤销了宫廷乐府，还下诏减省开支，限制贵族的田产和奴婢数量，减免赋税，抚恤百姓……可以说，他是汉代所有帝王中最为迫切、继位当年动作最多的皇帝。

然而刘欣在六年间的表现让人失望。六年的时间，不但无甚建树，反而使国家更糟。翻看他在位这六年的历史，发现他的主要精力都花在两件事情上：第一，尊崇傅氏、丁氏，为此不惜在朝中大换血；第二，宠幸董贤，和一切反对董贤的"恶势力"做艰苦卓绝的斗争。

他是那样一个颇具志向的少年，为何施政结果跟人们预想的差别如此之大呢？

他像所有少年一样，有点热血，有点志向，但能力撑不起野心。他一厢情愿地觉得自己拥有经天纬地之才，可以扶大厦之将倾，可事实证明他非常普通。

首先，他无法处理好感情和公务的关系。

他能登上帝位，离不开奶奶傅太后，然而他之所以如此惨淡收场，和傅太后也有着莫大关系，可以说他是"成也傅氏，败也傅氏"。

他的奶奶傅氏，给人感觉就是个暴烈顽固的老太婆，史书描述她时用得最多的词就是"傅太后怒""傅太后大怒"。她刚到京城就乱搞，不按照规定，居然在刘骜尚未下葬时预先封侯，且不说她一个王国太后有没有资格,那会儿傅宴的女儿傅氏都还不是皇后,傅宴根本不能封侯,她这些出格举动在众人眼里,是多么急不可耐、多么不尊重先帝、不尊重规则!

接着,她不顾孙子刚刚继位根基不稳的现实,不去思考如何给孙子出谋划策稳固地位,整天只想着尊号。她没有去想刘欣那时候是多么需要时间来扎根,没有去想刘欣在王莽第一次辞职时,多么低声下气地求王莽别走,只知道一个劲儿地逼迫刘欣,甚至在刘欣还特别需要王莽的时候,跟王家公开矛盾。她不依不饶,硬是逼得刘欣不得不去求王政君。她想要尊号的心情可以理解,但她应该缓一缓,等刘欣站稳脚跟,对朝廷的情况大体了解,甚至有了自己的势力之后再咆哮。

有了共皇太后这个称号,她还不满足,要跟孝元皇帝的正妻画等号,傅喜、孔光、师丹反对,她不满之极,就给刘欣施压,让把这几个人免了,却没想过三公是国之重臣,因为一己喜好就随意豁免,会引起朝局动荡。

她讨厌中山国冯媛,就找人给冯媛编派罪名,最终在中山国留下冤案。孙宝要求重新调查,她没有任何理由,只是把刘欣痛骂一顿,刘欣就把孙宝免官。

她想给堂弟傅商封侯,被郑崇阻挠,她指着鼻子把刘欣骂了一通,刘欣就乖乖地将傅商封侯。

她不喜欢傅喜,尽管刘欣非常想重用傅喜,可她就是不让用,逼得刘欣没办法,好几个月都没有辅政大臣,最后终于用了傅喜,可又因为尊号之事,她还是要求刘欣把傅喜免了。

她的侄子傅迁在刘欣身边当侍中,品行不端,刘欣察觉后将其免职,可她知道了又是大怒,刘欣不得已,只得把他斥退了的人再叫回来。这时丞相孔光、大司空师丹立即扑上去请求罢免傅迁,可刘欣拗不过傅太后,还是把这个所有人都不喜欢又劣迹斑斑的傅迁留下了。

可以说,刘欣把很大一部分精力放在协调其他人和傅太后的关系上面了。傅太后是那么蛮横无理,经常弄些朝臣们不能理解的事情,每当这时，朝臣就不停地给刘欣上书，让刘欣限制外戚的权势。刘欣必须把傅太后交代的事情办成，那么他就得绞尽脑汁去思考如何说服大臣，如何让气呼呼的大臣平复心情。

傅太后的眼里没有大局、对错，没有母仪天下的品德，只有自身和傅家的利益，她堂堂太后，竟然贪图蝇头小利，利用手中权力，派人去官府以超低的价格购买奴婢。她也根本不缺那点钱，可就是要半抢半买，贪图小利。执金吾①毋将隆是个较真儿的人，实在看不下去了，给刘欣上书，说这是公家财产，要求补足差额。这种丢人的事情被毋将隆通过公文的形式上奏，闹得人尽皆知，都要把人羞死，刘欣气得直跳脚，可又奈何不了傅太后，只好粗暴地将毋将隆贬官泄愤。

歇斯底里的傅太后，不去想孙子为了实现她的愿望会受到多少人唾骂，她一心想的，只是傅家得到能让她满意的秩禄、官爵、称号，那之后她就什么也不管了。她干涉刘欣，但只在牵扯到自己和傅家切身利益的时候，而从不管孙子把国家治理得怎样。就算她一个妇道人家不通政事，可刘欣对董贤的宠幸是那么不正常，她这个对刘欣有着绝对权威的奶奶，竟然从未制止过，至少史书上看不到任何记载。

刘欣不是他伯父刘骜那样没有权力欲望之人，然而傅太后对他的限制是如此之大，他却没有努力去摆脱这一状况。其实，傅太后对他根本没有威胁，傅太后离开了他就什么都不是，傅太后也没有权力在朝政之事上指手画脚，刘欣如果按照自己的想法，不听傅太后的话完全可以的。

他事事都听傅太后差遣，更多的可能是在他的心目中认为傅太后是奶奶，没有奶奶就没有自己的今天，她的话必须听。在傅太后面前，他仍然把自己定位成小时候那个犯了错误就会受她责骂的孩子，他从心底里敬畏她，在傅太后面前就忘了自己是个执掌天下的君王。傅太后刚硬，刘欣就害怕她，在她面前温顺得像一只猫；而满朝文武和千万百姓不能像傅太后一样骂他，所以对这些人就非常放肆，在收拾这些人的时候，

---

① 执金吾，中二千石，之前称中尉，汉武帝时更名执金吾，主要负责京城治安。

非常粗暴，和面对傅太后时判若两人，将君王的蛮横专制尽显无遗。他绝不软弱，也不是重情重义，而是被亲情裹挟，无法处理好亲情和治国的关系。

随着刘欣对政务的渐渐熟悉，他的心态发生了微妙变化，即从最初继位时的克制谦让变得有些专横，他觉得帝王必须有威严，即便是错的也不能被臣下质疑和冒犯，谁敢质疑他就发火。然而他不但不能在傅太后面前体现天子威严，甚至经常遭到傅太后的横眉竖眼，那就只能通过欺负臣子的方式立威了。

当遇到男宠董贤，配合上这种想要立威的情感，刘欣整个人已经丧失理智，变得癫狂。他为了自己的想法能够实现，不听任何善言，肆意践踏规则，他的种种举动都在向世人宣示：朕想做的事情谁也不能反对，没有道理可讲，朕就是天理！

小说《笑傲江湖》中，东方不败对部下童百熊说："做兄弟的不是没良心，不顾旧日恩情，只怪你得罪了我莲弟。他要取你性命，我这叫作无法可施。"读者把这句话中的"莲弟"改成"贤弟"，就是刘欣为了董贤，如何没有原则地整治下属了。

为了董贤，他逼死了忠心直谏的丞相王嘉，免了舅舅丁明，整死了尚书郑崇，免了为郑崇说情的孙宝。对息夫躬的提议，丞相王嘉、左将军公孙禄反复劝说阻止，刘欣不听，可董贤只要张张嘴说建议不好，刘欣就立即将息夫躬免官。

为了给董贤封侯，他堂堂天子不怕官员笑话，竟然造假，把宋弘干的事情安在董贤头上。这个想法被丞相御史大夫驳回之后，他非要给董贤封侯，竟毫无风度地将文武百官全部骂了一顿。他痛骂百官，并非整顿官场所需，而仅仅为了给一个男宠封侯，其行径与公然撒泼无异。为了给董贤加封食邑，他不惜假借死人之口，说这是傅太后临终前的命令。

他不思念汉高祖刘邦当年初创基业时吃了多少苦头，不去想历代先祖们为了江山稳固做了多少努力，竟想把刘氏江山交给董贤。在董贤面前，他昏庸糊涂之极。

人都有个人感情，要刘欣把感情和治国区分得泾渭分明也许困难，但是像刘欣这样搅成一团糨糊，所有国事、法令、规则都给他的个人喜好让步，也实在太不像话了。刘骜虽然也陷入感情的泥沼，宠幸外戚和女人，可毕竟委政于王氏，还无法像刘欣这个直接掌权的人一样任性妄为。对比刘骜和刘欣，忽然就觉得，如果遇到一个胡作非为的皇帝，还是外戚专政好些，因为外戚毕竟受限制，不敢太过放肆。

*　　*　　*

刘欣像许多年轻人一样，激情澎湃，但只有三分钟热度。

刘欣除了尊傅氏、丁氏、董氏之外，还做过几件大事，只是这几件事都让他沦为笑柄。

他年轻，有激情，想一出是一出，干起事情来经常不过脑子，常常在冲动下做决策，等命令发布出去才发现不妥。

那时候，土地兼并现象十分严重，王侯将相们有钱，除了在封地内收取赋税，还购置了许多田产、房产和奴婢，成了大地主，以至于富人愈富，穷人愈穷。刘欣刚继位时，听从师丹的建议，下诏书限制贵族的私有田产和奴婢数量，要求所有人的田产不得超过三十顷，诸侯王最多二百奴婢，列侯、公主最多一百，关内侯和普通百姓最多三十，并要求三年之内整改完毕，如果三年后不达标就把多余的没收官府。

这是个听起来很好的政策，也是个异想天开的政策。大的贵族们拥有几百上千顷土地，你让人家三年之内缩减到三十顷，这跟要他们的命有何区别？所以政策出台后遭到了强烈抵制，尤其是刘欣最亲近的傅氏、丁氏，反对声音最大。政策无法推行，刘欣只好暂缓执行。

这是正常的，想和平剥夺别人的利益，就得一步一步慢慢来，刘欣的改革操之过急，没有人支持也在情理之中。可问题是，这是他签发的政令，就算亲人、朋友都不支持，他自己不能不支持啊！就算他缩减不了贵族的田产，可是也不能助长这种风气，主动去破坏自己制定的政策，然而他为了董贤，不惜自己打脸，给董贤赏赐了两千顷地，超出他政策规定的六十多倍。丞相王嘉指出了这一点，可他看了之后不觉得羞愧，还气大得很。

这个本来可以限制住一部分人的政策，这个百姓本以为皇帝在支持的政策，被他亲自践踏，只能沦为空文。

刘欣继位之初，司隶解光、骑都尉李寻[①]，给刘欣介绍了一个叫夏贺良的人。夏贺良给刘欣讲了一套新鲜理论：汉的气数已尽，之前成帝绝嗣，就因为不应天命。陛下久病不愈，灾异频现，都是上天所给的警示。为今之计，当立即改变年号，如此才能延年益寿，降生皇子，消除灾异。知道这个道理却不施行，将有灭亡的灾祸降临！

年轻的刘欣意欲改革，对新鲜事物充满兴趣，夏贺良的理论虽然胆大，但刘欣听得津津有味。

刘欣和夏贺良谈了好几次，渐渐被夏贺良折服，尤其刘欣在当上天子后疾病缠身且一直没有良策，于是他毅然决定，听从夏贺良的建议，改革！

汉哀帝二年（建平二年，前5）六月，刘欣下了一道诏书，声称汉国再次有了继承天命的征兆，必须顺应天心。所以他要大赦天下，将本年（建平二年，前5）改为太初元将元年，自己的称号要叫陈圣刘太平皇帝，计时的漏壶从以前一昼夜一百个刻度增加到一百二十个（相当于改变表盘刻度）。

陈圣刘太平皇帝把诏书发下去过了一个多月，还是病恹恹的，没有变化，这时，夏贺良又提出了许多想法，想让刘欣支持。

我们已不知夏贺良要怎么改，史书说他想胡乱改制（《资治通鉴第三十四》：欲妄变政事），大臣们见夏贺良一发不可收拾，连忙扑上来，反对夏贺良的主张。

夏贺良对大臣们嗤之以鼻，直接给刘欣上奏，说大臣们太笨，不懂天命，应该把丞相和御史大夫撤了，换成解光和李寻。

---

① 解光，即上文中告发赵昭仪和刘骜残杀皇子的人。李寻，即刘骜驾崩之前，发生荧惑守心时，提醒翟方进可能会背黑锅之人。

第七章 哀帝之衰

刘欣干什么都是心血来潮，那股激情过了就正常了，他听夏贺良的话，前无古人地当了近两个月"陈圣刘太平皇帝"（汉代之前的皇帝没人整过这种事），弄得沸沸扬扬，可所有事物都没有改变，夏贺良的那些预言也都没有实现。刘欣卧病在床，越想越气，猛然觉得夏贺良是在信口雌黄，不再做"刘太平皇帝"，颁布诏书：之前希望国家太平，才听信了夏贺良，但事实证明他说的是鬼话，夏贺良的那些建议全都不合时宜，是胡闹。六月发的那个诏书作废。夏贺良等人妖言惑众，相关部门需严查！

最终，夏贺良被诛，李寻和解光被流放至敦煌郡。

息夫躬和傅宴把匈奴当成假想敌，让他跟匈奴玩阴谋，加强武备，一下把刘欣惹得激动了，打仗的皇帝够凶猛、够男人啊，这个时候丞相王嘉和左将军公孙禄就是说破天也无济于事。他觉得有道理就开干，立即下诏书，要求将军、中二千石官员举荐熟知兵法和善于谋略的人才，还新设了一个三公级别的高官——大司马骠骑将军，又让他岳父傅宴担任大司马卫将军。只是过了短短几天，董贤只一番话，他就偃旗息鼓，将傅宴、息夫躬罢官。这固然是由于董贤受宠、话语权重，但也和刘欣迅速对这件事失去热情有关。

汉成帝二十五年（绥和二年，前7）时，汉成帝刘骜听从何武的建议，作了三个改革：第一，设置三公官，提高监察长官的地位，改御史大夫为大司空，去掉大司马之后的将军之号；第二，取缔刺史，设置州牧；第三，改革地方诸侯国官制，省去诸侯国的内史官。

汉哀帝二年（建平二年，前5）时，朱博跟他说，何武在汉成帝时期推行的三公制度不合理，州牧制度不合理。刘欣觉得朱博说得有理，就废除了何武主张的三公官和州牧制度，大司空再次变成御史大夫，大司马之后再加将军之号，州牧再次变为刺史。

然而，又过了四年，汉哀帝六年（元寿二年，前1）时，他竟然又把朱博改回来的那一套全都变回去了，同时将丞相的名称改为大司徒。

且不论何武和朱博谁更有道理，问题是，把国家最重要的官员制度变来变去，这是儿戏吗？

*　　*　　*

刘欣推行"限田限奴令"、当"陈圣刘太平皇帝"，以及加强军备，这几件事情在反映出他为人浮躁的同时，也说明他没有辨别能力。否则他应当知道谁说的是良言，谁说的值得商榷。

他当初罢免丞相孔光，将孔光夺爵，固然和孔光反对给傅太后上尊号、曾反对他当皇太子有关系，但是朱博、刘欣岳父傅晏和侍中傅嘉经常讲孔光坏话也起到了很大作用。刘欣罢免孔光的理由是，孔光不称职，导致国家出现了种种问题。然而三年多后，他又起用孔光时，又觉得三年前给孔光"不称职"的评语不正确。那么孔光到底干得如何呢？恐怕刘欣自己也搞不清，他对身边之人的建议没有辨别能力。

在他任期内出现了中山国冯媛的冤案，还有东平国的疑案，这样的大案子，处决那么多贵族，在中山国案子上孙宝提出异议，东平国案子中廷尉梁相提出异议，可他就是偏听一家之言，对这些人说的话充耳不闻。我觉得这并非刘欣喜欢杀人、喜欢制造冤案，而是他没有是非辨别能力。

刘欣有心做一番事业，也有一帮不错的臣子经常给他提建议，可他有一个霸道的奶奶，又遇到一个美男子董贤，加上他浮躁的心态、虚弱的身体、有限的才能……这些因素加在一起，最终使他成了一个无所建树的"哀帝"。

第八章 改朝换代

但陈崇写那么一大篇文章绝不是为了说些"公之谓也"抒发感情,他肯定有诉求。他说这么多,都是为了表达自己的困惑:王莽这么优秀,为什么没有得到大禹、周公一般的待遇和地位呢?所以陈崇表示,应该效法古代,让王莽拥有像大禹、周公一样甚至更高的地位。

1. 夺权

刘欣十九岁继位,二十五岁驾崩,此人不好女色,膝下无子,他驾崩之后,皇位无人继承。

这种事情在汉代有过先例,即汉昭帝刘弗陵驾崩后,没有皇太子,就由大将军霍光定夺。但这一次,皇位人选轮不到大臣定夺了,因为还有庞大的外戚势力。只是外戚之中,刘欣的母亲丁氏已于四年前(前5)去世,奶奶傅太后也已于一年前(前2)去世,留下的皇后傅氏虽可算得上外戚,可是在以王政君为首的王家面前微小得很。

所以,刘欣驾崩后,最大的外戚就是王家。王家也没有错过这一机会,在刘欣驾崩的当天,老太太王政君就移驾未央宫,收走天子印玺,主持大局。

王政君需要抓紧时间做好两件事。

首先是成立"治丧工作小组",负责刘欣的丧葬事宜。王政君找来刘欣生前的宠臣董贤,让董贤汇报一下葬礼的进展情况。皇帝的葬礼可是个非常复杂的活,董贤不过凭借刘欣的宠爱攀上高位,没什么能力,茫茫然根本答不上王政君的问话。

王政君也没怪罪他,而是借机让侄子王莽协助,因为王莽主持过汉成帝刘骜的葬礼。董贤看得懂形势,知道事到如今他啥也不会,什么凭借也没有,能够保留这个虚名已经万事大吉了,对王太后千恩万谢。

但王政君并没想放过董贤。

董贤走后,王政君将所有兵权交给王莽,然后指使王莽弹劾董贤,说董贤在刘欣病重时没有关心病情,禁止董贤出入皇宫。

董贤慌了,看出这是王家准备对自己下手了,连忙来到宫门口,摘帽脱鞋,叩头请罪。

但王政君不再见他,只是下了一道诏书,批评他能力不足以担任大司马,将其免职。

董贤木木地跪在原地,回顾了自己发达的几年。这些年,他和天子一样尊贵,王家人全部被排挤出权力中心,被压制得无法动弹。他知道,王家这一回卷土重来,他是首当其冲要被收拾的,免官只是前奏。

据史书记载,董贤回家后越想越怕,就在被免的当天和妻子自杀了。董家的顶梁柱倒了,董家人更是惶恐,生怕董家再引起朝廷注意,连夜就把董贤夫妇埋了。

王莽的第一反应是有诈:当天自杀,当夜埋葬,是不是董贤掩人耳目,而他根本没死呢?王莽要求发掘董贤的棺木,送到监狱验尸。确认死者是真的董贤,王莽才罢休,让人把董贤埋在监狱。

董贤确实死了,接下来,就是全面扑杀董家势力。董贤是刘欣的男宠,本来就是老鼠过街人人喊打,没有人喜欢,王莽没费什么气力就抄了董家,将董家人流放至合浦郡,将凭借董贤上位的官员罢免。董贤活着时得到了很多赏赐，家中富丽堂皇，到处都是平民百姓难得一见的宝贝，朝廷抄家虽然拿走了大部分财产，但不可能将董家所有物件都一个不落带走，长安人由此看到了发家致富的机会，都借着悼念董贤的名义到董府哭丧，趁机摸几件好东西。据官方统计，从董家缴来的财产价值达四十三亿之多，而这些大都是刘欣赏赐的。

王莽对董贤是零容忍的。董贤死后，一个叫朱诩的人辞去大司马府的官职，买来寿衣和棺材，安葬了董贤。王莽闻之大怒，找了个其他罪名把朱诩杀了。

董贤死了，王莽终于在蛰伏了六年之后，重登大司马之位。

王政君迅速铲除了哀帝刘欣时期的最大权臣董贤，扶上了自己的人王莽，接下来她要考虑的，就是新天子。下一个皇帝该是谁呢？

当年，汉成帝刘骜也没有儿子，在选择继承人时，有两个候选人：定陶王刘欣和中山王刘兴。刘欣是刘骜的侄子，而刘兴是刘骜的弟弟。我们知道，刘骜最后让刘欣继承了皇位。

刘欣驾崩后，无子，于是王政君想起了那个当年的天子第二候选人中山王。只是在刘欣当上皇太子的当年（前8）八月，刘兴就死了，所以，王政君看上的中山王是刘兴的儿子刘箕子。刘箕子的奶奶就是那个冤死的冯媛。

汉哀帝刘欣六月驾崩，七月，王政君遣车骑将军王舜、大鸿胪左咸持节赴中山国迎接刘箕子，九月，刘箕子继皇帝位，后人称其为汉平帝。这一年，刘箕子只有九岁。

* * *

如今，新皇帝是王家拥立的一个少不更事、体弱多病的孩子，大司马王莽掌握着帝国军权，同时领尚书事，控制了臣子的所有上书。可以说，在刘欣去世后短短时间内，汉帝国的所有权力都集于王家了。

王家接下来要做的是打压异己。

王家的主攻手是王莽。但单单一个王莽还不行，得有帮手。王莽觉得孔光不错。

孔光，孔子第十四世孙，汉成帝时代丞相（汉成帝去世当天任命），汉哀帝时也当过丞相，刘箕子初登帝位，他是大司徒（刘欣去世前，将丞相更名为大司徒）。孔光又是个门生遍布天下的大儒，在三个皇帝手下做过丞相，威望十分高，连王政君都对他礼敬有加。王莽把孔光的女婿甄邯提拔为奉车都尉，加官侍中，使甄邯成为天子身边的近臣。

于是打压异己的套路就出现了：王莽看不惯谁，想收拾谁，就先定好调子和罪行，把奏疏写好，由宫内上班的甄邯交给孔光。孔光不敢得罪王莽，来者不拒，看到奏疏就按照王莽意图上报给王政君。王政君看到的，都是孔光的想法，而内朝长官王莽也赞成，那就是内外朝首领都同意，王政君自然也就批准了。

除了董家，王家最想收拾的，还有赵家和傅家。

王家发达，是在汉成帝刘骜继位后。最初，大司马大将军王凤辅政，权倾朝野，王凤之后王音、王商、王根相继辅政，几乎贯穿了刘骜的整个执政生涯。然而在王商辅政期间（前15—前12），赵飞燕姐妹登上帝国舞台，从那之后，赵家就与王家夺权，王家对朝政的掌控力度，因为赵氏姐妹受宠，远不如王凤时期了。

刘骜驾崩后，刘欣继位，刘欣感念赵飞燕当日助自己登基，对赵飞燕颇为优待，赵飞燕也非常识相，加入了傅家阵营，这样王家的地位再一次被削弱。

王莽重新掌权，自然要将那个安逸了多年的皇太后赵飞燕除之而后快。

在刘骜驾崩、刘箕子继位之前，当年七月，王莽就建言王政君，由王政君下诏，将皇太后赵飞燕贬为孝成皇后，居住地点由长乐宫改至北宫。一个多月后，王政君下诏，说赵飞燕罪恶深重，怀虎狼之心，天下人无不怨恨，将其免为庶人，幽居孝成皇帝的陵园。赵飞燕接到命令后，知道王家的风暴才刚刚开始，就自杀了。

在汉朝历史上，赵飞燕可谓大名鼎鼎，她的名字"飞燕"也是因为

第八章　改朝换代

她轻盈如燕、舞姿翩翩而来,人们将她和唐朝大美女杨玉环齐名,曰"燕瘦环肥"。她的幸运,在于遇到了汉成帝;然而她的不幸,也因为汉成帝。她所在的时代,可谓汉朝最为混乱、最为黑暗的成帝、哀帝时期,当人们给这些黑暗和堕落寻找理由时,千百条理由之上也总会加上"红颜祸水"一条。

可事实如何呢?根据史书的记载,她一生有两个污点,一是控告许皇后行巫蛊之事时,诬陷班婕妤未遂;二是成为皇后之后失宠,居别宫,与侍奉她的郎官通奸,还很大胆(这一点不见于《汉书》,而只在《资治通鉴》)。至于所谓谋害皇子,则是赵飞燕妹妹赵昭仪(野史所谓赵合德)所为,无证据表明与飞燕相关。纵使她没有多么高尚品德,纵使在后宫争风吃醋、出轨放荡,也只是德不配位,而不该被扣上奸邪女子、红颜祸水、贻误朝政的帽子,她是汉朝的合法皇太后,实在罪不至死。她的坏名声大都是跟妹妹赵合德捆绑后人们强加于她的。

* * *

赵飞燕死后,赵家势力也就没了,但是王家还要收拾人,因为他们最痛恨的,是刘欣的祖母傅家。

傅家可是把王家压制惨了。当年,傅太后一上来就摆出一副强硬姿态,王政君看到傅太后风风火火的样子,不敢直面其锋,不得不妥协,让王莽辞职。即便如此,傅家仍不放手,想尽办法打击王氏,王家重要成员皆被排挤出权力中枢。那个丞相朱博还投傅太后所好,弹劾王莽,建议把王莽免为庶人。面对傅家的攻击,若非王政君苦苦支撑,王家人怎么可能只被罢官,恐怕早就家破人亡了。

所以,王家对刘欣祖母傅家、刘欣的母亲丁家是切齿已久了。在收拾赵家的同时,刘欣的皇后傅氏也被逐出未央宫,移居桂宫,一个多月后,和赵飞燕一样,接到被免为庶人的诏令,随即自杀身亡。紧接着,王家以傅太后和傅宴(刘欣的岳父)胡作非为为由,将傅氏、丁氏家族的人员全部免官,并禁止逗留京城,即刻返回老家。

傅太后活着时，想让自己的地位和汉元帝刘奭的正妻王政君一样，先将刘欣的父亲刘康（傅太后儿子）尊为定陶共皇，她由定陶王国的太后变为定陶共皇太后，之后又将自己变为帝太太后，接着又是皇太后。在她变化的同时，刘欣的生母丁氏也从丁姬变为共皇后，再到帝太后。王莽掌权后，傅太后弄得那些花哨名称全被废除，傅太后连那个王国太后的尊号都没了，而只被称为"定陶共王母"，刘欣的生母也被打回原形，变为"丁姬"。

但事情并未结束。五年后，王莽又给傅氏、丁氏找碴儿，认为她们活着时不讲礼数，给自己搞了违法的称号，以至于下葬时带有皇太太后和帝太后的印绶，坟墓高度还和汉元帝的齐平了，这不合礼制，必须把皇太太后和帝太后的印绶取走才行，且这两个女人不能葬在孝元皇帝的渭陵，应迁回定陶国，和定陶共王刘康合葬。

这说白了，就是王莽要刨了傅氏和丁氏的坟墓。王政君虽然痛恨傅氏、丁氏，也觉得如此做法太过，让王莽算了。可王莽翻来覆去劝说，必须把她们的坟迁走才有利于江山稳固云云，王政君也就听了。

我们已无法知道究竟是天灾还是人祸。据史书记载，在发掘傅太后墓冢之时，发生塌方，活埋了数百人。打开丁姬的棺椁时突然冒出大火，将椁中陪葬器物全部焚烧。

王莽重新埋葬了傅太后和丁氏，取走了之前陪葬的珠玉衣物，华贵棺材换成了木头棺材。傅太后和丁氏在长安的陵墓有高高的封土堆，等她们改葬后，王莽下令把封土堆铲平，还用荆棘围绕起来，作为教育基地，告诫人们万不可效法这种人。

* * *

对于王政君来说，掌握了最高权力，同时把曾经骑在自己脖子上拉屎的人处理干净，就别无他求了。但王莽不同，他的权势虽大，却不稳固，因为这些权势大都来源于王政君，他也还没到说一不二、一言九鼎的地步。要达到这个程度，他还有很长的路要走。

第八章　改朝换代

他首先要收拾朝中不服自己的人。

当日，董贤被废后，王政君让群臣推荐大司马。大部分人觉得王莽不错，推荐了王莽。但是除过左将军公孙禄和前将军何武。

王莽这个人平日里名声很好，是文武百官公认的贤人，公孙禄、何武为何反对王莽呢？

他们倒不是讨厌王莽，而是想起了惠帝、昭帝时由于天子年幼，外戚吕氏、霍氏和上官氏独霸朝政危及社稷的往事。如今成帝、哀帝皆无子嗣，下一个天子，很可能也是个幼主。

为避免重蹈覆辙，就不该令幼主的亲属掌握太大权力。辅政大臣和皇帝没有亲属关系，这样亲疏相间，才能相互制衡。

有了这一番计较，加上两个人关系好，于是左将军公孙禄推荐了前将军何武，何武反过来又推荐了公孙禄。

王莽是众望所归的内朝长官人选，又有王政君力挺，何武和公孙禄互举自然改变不了结局。等王莽当了大司马，缓过神来，立即指示有关部门弹劾此二人，说他们沆瀣一气，相互举荐，不成体统。

相互举荐这种事情，不论你为公为私都必须杜绝，否则任何人都能打着为国为民的旗号结为朋党，相互夸赞，举荐愿意举荐自己的人了。何武和公孙禄的行为本身就是遭人厌恶的，所以毫无悬念被免了官。

除掉了何武、公孙禄，王莽又把目光对准了王家人。

王家人怎么还成为王莽的眼中钉了呢？

我们知道，王政君有八个兄弟：老大王凤、老二王曼（王莽父）、老三王谭、老四王崇、老五王商、老六王立、老七王根、老八王逢时。到刘箕子继位时，老六红阳侯王立还活着。

王立虽然没有实职，可毕竟是王政君的亲弟弟，跟王政君走得近，又是王莽的长辈，平时就不怎么买王莽的账，倘若哪天发生点冲突，在王政君面前说王莽的坏话，久而久之，王政君肯定对王莽产生意见。

王莽指使大司徒（刘欣改丞相为大司徒）孔光弹劾王立。

王立有什么罪呢？

王立的问题多了。当年，王老五王商快去世时，本该由老六王立接替，王立却因为非法获利一个亿，被司隶校尉孙宝弹劾，失去了汉成帝刘骜的信任，内朝长官的尊位被王老七王根得到。

　　王立觉得，自己失去尊位的根本原因不是一个亿的问题，而是淳于长乱嚼舌根，就跟淳于长有了矛盾。

　　几年后，王老七要死了，淳于长和王莽夺位，淳于长没斗赢王莽，灰溜溜地回定陵侯国（淳于长被封定陵侯）。回去前，淳于长重金贿赂了老六王立，王立不计前嫌，在刘骜面前替淳于长美言。

　　刘骜早知王立和淳于长有隙，遂觉狐疑，派人调查。这一调查就拔出萝卜带出泥，淳于长的其他罪过也被查出，淳于长被判大逆不道，死于狱中，王立也受到牵连，被责令回红阳侯国。

　　王立还曾把一个叫杨寄的宫女的私生子说成皇子，想成就拥立之功。

　　于是孔光就弹劾了王立的这两项罪名（勾结淳于长，拥立私生子），并建议把王立赶回他的封地红阳侯国。

　　但王立是王政君唯一的弟弟了，她不同意。

　　王莽自然不会放弃，他向王政君阐述利害：如今太后代替幼主执政，就算用尽全力秉公处事、做好表率，都可能有人不服，倘若因为您的一己喜好，没有理由就否定大臣提议，难免不受非议，招致祸乱。太后还是先让红阳侯回去，等风声过了再接他入京。

　　王政君虽然不想王立走，可孔光和王莽都说应该把王立撵走，王政君也没法死命坚持了。

　　用同样的方式，王莽逐走了王家老三王谭的儿子王仁，因为王仁为人刚直，不太听话。

　　只是王政君不会想到，王立这一走，就再也没能回到京城。

　　王莽用霹雳手段，很快清除了不顺从自己的势力。撵走一批，就要来一批听话的人：王舜、王邑都是王莽堂弟，王莽十分信任，后来新王朝的太师和大司空；甄邯，是孔光女婿，他和一个叫甄丰的人一起，主要帮王莽决断大事，后来新王朝的大司马和更始将军；刘歆学问高，善著文章，王莽的亲家，未来新王朝国师；孙建是王莽的亲信，以后新王朝的立国将军；平晏，未来新王朝的太傅，负责各种机密之事。这一批人，成了王莽称帝之后那"十一公"的班底，在王莽称帝过程中立了很大功劳。

有了心腹，从此之后，王莽想做什么事情了就会给心腹们暗示。心腹们赶紧根据王莽的想法公开奏请。这时候，王莽会根据情况严词拒绝，以示大公无私。为了逼真，有时甚至哭着拒绝。那么这时候心腹们就一次次奏请太后：一定要给王莽恩惠，他之所以拒绝，乃是品德太高，而非不该如此。王政君一见，王莽如此谦让，臣子如此支持，岂有不同意之理？

孔光这个外朝首领，十分尴尬。他是一个名闻天下的儒家学者，又是孔子的第十四世孙，为人公正，很不情愿充当王莽的马前卒。可他没有办法，就像站上了一根皮带，不是他想停就能停下来。他提出过告老还乡，可是王家人极力挽留，给他各种荣誉称号和赏赐，他不能让王家感受到疏远，于是就一边读着圣贤书，一边做着身不由己的事情。他一直撑到汉平帝五年（5），七十岁的时候死于任上。王家感念孔光，为其操办十分隆重的葬礼，其规格与昔日大将军王凤的一样。

2. 安汉

刘箕子继位几个月之后，汉平帝元年（元始元年，1），王莽搞了个大事情。

大事情也不是王莽搞的，而是一伙自称越裳氏的蛮夷发起的。

据称，一个距离中国非常远的越裳氏部落，通过层层翻译、通传，把他们的意思转到长安：我们准备了一只白鸡、两只黑鸡，要献给贵国，请你们收一下。

万里迢迢，就送了三只鸡，这越裳氏搞什么鬼？

不知道越裳氏搞什么鬼，就连"越裳氏"这个部落，也可能是献鸡之人自称的。因为按照史书的意思，这伙蛮夷献三只鸡给汉朝，是受到了益州郡的指使，而益州郡之所以干这个事，又是受王莽指使。

王莽干吗如此呢？

因为人们认为白色野鸡（白雉）是祥瑞。在周朝时候，周成王的叔叔周公姬旦辅佐周成王期间就出现过白雉祥瑞。

紧接着，王莽就建议王政君，以越裳氏进献的这只白鸡来祭祀宗庙。

王政君也觉得这鸡是个好东西，就同意了。

可是由谁来祭祀呢？这本是皇帝刘箕子的事情，可他太小了，做不了。于是大臣就纷纷建议：由王莽做，就像昔日大将军霍光辅佐孝昭皇帝时一样。

王政君也赞同臣子的提议。但她又有些担心：王莽真的有霍光那般功劳，有资格代替天子祭祀宗庙吗？会不会因为他是我的亲戚，群臣才如此提议呢？

大臣得知王政君的顾虑，再一次扑上去：您别多虑了，正因为王莽有大功，才会像周公、成王那时一样，出现白雉，否则以前怎么没有！王莽有安定国家的功劳，应该赐予"安汉公"的尊号，同时增加其爵位和食邑，才能顺应天心。

原来如此，既然是天意，那就批准了。

但王莽马上写了封上书给王政君：选皇帝这样的大事，不是我一个人干的，还有孔光、王舜、甄丰、甄邯，还是把他们表彰一下吧，我就算了。甄邯闻言，立即上书王政君：不能不表彰王莽啊！王政君遂下诏书给王莽：你有功劳，别谦虚！王莽再次上书：使不得！王政君派人叫王莽到自己跟前来，她当面给王莽说。王莽表示：我生病了，来不了⋯⋯

就这样，推磨一般拉拉扯扯了好多遍，又是装病，又是劝说，一波一波的，终于在扯了好多个回合后，王政君一锤定音，直接下诏：封王莽为安汉公，功劳等同于开国功臣萧何，加封食邑两万八千户，以故萧相国府邸为今安汉公府邸。不但如此，还要将这个决定写成法令，流传后世。

另外，博山侯孔光为太师，加封万户；安阳侯王舜为太保，加封万户；甄丰为广阳侯，食邑五千户；甄邯为承阳侯，二千四百户。

在这件事情上，王莽一直表现得很被动、很不情愿，就算收到王政君的诏书，也表示只接受安汉公这个封号，而不要那两万八千户食邑，说要等老百姓都丰衣足食了他才接受。

在地位攀升的同时，王莽十分谨慎：人们对外戚没有好感，他一个王家人，掌握这么大的权势，会不会引起人们的不满呢？尤其是刘家人，见刘氏政权被王莽控制，会不会极度厌恶甚至声讨他呢？

于是王莽表示，先不谈自己的事了，当务之急是封赏刘姓宗室以及有功之臣。

这种请求不损害谁的利益，自然受到众人的支持了。在王莽的运作下，一大批刘家人被封王封侯，一大批臣子因为各种各样的原因被给予丰厚赏赐。

王莽这一举动赚足了人心，尤其是那些最有能力、最有可能反对他的人，都对他消除了敌意。接着，王莽再接受王政君给他的那一套尊号、赏赐，就没有人觉得不妥了。

汉哀帝驾崩之后，王莽用半年左右的时间排除了异己，当上安汉公。他分析形势，觉得还不够稳，还能更进一步。

于是，王莽迈出了称帝路上的关键一步：削弱王政君的权力。

他怎么敢削弱王政君呢？

因为王政君老了，对政务不感兴趣。

想要从王政君那里得到更多权力，套路是现成的。他暗示大臣向王政君建言：以往任命的官员，许多都不称职，今后选拔官员时建议都让安汉公过一下；另外，太后年纪大了，不必亲自过问小事。

理由是冠冕堂皇的，目的是见不得人的。但王政君没考虑这么多，她本来就不喜欢那些繁杂的政事，如今有王莽帮自己干活，求之不得，她表示：从今以后，除了赐爵之事，其他小事皆由王莽处理。

从此之后，王政君不再处理具体政务，一切都由王莽说了算，她被蒙蔽，她所听到看到的，都是王莽希望她听到和看到的。终有一天，她会为这个决策后悔到流泪。

几个月后，汉平帝二年（元始二年，2），王政君等人觉得刘箕子这个名字太俗气，听着就像个簸箕一样的家什，不成体统，就给刘箕子改了个名字：刘衎。

刘箕子改名当年，王莽把目光瞄准了皇后。

他想给11岁的刘衎娶个妻子。确切地说，是把自己的女儿嫁给刘衎。

但王莽不想明目张胆地嫁女，就像他不愿意明着表示自己想当安汉公，他一定要羞羞答答、给人感觉很不情愿地达成目的才行。这样就有个很好的效果，即显示出王莽大公无私的高尚品德。你会说这是作秀，可只要王莽做了，就会有一部分人相信王莽是真心实意，比如笔者就经常想，我们说王莽在作秀，会不会是史官和后人以小人之心度君子之腹呢？

不论王莽打什么如意算盘，既然要显示谦让的美德，就必须将选皇后一事广而告之，公开招募，让大家报名。

通知发下去后，豪门贵族纷纷献上自己的女儿。王莽把报名表看了下，发现许多王家人也报名了。

王莽的权力虽大，但都是王政君给的，且这么大的事情，肯定得王政君来定夺。王莽很清楚，王政君之所以给他那么大的权力，并非年迈昏愦，也不是单纯喜欢他，而是觉得他能干，所以王政君就算很信任他，也不会因此而觉得他的女儿必须当皇后。在王政君眼里，众多王家人比起来，王莽也许是最能干、最受信任的，但这不代表王莽的女儿最适合当皇后。

所以，谁的女儿能当皇后，和父亲的行政权力没有很密切的关系，起关键作用的是王政君能否看得上眼。

第八章 改朝换代

王莽的女儿并不一定比其他女子优秀。

事实上，那些权势不如王莽的王家人，也许跟王政君的亲情更近一些，可能更会让王政君觉得新鲜。

该怎么办呢？必须把竞争者干掉。

王莽想了个以退为进的怪招。他向王政君自陈：我的女儿德行不够、才能不高，不该与其他女子一起当候选人。

王政君被感动了：哪有人说自己女儿德行不够、才能不高的呢？王莽说这话，就因为自己是安汉公，在回避至亲呀！

王莽都知道如此，我老太婆若不回避，岂不让人戳我的脊梁骨？

想通这一层，王政君就下诏：王家的女儿，是我的外家，就不宜参评了。（《汉书·王莽传》：太后以为至诚，乃下诏曰：王氏女，朕之外家，不宜与众女并采。）

就这样，王莽把王家女子都搅黄了。现在，王家人就算对这个诏书咬牙切齿，可是当看到最具权势的王莽都拥护王政君的"英明决策"，他们根本没理由反对。

但这是王莽要的结果吗？他这一刀下去，可是连带着"自宫"了的。

这当然不是。因为当王家人同意这个决议之后，有人不愿意了。

这个人不是王莽，而是以王莽心腹为首的广大干部和群众。

很快就有人上书抗议：朝廷诏书里说的话是那么圣明、崇高，安汉公的功劳是如此明显，可到了立皇后的时候，居然独独不允许安汉公的女儿参选，这是什么原因呢？这么做如何向天下人交代！所以，还是让安汉公的女儿当国母吧！

这么表态的可不是一两个人。据史书记载，每天都有一千多老百姓、学者和官员到宫内或宫门口请愿。王莽见臣子和百姓们如此闹哄哄的，连忙成立"工作组"，去劝导这些人。

可王莽的劝导毫无作用，他们被劝之后，越来越起劲，还说什么都不走了。人数越来越多，影响越来越大，王政君看着这一切，明白原来王莽的女儿众望所归，觉得不能拂了众意，就直接决定：不选了，听大家的,把王莽的女儿纳为皇后。

如此,王莽的女儿直接脱颖而出,干掉其他候选人,成功当选。

可这不是王莽想要的结果。他希望自己的女儿当皇后,但不想让人说这是自己操纵的结果。所以王莽不同意王政君的决定:不能让我女儿直接当选,而应该扩大征集范围。

大臣们不同意:皇后嘛,选安汉公的女儿最好,不能从别的地方选择,否则乱了正统。

王莽无可奈何状:那你们去看看我女儿吧。

于是,一伙人呼啸着去了王莽家,把王莽的女儿打量一番,回来在王政君面前赞不绝口:啧啧,这女子好得很!(《汉书·王莽传》:公女渐渍德化,有窈窕之容,宜承大序,奉祭祀。)

接着又占卜,结果是:让安汉公的女儿当皇后,吉祥!

臣子又提议:王莽的女儿当了皇后,就该给王莽加封食邑,建议把新野县的二万五千六百顷田分给他,好让他的新都侯国的疆域达到一百里。

王莽肯定要推辞:其实我女儿根本不配当皇后,如今还加封食邑,我更不敢接受了。

王政君表示:那就只封皇后,不加食邑。

又有人表示:不加封食邑可以,但册封皇后,得给王莽两亿钱当聘礼。

王莽辞让:要不了那么多。

最终,王莽以不情愿的姿态接受了四千万聘礼。然后把其中的三千三百万交给了陪嫁的人家①。

王政君知晓后,更是称赞王莽的高风亮节,又给王莽赏了两千三百万,而王莽拿到后又将其中一千万分给了贫困户。

整个过程下来,王莽一箭三雕:第一,女儿顺利当选皇后;第二,他虽然捐了好几千万,但前前后后仍净赚了两千万;第三,他非常谦让,

---

① 皇后嫁到皇宫,是有陪嫁女子的。王莽的女儿出嫁时,有十一户人家的女子陪嫁。

非常高尚，赢得了人心。

这件事情过后，称赞王莽的人越来越多。很快，他的心腹陈崇就用"排比"的修辞手法写了封上书，歌颂王莽。

陈崇在上书中，历数王莽的功劳和美德，每一段歌颂完，都会引用一个典故，或者是古代圣贤的丰功伟绩，或者是儒家经典中的赞美言辞，引用完还总结："这说的就是安汉公啊！"（《汉书·王莽传》：公之谓也。）

王政君对王莽也是非常认可的，陈崇的文章更是漂亮之极。她让臣子们阅读这篇文章，并讨论陈崇的提议。

然而，正当王莽要在陈崇的助攻下更上一层时，后院起火了。

3. 宰衡

放火的人叫王宇，是王莽的亲生儿子。

王宇也不是故意想跟父亲过不去，他"放火"其实也是为了父亲着想。

汉哀帝刘欣继位后，其外家傅氏、丁氏入京，迅速取代了王氏，成了炙手可热的家族。现仕皇帝刘衎，虽然年幼，但他的母亲卫氏及卫氏家族都在中山国翘首以盼，以期到了京城后成为新贵。然而王家已经吃过一次亏了，绝不允许卫氏成为下一个傅氏、丁氏。

刘衎是中山王刘兴之子，刘兴是刘骜的弟弟，于是王莽声称，按照刘衎的辈分，其实是继承的汉成帝刘骜的皇位。既然刘衎是汉成帝之后，那么严格来讲，他在中山国的父母，就不能再跟刘骜"抢"儿子了。有了这一层理由，王莽不允许刘衎的母亲卫姬和卫氏家族入京。为安抚刘衎的生母，王莽将卫姬升格为刘兴的正妻，封她为中山孝王后[①]。王莽

[①] 刘兴去世后谥号曰孝，后人就称他中山孝王。

又给卫姬的兄弟们赐爵关内侯，给刘衎的三个妹妹，都封为君①。

这么做，就是告诉卫姬和卫家：好好待在中山国，享不尽荣华富贵。

但王莽的儿子王宇觉得，这不是长久之计：那刘衎现在少不更事，唯王莽之命是从，可总有长大的一天，那时他见王莽如此压制他的母亲，致使他们母子不能相见，肯定怨恨王莽。

也难怪王宇如此担心。那时候的王莽还没有称帝的想法，王宇更想不到父亲有一天能当皇帝，提前讨好刘衎也算未雨绸缪。你想想，以王莽的年龄，肯定比刘衎先死，就算活着时刘衎奈何不了他，可他死后呢？刘衎一定把对王莽的怒气都撒在王莽的子孙身上，就像当年汉宣帝刘询不能把霍光怎样，可霍光刚去世两年，他就把霍家灭族。

王宇可不想步霍家的后尘，他希望把刘衎日后可能对他的不满消除在萌芽状态，就一直帮卫氏入京。

他建议刘衎的母亲给王政君上书：其一，对朝廷的赏赐谢恩；其二，拥护朝廷对丁氏、傅氏的处理。以期通过这种方式，让王政君对卫后产生好感，继而怜悯他们母子，允许卫后入京。

这样的上书王莽肯定要看的，怎么处置，王莽也有极大的话语权。

王莽的意见是，让王政君下诏，夸奖卫后，说卫后对傅氏、丁氏的批评显示出她具有较高的政治觉悟，识得大体。鉴于此，就给卫后加封食邑，给现任中山王②赏赐金钱，给中山国的官员提高级别。

但只字不提卫后入京之事。

卫后得到朝廷的赏赐，可她也看出朝廷不允许她和儿子一起，从此以泪洗面。

王宇仍不想放弃。他和老师吴章、大舅子吕宽合计，觉得直接劝说肯定不行，因为王莽不听劝。

该怎么让王莽松口呢？

---

① 女子的封号被称为"君"，如同男子被称为侯。
② 中山王本来是刘衎。刘衎当了天子，王政君就让一个叫刘成都的人当了中山王。刘成都，是东平思王刘宇的孙子。刘云，是汉宣帝刘询之子。

第八章　改朝换代

他们想到，王莽迷信鬼神，可以借鬼神之口吓唬王莽别再阻挠。于是，他们准备弄些血，夜里洒在王莽家的大门上，等第二天王莽发现自家门口就像被血洗了一般，一定惶恐怖惧，那时吕宽再给王莽解释这个不寻常现象：这不是好兆头啊，这是上天暗示你什么什么……然后建议王莽将政权归于卫氏。

这是个有趣也很容易成功的办法，因为成本只要一盆血。可问题是，王莽会相信吕宽的话吗？

我们永远也不能知晓了，因为当吕宽夜里端着一盆血在王莽家门口恣意泼洒时，被王莽的门卫抓了个正着。

吕宽干这种事被抓了，肯定少不了毒打。想到王宇是王莽的亲生儿子，虎毒不食子，吕宽就把一切都招了：是你儿子让我这么干的，打我有什么用！

所有人都想错了，因为王莽得知缘由后，立即把王宇送进了监狱。朝廷还没给王宇定罪，王宇就饮鸩自杀了。

王宇应该是被王莽逼死的，因为在当时王宇还有个妻子即将产子，可王莽担心生下儿子后对他有威胁，竟斩草除根，将这对母子杀了。

王莽杀了亲生儿子和孙子，难道不怕被人非议吗？

被非议那是自然的。但王莽可以大义凛然：我不敢包庇儿子，就像当年周公不包庇管叔、蔡叔一样。就算再心痛，也不能因为私情而罔顾大义。

紧接着，甄邯等人立即上书王政君，将王莽的行为比作周公，赞扬王莽大义灭亲。王政君听了，对王莽表示满意，高度评价了王莽这一行为。（《汉书·王莽传》：朕甚嘉之。）

有了王政君的支持，王莽就要清除异己了。

卫家人是肯定要死的。除了刘衎的生母卫后，以及卫后的侄女（现任中山王刘成都的王后），卫后的直系亲属都被杀了。

除了卫家，还有那个给王宇献计的吴章。

吴章这个人，虽不是什么政要，但是个闻名全国的知识分子，门生千余人，遍布各地。吴章的强大影响力一直都让王莽不舒服，长期以来，一听说哪个人是吴章的学生，就放弃任用。这一回，吴章撞到枪口上，王莽自然不会手软，最终将吴章腰斩。

除掉卫家和吴章，王莽还觉得不够，因为这是个打击异己的绝好机会。他想扩大打击面，把反对自己的人都处理了。

王莽看不惯汉元帝刘奭的妹妹敬武公主①，因为此女曾在汉哀帝时期攀附丁氏和傅氏，在王莽掌权后还一直跟王莽作对。王莽借口得到了王政君的命令，逼迫她自杀了。

跟着一起遭殃的，还有王老六王立和平阿侯王仁。王立是王政君的六弟、王莽的叔叔，而这个王仁，虽然和王莽平辈，可性格刚毅，平日也不怎么买王莽的账。王莽假传王政君的命令，派人到王立和王仁的府上蹲守，最后硬是将王立和王仁逼得自杀。

但王政君从来没下达过杀死王立和王仁的命令，这两个人死了，王莽怎么给王政君交代呢？

王莽说他们是病死的。

病死的？那就要参加葬礼。

王莽肯定不会允许，因为王政君参加了，王立和王仁的家人就一定会扑上去喊冤。

王莽全力阻止，身边人也跟着劝，王政君听得多了，本来的一腔热情消失，就没有去。

除了他们，地方上非议王莽专权的人也都通过这一案件被清理。整个案子前前后后处决了数百人，案子办完后王莽威震海内，再也没有人敢和他唱反调了。

没有人唱反调，那么赞歌就要来了。

唱得最好的，是大司马护军，此人说：安汉公是为了汉室江山，才忍痛杀害爱子。事情发生后，安汉公感慨良多，撰写了八篇文章，以告

---

① 敬武公主嫁给了张临，张临正是汉成帝宠臣张放的父亲。由于张放继承了张临的爵位，所以敬武公主很可能是张放生母。

第八章 改朝换代

诫子孙。

这样给王莽贴金的建议，朝廷肯定没有人敢反对的。相反，百官都会抓紧机会好好表现，唯恐落后于人，他们请求将王莽的八篇文章比作《孝经》，凡是能背诵王莽文章的官吏都记录在案。

这八篇文章，就是王莽的专著，就可以作为逢迎王莽的资源了。

于是就又有人表示：像王莽这样有德行、有功劳、有著作的人，只有至德大贤之人才能做到，之前陈崇（就是那个用"排比"修辞手法写文章之人）的请求很对，王莽的地位还应进一步提高。

接下来，就像以前一样，大臣们商量着如何给王莽增加地位和赏赐，王莽得知消息后就诚惶诚恐，拼了命反对。王政君就信了，见王莽拒绝的时候又是叩头又是流泪，觉得王莽出自真心，就不想勉强。

奈何那一帮官员的热情太高，对王莽太过爱戴，纷纷表示这些赏赐其实根本不够，王莽反对只是因为品行太好，但如果因为王莽有谦让美德就不褒奖，就没有了道义。所以，王莽的拒绝总是无效。

推推搡搡几个回合下来，王莽又得到了一个尊号：宰衡。他上交了大司马和太傅的印绶，得到了一个新印：宰衡太傅大司马印。同时，他还获得了数亿赏赐，他的母亲被赐号功显君，两个儿子也被封了侯。

宰衡是啥意思呢？因为臣子们说，商朝名相伊尹、周朝辅佐成王的周公，分别有阿衡、太宰的称号。

有了宰衡的号和印，配套的规格还得跟上，比如王莽出行时，车驾前后得有十辆马车，随行人员是尚书郎、侍御史、谒者、中黄门郎和期门羽林郎。宰衡的属官，级别为六百石（和县令一个级别），三公向宰衡汇报工作时，必须尊敬地在汇报内容前加上"敢言之"三个字，意思是"我冒昧地说"。

群臣还觉得，应该给王莽一些限制。限制什么呢？因为王莽这个人，每次给他赏赐的时候，都推三阻四不愿接受，所以群臣建议，以后王莽再写这种拒绝赏赐的上书，概不受理。

伴随着这个幸福的烦恼，王莽一步步走向人生巅峰。

4. 摄政

下一年，汉平帝五年（元始五年，5）正月，王莽在明堂举行祭祀仪式，诸侯王、列侯、皇室宗亲上千人参加。结束后，王莽封了三十六个刘氏后裔当侯爷，其余的侯爷也都增加食邑，所有参与者都有赏赐。如此，不但官员支持王莽，刘家子孙也支持王莽。

王莽的女儿当皇后时，将新野县封给王莽作食邑，但王莽拒绝了。据史书记载，自那时起，前前后后有487572人上书，认为朝廷不该任由王莽谦让，而更应给王莽赏赐。

王莽拉拢了刘氏子弟，赚足了民意，当年五月，朝廷表彰王莽的功劳，为王莽举行九锡之礼。

九锡之礼是什么呢？锡，赐也。这个九锡之礼，就是天子给特别有功劳的臣子赏赐九件物品，是臣子能够得到的最尊贵赏赐。按东汉应劭说法，九锡之礼中的九件物品，包括车马、服饰、乐器、红漆大门、台阶（纳陛）、武士百人、斫刀大斧（铁钺）、弓箭、秬鬯（音jù chàng，酒）。

但这个九锡之礼，绝不仅仅是给王莽九件物品，事实上，王莽接受的远比这个多。这个赏赐之所以最尊贵，不是王莽用不起车马、穿不起衣服，而是作为臣子没有权力使用特定规格的物品。如今有了九锡之礼，王莽可以使用，就表示他高出所有臣子一个等级。

提升提升……王莽从一开始是大司马，再是安汉公、太傅，后来又叫宰衡；他从王政君手中拿到了几乎所有的行政权（除了赐爵之事）；朝廷从制度上规定，官员向他奏事时必须恭敬地加上"敢言之"三字；他代替少年天子刘衎祭祀天地，他还是天子岳父；他除掉了朝中的所有异己——官员、外戚、长辈，哪怕和他意见不一的儿子；朝廷一再给他封赏，他一再推辞，赢得了谦让、有道德的美名，不论朝野，对他尽皆赞誉，如今他又接受九锡之礼……提升地位，他还能怎样提升呢？

他其实已经和皇帝差不多了。

但终究还差一些。比如，他不能有皇帝的派头和称号，官方也没有明确说他的权力和皇帝无二。说到底，他还是个臣子。他的权力虽然已经超过以往的所有臣子，可总是跟皇帝差一些。只要他还是臣子，权力就可以继续提升，一直提升到无限接近于皇帝。只要别提升到等同于皇帝，他就仍然是一个臣子，他的行为就仍可以被解释为臣子的行为。

为了继续提升，王莽派了一支由八人组成的"采风"使者团，让他们到全国各地征集歌功颂德的文艺作品。截至汉平帝五年（5），这八个人回到朝廷时，带回了三万多字的赞歌——在那个文字流通并不方便的时代，三万字原创作品，是很了不起的。

在征集赞歌的过程中也出现了一些插曲，比如一些地方没有认真领会朝廷的精神。广平国相班稚就不懂，非说没有祥瑞和赞歌，也不愿意现场创作；琅琊郡的太守公孙闳也不懂，他不但不说成绩、不称赞天下太平，居然梗着脖子大谈困难和灾害，气得使者团愤愤离去。

对这二人的弹劾书很快就送到朝廷：公孙闳凭空捏造，妄谈不祥之事，班稚拒绝宣扬祥瑞，此二者都是故意抹黑太平盛世，大逆不道。

最终，公孙闳下狱被诛。班稚的情况好点，他是汉成帝时班婕妤的弟弟（班婕妤担心被赵飞燕迫害，申请到长信宫伺候王政君，因此跟王政君关系亲密），王政君亲自为他说情，说班稚虽然没弘扬正能量，但也没大谈灾害，罪行稍轻，班稚还曾是王莽的小兄弟，被网开一面。这个心直口快的人，见到公孙闳的下场，再也不敢说那些不和谐的话，连忙上书认罪并辞了职，从一个诸侯国相变为一个候补的郎官，还是看坟的。几十年后，历史学家班固将爷爷的这件事记载下来，放入其《汉书》之中，为后世人所知。

有了"最美汉朝诗歌集"，王莽就向王政君表示：当今之世，物价统一，路不拾遗，百姓道德高尚，没有狱讼，没有歹徒，没有经济困难人口，堪称太平盛世。

王莽在国内营造一片赞歌之声的同时，还放眼国外，希望四夷宾服，如此才称得上真正的盛世。

但当时并没有四夷宾服，怎么办呢？这件事王莽很早就开始做了。王莽的办法是，贿赂。

汉平帝元年（1），由王莽安排，西南部一个叫越裳氏的部落，冲破重重困难，进献了三只鸡。

汉平帝二年（2），王莽贿赂了南边黄支部落的首领，令他们遣使者进献犀牛若干。

同年，在北边，匈奴单于也收到王莽的重金，上书称自己被汉朝的先进制度折服，本人愿更换名字，由"囊知牙斯"改为"知"。

汉平帝四年（4），贿赂羌族的良愿部落，令上书表示希望归附（《汉书·王莽传》：乐思内属）。

据王莽说，东边还有个东夷王，渡海献上珍宝。

有了来自东西南北各"国家"的赞美之声，才真的称得上"四夷宾服"。王莽借此机会，再捧一把王政君："太后秉统数年，恩泽洋溢，和气四塞，绝域殊俗，靡不慕义。"（《汉书·王莽传》）

他还说，四方皆已归顺，汉朝有了相应东海郡、南海郡和北海郡，所以应当将良愿部落的地设置为西海郡。

王政君听得乐开花，自然批准王莽的一切请求。

做足这些功课，接下来，在一个叫刘庆的人的提议下，朝廷正式规定：令安汉公王莽行天子之事。

然而，就在制度上已经承认王莽可以和天子做同样事情的时候，王莽发现了一个不稳定因素：刘衎。

王莽察觉到，现年十四岁的刘衎，对他残害卫氏外戚和限制生母入京非常不满。

第八章 改朝换代

皇帝被权臣拥立，又受制于权臣。等皇帝长大了，必然跟权臣产生不可调和的矛盾，几十年前刘询和霍光的例子就在眼前。事实上，王莽走到这一步，已很难全身而退了，他要么前进，尝试打开新天地，要么后退，被刘氏清算。

一千六百多年后，一个叫多尔衮的人，拥立了大清国顺治皇帝，生前位极人臣，皇帝尊他"皇父摄政王"，刚去世时连庙号都有。论当时对朝政的影响力，多尔衮之于清，不亚于王莽之于汉，他们都有取代皇帝的实力，何况多尔衮还是顺治皇帝的叔叔。然而多尔衮去世后仅仅过了两个月，顺治帝就剥夺了他的一切，不但撤庙、抄家、削爵，还掘坟鞭尸。

王莽很明白自己的处境，刘衎一旦长大，一定会跟他算账，就算活着时奈何不了他，死后一定对王家动手。

与其养虎为患，不如将其除掉！当年十二月，王莽准备好毒酒，把汉平帝刘衎毒杀。

汉平帝生前，王莽费尽周折给他娶了个老婆，就是王莽的女儿，那是汉平帝四年，距离刘衎被杀还有一年多。刘衎是皇帝，所以他去世后，正妻被尊为皇太后。三年之后，王莽代汉立新，他的女儿就被改称为安定公太后，那时太后才十八岁。

这个女子没有因为父亲当了皇帝而过得更好，她把自己封闭起来，不再配合父亲。

十八岁的姑娘整天闷在屋里守活寡，王莽也心疼，就把那个安定公太后的称号去掉，封她为黄皇室主，以淡化她曾经的皇后身份。王莽似乎看上了立国将军孙建之子，让孙建的儿子打扮好看些，假借看望病情跟女儿搭讪。

王姑娘见到来客，操起手旁的鞭子，狠狠抽打身边的随从，吓得孙建之子连忙走开。那之后，王姑娘生了病，卧病在床。王莽明白女儿不愿意改嫁，也就不再强求。十五年后，更始帝刘玄的汉军攻入长安，火烧未央宫，王姑娘望着熊熊大火，想起了出嫁那天的场景，叹道：我有什么面目再见汉家列祖列宗！说完，跳入火中自杀了。

*　　*　　*

时间拉回到汉平帝去世那年。当时的王莽可以代替皇帝做事，但他的待遇毕竟和皇帝不同，比如出门时的随从人数和级别也和皇帝差得很远，比如他不能直接颁布命令，比如他死了职位不能直接由王家人继承……既然还有差距，王莽就还有奋斗的空间。

王莽的下一个目标，就是让自己的称谓和"皇帝"相关。

汉武帝时期的董仲舒曾用理论解释了汉取代秦的合法原因：上天授权。

既然君权神授，那么很快就有人上书，声称在一口井里发现了一块石头，石头上刻有"告安汉公莽为皇帝"（《汉书·王莽传》）。

王莽之前不论如何尊贵，如何玩弄权术，都是一个权臣的所作所为，他的权力再大，都是臣子，都是在给刘氏政权打工。王莽拥有的，只有对国家的管理权，而没有所有权。王政君允许王莽提升地位，是为了王莽能更好地给刘家打工，但如果把江山改姓王，王政君还会答应吗？

王莽不知道，他想试探一下。

试探的方式，自然是王莽装聋作哑，让臣子把石头上刻有"告安汉公莽为皇帝"的事告知王政君，看王政君的反应。

王政君的态度很明确：这是胡说八道，绝对不允许！

既然王政君还没有糊涂到让江山改姓的程度，王莽该怎么办呢？

这时太保王舜出面了，他去跟王政君分析形势：第一，王莽的羽翼已成，这也是众望所归之事，非人力可以阻挡了；第二，王莽只是想有个可以摄政的名号，方便他施政而已，他本人并无非分之想。

王舜翻来覆去跟王政君说，王政君听着听着，也觉得阻挡王莽难度太大，于是她也越来越倾向于认为，王莽并无二心，而只是想有个摄政的名头，方便工作。

就这样，在王舜等人的运作下，王政君正式决定：以王莽为代理皇帝（假皇帝），臣民称呼他为"摄皇帝"；皇帝自称时，有专门称谓"朕"，王莽也给自己弄了个专门称谓曰"予"。"假皇帝"和"真皇帝"的区别，仅仅是王莽在朝见王政君、孝平皇后时恢复臣子身份，其余时候所有礼仪和权力皆与皇帝等同。

王莽成了代理皇帝，那么新皇帝登基就得改元。于是在刘衎去世的下一年，公元六年，王莽改元为"居摄"，这一年就是居摄元年了。此时，我已不知这一年的年号前面是否还应该加"汉"。

不过，尽管王莽的权势已经通天，已经有了皇帝的名号，可毕竟还是"假皇帝"。只要他一天还是"假皇帝"，从名义上讲，天下就还属于刘汉。所以，王莽行事还得像个"假皇帝"，不能完全将刘氏子孙排除出政权之外。

在居摄元年（6）三月，王莽挑了汉宣帝刘询的玄孙刘婴，将刘婴立为皇太子，由于刘婴只有两岁，也就是个婴儿，因此又称刘婴为"孺子"。

刘氏子孙那么多，你王莽居然连名义上的皇帝都不要了，弄个两岁的皇太子当摆设，事情到这个程度，王莽的野心已经昭然若揭。汉朝立国二百多年，从汉高祖刘邦传下来的子孙千千万万，他们享受着刘氏血脉的荣耀和恩惠，就算王莽之前对他们多么优待，可他们会眼睁睁看着刘姓江山这样落入王家人手中而无动于衷吗？

当年四月，安众侯刘崇就发难了。

刘崇以为，刘氏子孙已经对王莽咬牙切齿了，自己只需振臂一呼，肯定响者云集。我第一次看到这段历史时，也觉得以汉朝二百多年的根基，刘崇肯定深得人心，然而刘崇和我都低估了王莽。

刘崇的起兵根本没有掀起多大波澜，他的第一场战争，是率领一百多人攻打宛县（南阳郡的治所，今河南省南阳市），在这里，刘崇遭到了宛县守军的抵抗，再之后就什么都没了，因为刘崇一败涂地。

刘崇的失败，让王莽的支持者看到了机会。王莽的支持者由是认为，之所以会出现刘崇这种货色，都是因为王莽的地位还不够尊贵，所以在这伙人的推动下，王莽的办公地点改称"摄殿"，王莽的居所改称"摄宫"。

但王莽在"摄殿"里住了不久，到居摄二年（7）九月的时候，另一波反莽集团就出现了。

这一波人的力量远比刘崇的大，挑头的人就是汉成帝时丞相翟方进之子翟义。

5. 新朝

东郡太守翟义早就看不顺眼了。他和侄子陈丰合计，认为王莽这个样子，日后肯定改朝换代。他身为故丞相之子，封疆大吏，必须为国家铲除这等贼子。那一年，陈丰十八岁，血气方刚，当舅舅问他"今欲发之，乃肯从我乎"（《汉书·翟方进传》）时，他坚定地点了点头。

为起事成功，翟义联合了三个人：主管东郡武备的东郡都尉刘宇、严乡侯刘信、武平侯刘璜。刘信和刘璜都是故东平王刘云的儿子。刘云在汉哀帝时期被逼死，刘信和刘璜兄弟是有怨气的。

居摄二年（7）九月，翟义借着郡中阅兵的机会斩杀观县县令，携东郡部众起义。他自号大司马柱天大将军，以东平王太傅苏隆为丞相，东平国中尉皋丹为御史大夫，然后将准备好的讨伐檄文广为传播。

起义肯定要名正言顺，这样跟随者也才相信自己的行为正义。翟义的理由就是，王莽毒杀了汉平帝刘衎，谋取天子尊号。他号召大家，要在新天子刘信的带领下替天行道，灭此奸贼。

翟义比之前那个刘崇正式多了，有天子、有大臣、有口号，他的檄文又很有煽动力，消息一出，郡国沸腾，响应者数不胜数。当翟义的西征大军行至山阳郡时，麾下已经有十余万众了。

王莽虽然富有智谋，驾驭臣子的手段高超，很会树立形象，但从来没有过被十余万众讨伐的经历，而这十余万众只是明着和他对抗的人，被翟义鼓动后对他不满的人还有多少呢？

任何人遇到这种事情都会慌乱的。因为翟义的口号是他准备谋朝篡位，是背叛汉朝，这种行为不是主流价值观，就算有人真的觉得王莽好，拥护王莽，也不敢公开支持王莽篡位。一旦翟义用武力压服了王莽，王莽势必受人唾弃，他将失去这些年来积攒的所有，而且遗臭万年。

这种情况必须派兵镇压，否则翟义的影响力越大，就越不利于王莽。

王莽没打过仗，也不懂军事，只能用好人。他封了七个将军：奋武将军孙建，虎牙将军王邑，强弩将军王骏，震威将军王况，奋冲将军刘宏，中坚将军王昌，奋威将军窦况。他给这七个将军充分的自主权，让他们自己选择属下的校尉和军吏，准备好了之后就东出函谷关，率领关东之军，合击翟义。

七将军奔赴前线了，但王莽还是担忧。他害怕翟义突发奇兵，攻破了通往关中的要塞，于是又派遣积弩将军武让屯兵函谷关，横野将军逯并驻兵武关，扬武将军刘歆（新王朝的国师、王莽亲家）防守宛县，如此一来，王莽就堵住了东部前往关中的所有关卡。

十个将军派出，王莽总算松了口气，翟义的战斗力再逆天，也够他喝一壶的。然而就在王莽全力对付东部地区翟义时候，西部也出问题了。

在茂陵以西，二十三个县的土匪强盗们一夜之间全冒了出来，响应翟义。他们被赵朋、霍鸿组织起来，烧官府、杀官员。他们认为，翟义在东部声势浩大，京城的防守空虚，正是攻打长安的好机会。这支队伍发展得很快，不多久就有十余万之众，他们还很有能耐，有人都潜伏到未央宫前殿纵起火来。

王莽慌了，又封了一批将军，西击赵朋、霍鸿，同时加强长安城的保卫工作①。把这些安排完，王莽紧接着在汉高祖的高庙举行了拜官仪

---

① 王级为虎贲将军，阎迁为折冲将军，率军攻打赵朋。以王恽为车骑将军，屯平乐馆；将骑都尉王晏提升为建威将军，驻军长安城北；城门校尉赵恢提升为城门将军，负责长安城门的守备。

式，将甄丰封为大将军，统领所有的作战部队，屯兵霸上。

军队都出去了，但至此王莽也只是把任务安排了下去，他想剿灭敌人，还需要做更多。

王莽是很有政治智慧的。他知道翟义的起兵口号是王莽想当皇帝，而且王莽的种种行径的确让人觉得是这样，倘若更多人相信这一点，那么翟义的军队就是义军，他王莽就是乱臣。他必须在政治上表明态度：自己不是翟义所说的那种人，翟义立刘信为天子，是图谋不轨，自己派出的大军，不是给王莽打仗，而是为了刘氏江山。

于是王莽抱着皇太子刘婴在高庙中祈祷，表明自己做的一切都是为了刘家。他召集群臣，到高庙这个供奉汉高祖神位、富有象征意义的地方开会，并发表了重要讲话。王莽指出，周成王年幼时，周公摄政，管叔和蔡叔就图谋不轨，拥立禄父，背叛成王，如今的翟义，挟刘信作乱，跟他们是一丘之貉，大圣人都会遭遇这种事情，何况我王莽这样的庸碌之辈呢？

王莽讲完话，臣子们纷纷发表了自己的看法，他们一致认为："翟义事件让人感到遗憾，但如果不发生这等事情，又怎能彰显出您和周公一样伟大呢？"（《汉书·翟方进传》：不遭此变，不章圣德。）

为了掌握更多权力，像周公一样行使天子权力，从那几只白鸡开始，王莽就给自己打造"汉代周公"的形象了，再之后成为安汉公、宰衡，到现在将翟义比作管叔和蔡叔，"汉代周公"的形象已经完全树立起来。周朝时，管叔、蔡叔起兵后，周公曾作文《大诰》，这一次王莽也效法周公，公开发表了一篇行文古奥、语义难懂的文章《大诰》。

王莽在《大诰》中表达了自己的所作所为都是为了刘家、他终究会归政于皇太子的想法。他指出，翟义和刘信的行为是大逆不道，为天所弃，消灭这二人是职责所在，就像农夫必须除掉杂草一样。

王莽是个搞宣传工作的好手，他发表文章后，成立了"舆论工作小组"，到全国各地做好舆论督导，讲解王莽的《大诰》精神内涵，引导老百姓正确认识王莽的摄政。

第八章 改朝换代

王莽这几招做得很出色，至少从舆论层面摧毁了翟义起兵的合法性，而翟义又没在这时候做出有效应对，因而势力没有迅速扩大。当年冬天，朝廷的军队就开到前线，与翟义在陈留郡菑县（今河南省民权县东）会战。史书未记载这场大战的详细过程，只记录了结果：翟义大败，军中重要人物刘璜被斩。

终于渡过难关了，王莽如死里逃生，感激前线的将士们，他将五十五人封侯，直接在前线军中举行封侯仪式，并大赦天下。军吏见王莽如此不吝惜赏赐，大受鼓舞，集结精锐攻打翟义所在的圉城，至十二月，大破翟义。翟义与"天子"刘信弃军而逃，军队作鸟兽散。王莽军在固始县擒获翟义，最终将翟义处以磔刑（zhé xíng，指分裂肢体）。至于刘信，不知所踪。

然而死得最惨的，是翟义手下一个叫王孙庆的人。大军战败后，王孙庆就跑了，九年之后，王莽已经称帝，他被抓住。王莽让太医、尚方官①以及屠夫联合，把王孙庆剖腹、剥皮，挖出五脏六腑，对其测量，又用竹签插入王孙庆的血管，探求其始终。按照王莽的说法，这么做可以治病（于是有后人说这是王莽具有探究精神，搞医学研究）。（《汉书·王莽传》：莽使太医、尚方与巧屠共刳剥之，量度五藏，以竹筳导其脉，知其所终，云可以治病。）

击败翟义后，前线军队立即撤回，与西征大军合击赵朋、霍鸿等响应翟义的武装。两个月后，到居摄三年（8）二月，赵朋、霍鸿被歼，发生动乱的各县也都平定，王莽大封功臣数百人。为了肃清翟义等人的影响，王莽将翟家满门抄斩，挖了翟家祖坟，让老百姓引以为戒。

翟义和赵朋、霍鸿等人的起义令王莽惊慌了许久，但等事情过去，王莽又发现，即便官员和百姓受到翟义等人的鼓动，但最终还是向着自己的。

此时的王莽：一是有足够民意，也受到百官爱戴；二是不怕有人武力反对，因为他已经有过镇压数十万武装的成功经验；三是早就开始行

---

① 尚方，属少府，负责制造帝王所用器物。

使皇帝的权力,不论从名号还是实际,他都已经无限接近天子了。

于是,自翟义覆灭后,王莽决定为皇位发起最后的冲击。

然而,就在王莽踌躇满志、准备登基的各项工作时,发生了两件事,这两件事都不利于他立即称帝。

第一个是在当年九月,王莽的母亲去世,按照礼制,作为亲生儿子,王莽必须回家服丧。可如果回家服丧,势必对王莽登基造成延阻。当年,那个曾斩杀郅支单于的陈汤就要升官时,父亲去世,陈汤不想失去晋升机会,没有回家奔丧,被人弹劾,陈汤被关进大牢,推荐他的富平侯张勃被削减食邑,还因为此事而被认为瞎了眼,死后谥号曰"缪"(陈汤事详见本书第十章)。

王莽肯定不想在关键时刻熄火。然而他之所以有如此好的名声,皆因他在老百姓眼中是个道德楷模,是个孝子[①],倘若为了称帝就不给母亲服丧,岂不严重损害他的形象?

其实这样的事情王莽早就会处理了。他不会主动说自己不服丧的,因为在他为难的时候,总会出现一大帮臣子说出他的心声,就像曾经劝说他接受赏赐一样。这一回就有七十八人联合上书,要求王莽以大局为重,以社稷为重,不能为了自家的事情耽搁了公事,他可以悼念母亲,但千万不能不工作。至于三年服丧,就由长孙王宗代替吧。

发生的第二件事情是,他哥哥的儿子王光犯了法。

王莽的哥哥去世早,儿子王光就一直由王莽抚养,王光的婚礼就是跟王莽儿子王临同一天举办的。王光曾找到执金吾窦况,让窦况帮自己杀人。窦况不敢怠慢王莽,就把王光的仇人抓起来杀了。

可窦况做得不干净,以致事情引起了广泛关注,产生了恶劣影响,传到王莽耳中。王莽勃然大怒:我一直都在努力让天下人说我好,你居然在我眼皮子底下干这等违法之事!

[①] 王莽很孝敬母亲,他儿子和侄子同一天结婚,婚礼当天,宾客满堂。可就在这时,他听说母亲哪里疼,需要吃某种药,在婚礼中数次离开席位,照顾母亲。

王莽该怎么办呢？他找王光谈话。谈完之后，王光的母亲问儿子：你觉得自己和王宇、王获相比，谁跟王莽更亲呢？

汉哀帝年间，王莽蛰伏在新都侯国，他的儿子王获杀了奴隶，王莽逼其自杀；王宇之前为了让汉平帝的外戚入京，跟大舅子吕宽合谋，给王莽家洒血，被王莽发觉后自杀。

王宇、王获是王莽的亲生儿子，阻挡了王莽的路都不能活，你不过是个侄子，何况的确犯了王法，给王莽抹了黑，又怎会逃脱制裁呢？

王光和母亲自杀了，至于杀人凶犯窦况，虽然有很大的战功，也难逃一死。

对王光，王莽没有完全绝情，他让王光的儿子王嘉继承了爵位。

王莽严肃处理王光，给天下人树立了一个正义的形象，让人们觉得他是个为百姓做主的人。接着，他就要向皇冠发起最后冲击了。

居摄三年（8）十一月，王莽给王政君写了个奏疏，说了三件事：

第一，广饶侯刘京上书，说今年七月时，齐郡一个亭长在一个晚上做了好几个梦，每个梦里都有人对他说："我是上天派来的使者，老天让我告诉你：'摄皇帝应该当真皇帝'，你要是不相信我，就到亭子里看，那里新添了一口井。"第二天亭长去看时，果然多了一口深达百尺的井。

第二，这个月，巴郡出现的石牛、雍县的石刻也都运到皇宫，我和太保王舜去观看时，天风乍起，遮天蔽日，伸手不见五指，狂风过后，在石头旁出现了铜质的符信和帛画，符信上刻字曰："天告帝符，献者封侯。承天命，用神令。"骑都尉崔发（因为能解释符信，新王朝时，此人被封为符命侯）解释了这些文字。

第三，考察古代先贤的做法，我觉得以后在太皇太后、孝平皇后面前时，我可以自称假皇帝，但除此之外，处理其他事情时，就不要在"皇帝"面前加"摄"字了，我这么做，只是为了汉家天下，等孺子长大后，我自然会像周公对待成王一样，把权力返回的。

这么明显的野心，王政君如何看不明白！可就像王舜所说，她没有办法，从她把权力都交给王莽的那一天开始就没有办法了。她只能寄希望王莽说的是真的，会像周公一样日后把政权交回来。

现在，王莽把摄皇帝前的"摄"字去掉，除了对王政君和孝平皇后（孝平皇后是王莽的亲生女儿），他的名号就是皇帝了。

一些关注天下大势的人，嗅到了机会——王莽已经做到这个程度，篡位是迟早的事儿了，在这个关键时刻临门一脚，一定不会吃亏。

一个叫哀章的人造了两份竹简，分别装在铜匣子里，其中一个叫"天帝行玺金匮图"，一个叫"赤帝行玺邦传予皇帝金策书"。文书的内容，说的是王莽即将成为真命天子，皇太后要听从天命。哀章做得很全面，他的竹简中不但说王莽是真命天子，连辅佐王莽的大臣都拟好了。

哀章带着这两份文书来到高祖庙，交给看守高庙的领队，让领队把文书递给王莽。王莽随即顺水推舟，到高庙祭拜汉高祖，同时接受提前准备好的"汉高祖禅让"文书。接着，他回到皇宫，下达了继位的诏书，改国号为新，以居摄三年的十二月初一为新朝始建国元年的正月初一。

至此，汉高祖刘邦建立的汉朝，在历经十一帝，二百一十四年之后，被王莽取代了。

这一年，王莽五十四岁。

6. 元后

王莽能够取代汉朝，一路走来最关键的就是，有王政君支持。

王政君不一定非得支持他。王政君有八个兄弟，三个姐妹，这个家族有众多子嗣，王莽是其中一员而已。王曼跟王政君还不是一个母亲，王莽与王政君的亲缘关系，是不如王凤、王崇的子女的。甚至由于父亲王曼早夭，他在叔叔姑姑们面前没有发言权。他的叔叔们全都在汉成帝时代被封列侯，他的堂兄弟们都成为列侯子弟，拥有荣华富贵。那一大家子，唯有王莽是贫困孤儿。

他二十四岁时，因为在王凤病榻前的优异表现，被王凤极力推荐，从此走上坦途。那时的王莽待人谦逊，生活节俭，努力上进，博学多闻。他还有很重的家庭负担，除了抚养老母和子女，哥哥也早早去世，养活侄子的重任也落到他的肩上。面对寡嫂，他严肃认真，谨慎恭敬，没有越矩之行。这样的王莽口碑极好，后来在五叔王商的支持下被封为新都侯。七叔王根去世时，他已经有很强的势力，成为大司马的第二候选人。

王莽意识到机会难得，没有在这时候表现出所谓的谦让，不遗余力发掘淳于长的阴私，终于把淳于长整死，成功当上内朝长官，这一年的他年仅三十八岁。在这之前，我们看不到王政君对待王莽，与对待其他王氏子弟有何不同之处。

王莽很明白，他的权力都来源于王政君的支持。他是王政君的晚辈，必须比几位叔叔们更尊敬王政君，否则引起了姑姑的不满，他的地位也坐不稳。

要让王政君满意，除了能办事，还得让王政君放心、开心。

王莽是个有眼光的人，他在汉哀帝继位、傅太后入京后，面对蛮横的傅太后，没有丝毫示弱，更没有一丝向傅太后靠拢的迹象，他不惜得罪如日中天的傅太后，也要维护王政君，始终都站在已经失势的王政君一边。以他的聪明程度，不可能看不出当时王政君斗不过傅太后，他肯定清楚，两个家族的斗争往往是你死我活的，汉武帝时窦氏家族和田氏家族斗争，斗到最后是窦婴被杀。事实上，傅太后戾气甚重，打压异己不择手段，比如她不喜欢冯媛，冯媛就被构陷致死。然而即便如此，王莽还是这么"不识时务"地站队了。

王莽被遣送回新都侯国后，一直到汉哀帝刘欣去世，你基本看不到王政君和王莽的影子，那些年他们都沉寂下来，韬光养晦。那时候，不但王莽无法继续待在京城，就连老太太王政君也活得像一杆枪，很多以她名义下达的命令，都是刘欣"令"的。你根本想不到，刘欣刚刚去世，那个几年来几乎销声匿迹的王氏家族竟然能够在一天之内掌握政权。这个过程中你看不到任何抵抗，好像刘欣和傅氏家族根本没有存在过。王家能如此顺利，只因在这些年里他们一直默默积蓄实力，当刘欣为了傅氏、丁氏、董氏毫无下限的时候，低调稳重的王家就跟刘欣形成鲜明对比。

王莽在新都侯国十分注重名声。他的儿子王获杀死了奴隶，王莽知道后就逼着王获自杀了。虽然说"杀人偿命"，可是在那个年代，王获杀的是没有人权的奴隶，以王获的身份不至于非得抵命。王莽在新都侯国待了三年，就有数百官吏向朝廷上书，为王莽被驱逐出朝廷申冤。汉哀帝五年（元寿元年，前2），傅太后一去世，刘欣就布告天下，让举荐贤臣，王莽积攒的口碑终于起到作用，很多人推荐他，王莽再一次入朝。

刘欣去世后，王家掌权，王莽依旧明白，众人说他好，只是锦上添花，最重要的是王政君说他好。

于是他只要抓住机会，就给王政君戴高帽子，说汉朝在王政君的领导下一派祥和、天下太平，没有王政君的英明领导，就没有如此强大的国家云云。王政君都七十多岁了，这些好话听得多了，就觉得王莽说得好，而且不邀功，于是把更多权力授予了王莽。

除了让百官称颂自己，对待王政君身边的人，他也下足了功夫。他把王政君的三个亲姐妹，都封为"君"，赐予汤沐邑（类似于男人被封侯，赐予食邑），她们是王政君最亲的姐妹，一有机会就夸赞王莽；王莽觉得，王政君一个妇人，年纪大了，成天待在皇宫里肯定闷，就每个季度安排王政君出宫巡视，慰问皇宫周边的孤儿寡妇和贞洁女子。王政君通过活动放松了心情，还能亲耳听到来自民间发自内心的歌颂，感受到赠送温暖的自豪和满足。

有一次，王政君回忆往事：我第一次到太子家时，被召见于丙殿，这都过了五六十年了，我竟然还记得清清楚楚。王莽闻言，立即说：太子宫离这儿不远，可随时前往，一点也不麻烦的。

有了这话，王政君乘着兴致，去了趟梦开始的地方，尽兴而返。

王政君是个老太太,闲得无聊了,找来一些小孩子留在身边逗乐玩。王莽若得知陪王政君的小孩儿生病,会扔下手头事务,亲自照料小孩,生怕出点什么岔子。

王政君看到的王莽,是恭敬的、有道德的、尊敬自己、在乎自己的;王政君听到的王莽,是能干的、尊敬太后的、能够为天下做表率的。这样的王莽,王政君岂会不喜欢?

王政君喜欢,当她听说王莽因为自然灾害吃素食,急忙下达公文(诏书),诏书的中心思想就是:王莽要吃肉,为了国家爱惜身体。(《汉书·王莽传》:今秋幸熟,公勤于职,以时食肉,爱身为国。)

于是王莽的权力越来越大,从大司马到安汉公,到宰衡,臣子跟他说话之前都要加上"敢言之",接着被赐九锡,他杀平帝,立孺子,在这个过程中王政君没有任何反对。

直到有人跟王政君说,发现一块石头上刻了"告安汉公莽为皇帝"时,王政君终于清醒:这断然不可!

可事到如今,王莽的势力已经渗透到国家的方方面面,王莽又岂是王政君所能限制的?就如同王舜(王音的儿子)所说:事已如此,无可奈何。

七十多岁的王政君没有能力也没有精力去阻挠王莽,只好同意王莽摄政,代行皇帝之职,允许臣民称他"摄皇帝",自称"予",改元居摄,跟皇帝享有同等待遇。可王政君气不过。等刘崇和翟义起兵的消息传到耳中,她恨恨地说:果然不出我所料,我虽然是个女人,但也知道王莽这么做危险。

刘崇、翟义的起义被平定后,王莽很快就登基为帝建立新王朝了。据史书记载,得知这个消息的王政君大吃一惊。

王政君还没缓过劲儿来,王舜就来了。

王舜过来是要传国玉玺的。

王政君手中的这块传国玉玺,是当年汉高祖刘邦进入咸阳时,从秦王子婴处受降得来。等刘邦打败项羽,当了皇帝,就将这块玉玺称作汉传国玺，代代相传。汉平帝驾崩后，孺子刘婴还是个皇太子，这块玺就放在了王政君手里。

但王政君不愿意给。她看到王舜，压抑已久的感情迸发，破口大骂："你们父子宗族，受到汉家的恩惠，才拥有荣华富贵，可是你们不但没报答恩情、辅佐幼主，反而趁火打劫，窃取政权，一点都不讲恩义。如此猪狗不如，天下还有你们兄弟这样的吗？

既然已经当了新皇帝，已经变更服色和正朔，就该重新制作能够传至万世的玉玺，为何要用这不祥的亡国玉玺呢？我是汉家的老寡妇，很快就要死了，我不会给你们的，我要把它带到坟墓里去。"（《汉书·元后传》：我汉家老寡妇，旦暮且死，欲与此玺俱葬，终不可得。）

说着说着，王政君已泣不成声，她身边的人也被这一番言语感动，流下泪水。

王舜也跟着哭，过了许久，等大家的心情都平复下来，王舜才说：您这么讲，我也没什么好说的。可是太后，王莽非要这块传国玺，您难道可以不给吗？

是啊，你难道可以不给吗？你今天不给，你死了呢？你死之后，玉玺是否跟你葬在一起，由得了你吗？王莽是靠自己本事建立的新王朝，早已不需要你的支持了，王莽如果动粗，你有什么法子？

王政君什么也做不了，什么也控制不了。想到王莽今天的所作所为都是因自己而起，她就像个被玩弄的傻子，到最后一刻才明白被王莽利用了这么多年，她又气又急，掏出玉玺就朝地下砸去，诅咒道：我是快死了才认清你们兄弟，你们也别得意，很快也就要被灭族了！

王舜捡起玉玺，急忙送给王莽。王莽见到这个象征政权的玉玺，非常高兴，居然在未央宫设宴，还声称是为了太后摆的宴席。

王政君始终都不能接受王莽建立新王朝这件事情，但她什么也改变不了。她决定不了自己的称号，她本来是汉朝的太皇太后，王莽假借天意，将她封为新室文母太皇太后，她后来也相信了那是天意，或者说她也接受这个称号，就乖乖地把之前的印绶上交了。

当年，她被王莽当傻子的时候，听信王莽的话，给她的丈夫汉元帝刘奭上了庙号，立了高宗庙。有一天，王莽派人邀请她去那里。到了才发现，那座高宗庙早已被毁，建筑主体只保留了大殿，在这个基础上修建了一座长寿宫，作为王政君的庙。王政君一直以为，她去世后能够以孝元皇后的名义，跟刘奭合葬的，如今因为她，丈夫的庙宇被拆得七零八落，她十分难过，哭道：这是汉家宗庙，都有神灵保佑的，为何修好之后又毁掉呢？倘若鬼神无知，为何建庙？如果灵验，我是皇帝的妃妾，怎能在先帝的庙堂之上侮辱他呢？

王政君是根本玩不过王莽的，她能做的不过是一些软对抗和不配合。王莽想到自己的皇位毕竟由她而来，也就在一定程度上默许了她的一些行为，容许她在皇宫中，和属官依然身穿汉朝服饰，按照汉朝日历过着元旦和腊月。

新王朝始建国五年（13），王政君去世，享年八十四岁。她死之后，被埋葬在汉元帝的墓地渭陵。只是，在她和刘奭的坟墓之间被挖了一道深深的沟，以示她是新王朝的贵人，断绝与汉王朝的关系。

倘若真有鬼神，她这个样子去见了刘奭，能说些什么呢？

第九章 新莽改制

> 比如乌龟的壳子居然也号称值几百上千钱,有几个人愿意拿几百上千的铜钱去换一块龟壳呢?这种连官府都不能控制的"野生货币",谁知道有多少呢?谁知道会不会大家都去捉乌龟,扒了壳,或者拿货真价实的铜钱换来龟壳,然后朝廷突然说龟壳不值钱了呢?

1. 新政

王莽改朝换代了,可他当皇帝之前的皇太子孺子刘婴怎么办?刘氏政权还封了二十多个王爷、一百多个侯爷怎么处置?

王莽一上台,就对刘婴做了安排:封刘婴为安定公。他的封地叫安定公国,方圆百里,食邑万户。在安定公国内,刘婴可以修建刘氏祖宗庙,可以用汉朝的正朔①,穿汉朝的官方服饰。同时,汉平帝刘衎的妻

---

① 正朔,是每一年的第一天。汉武帝太初元年(前104)后,每年的第一天为正月初一。王莽建立新朝,将每年第一天改为十二月一日,所以新王朝的第一天,其实是上一年的腊月初一,或者说,上一年只过了十一个月,就被王莽带入新的一年了。

子，也就是王莽的亲女儿，被封为安定太后。

据史书记载，臣子宣读完这个决定后，王莽亲自拉着五岁的刘婴叹息流涕：昔日周公摄政，最终能够归政于周成王，然而我迫于上天之命，无法像周公一样了。

他对着小刘婴哀叹良久，臣子将刘婴拉到殿下，让刘婴跪下去向王莽称臣，群臣百官看着这一切，内心五味杂陈。（《汉书·王莽传》：百僚陪位，莫不感动。）

刘婴虽是个孩子，也没当过皇帝，但毕竟在好几年的时间里是汉朝未来的最高统治者。而且，翟义起兵时王莽公开说过自己会在刘婴长大后归政。刘婴虽然什么都不懂，但对于思念汉朝的人来说是个精神支柱，能起到号召作用。对待此人绝不能马虎。

王莽对待刘婴是比较谨慎的，因为不论后来他的情况多么糟糕，不论反对他的势力多么厉害，刘婴都没能发挥到"前皇太子"的作用，王莽去世后才有人拥立刘婴，不过很快就被更始帝杀了。王莽把以前大鸿胪①的办公场所改为安定公刘婴的府邸，严密监视。那一年，刘婴才五岁，他本是汉广戚侯刘显的儿子，父母都在广戚侯国，一个人根本无法在京城生活。王莽给刘婴安排了奶妈，但要求奶妈只负责刘婴的起居，不能和刘婴说一句话。没有人敢跟这个小孩打交道，于是刘婴就被整天关在屋里，什么也见不着，什么也学不到。他就像个与世隔绝的人，长大后连最起码的动物都不认识。（《汉书·王莽传》：至于长大，不能名六畜。）后来，到了婚配年纪，王莽将自己的孙女儿嫁给了他。

除了刘婴，汉朝还留下了二十二个诸侯王，以及一些被封为王的蛮夷国君主。在王莽看来，到处封王，有违古制和经典，不利于大一统，所以他要求，诸侯王皆称公，周边的蛮夷国君主都称侯。

汉朝王爷的儿子有些会被封侯，到王莽时期，还留有一百八十一个

---

① 大鸿胪，也曾叫典客、大行令，汉武帝更名为大鸿胪，职责是掌管归顺汉朝的蛮夷。王莽改称典乐。曾担任此职位的名人有惠帝高后时期的典客刘揭，武帝时大行令王恢。

王子侯爷，新王朝成立后，爵制采用周制，将爵位分为五等，由尊到卑依次是公、侯、伯、子、男，这些在汉朝时仅次于王爷的侯爵全部降为第四等的子爵。

到始建国二年（10），汉朝二十二个诸侯王都上缴了诸侯王印绶，成为公爵。当年十一月，王莽又对三十二个刘氏子弟予以嘉奖，表示：这三十二个人皆知天命，那些和这三十二个人同宗共祖的刘姓人都赐姓王。只有嘉新公、国师刘歆例外。刘歆本来也该改姓王，只是当年把女儿嫁给了王莽的儿子，是王莽的亲家，就仍旧姓刘了。

王莽在安顿在世的刘姓皇族的同时，还得考虑已死的刘姓皇族。比如汉朝的十一个皇帝，他们死后被埋葬长安周边，每个皇帝都有陵园，陵园中有庙、寝和便殿等建筑。这些汉朝皇室要去祭祀的场所，王莽如何处置呢？毁了，还是照常祭祀呢？

毁了汉朝皇帝的庙，动作太大，汉高祖刘邦、文帝刘恒、宣帝刘询等皇帝深受百姓爱戴，抄起家伙毁了，势必舆论哗然。毕竟，王莽是通过和平演变夺取的政权，在这个过程中一直都在说汉朝如何如何好，自己如何如何尊重汉朝的，他一直宣称皇位是汉朝皇帝禅让于自己，如同当年尧帝禅让给舜帝，却没听说过舜帝登位之后就挖坟掀庙。可如果照常祭祀，让他这个新朝开国皇帝祭祀亡汉的祖宗总是别扭。

王莽将汉高祖的庙改称文祖庙。

为何这样改呢？因为文祖就是尧帝的先祖庙，据《史记》记载，昔日舜帝接受尧帝禅让时，就是在文祖庙进行。王莽在汉高帝庙接受了皇位，又把高帝庙命名为文祖庙，隐含的意思就是，自己取代汉，如同当年舜帝接受尧帝的禅让。

关于汉朝皇帝的祖宗庙，王莽明确表示了：自己没有忘记前朝。汉朝被称为祖和宗的七个皇帝，应该遵照礼法制度，被立在安定公国内，他们在京城的陵园，陵园中的庙、寝和便殿，照常祭祀[①]。

---

① 汉制，帝王陵园中主要建筑物有庙、寝和便殿。庙在陵园的前边，是祭祀之所；寝，在陵园后面，为放置祖先衣冠之处；便殿，为庙寝之外（接下页）

第九章　新莽改制

被称为祖和宗的七个皇帝，其实是享有庙号的七个皇帝，只不过那时候有了庙号之实，而无庙号之名。去世的帝王，其陵园内都有庙。但不是每个庙都有一样待遇，有些皇帝死后，后代会给他的庙上个尊号，比如刘邦的庙叫太祖庙，文帝刘恒的庙叫太宗庙。这些皇帝，不但京城有庙，地方上也有庙（高祖刘邦和文帝刘恒，在所有郡国都有庙，武帝刘彻在其去过的郡国也都有庙）。这个尊号或称"祖"或称"宗"，就是庙号。有庙号的皇帝，不但有郡国庙，而且他们在京城的庙，不会因为该皇帝跟后代皇帝"亲尽"而被毁。

庙号是对一个帝王的认可，汉代庙号之议比较严格，一个帝王若不能令后人心悦诚服，很难得到庙号。

哪七个皇帝有庙号呢？我们知道的有：太祖高皇帝刘邦、太宗孝文皇帝刘恒、世宗孝武皇帝刘彻。还剩四个是王莽为了取悦王政君所立：汉平帝四年（4），王莽奏请尊汉宣帝刘询为中宗，汉元帝刘奭为高宗。一年多后，他毒死汉平帝，为显示自己对汉朝的忠心，又奏请尊汉成帝刘骜为元宗，汉平帝刘衎为统宗。

汉元帝、汉成帝和汉平帝，他们有多少功绩，大家都看在眼里，与高、文、武、宣相比还有较大差距。所以这几个尊号都是王莽为讨好王政君的产物。后来，那个在昆阳之战中击败王莽的刘秀当了皇帝，重新审定西汉皇帝的庙号，王莽定的那四个只保留汉宣帝刘询的中宗，其余都被废了。

王莽还说，以后每年九月都会亲自祭祀汉高祖、汉元帝、成帝和平帝。

王莽是新王朝的开国皇帝，公然宣称要照常祭祀汉朝皇帝，尤其汉平帝还是他女婿，这是为何呢？

目的只有一个，让人觉得他没有忘本。然而，新朝和汉朝是两个对

的偏殿，一般为祭祀人员的休息之所。每个陵园中的寝，每天要供奉四次食物；庙，一年二十五次祭祀；便殿，一年祭祀四次。除此之外，每个月还有一次活动，活动内容是抬着从寝中拿出的先帝衣冠，在陵园里进行游园。

立的王朝，王莽要强化新王朝的影响，就必须弱化汉王朝，在改朝换代之初、王莽根基不稳的情况下，每年祭祀前朝皇帝，对于百姓接受新政权是不利的。所以这一番许诺是不可能真的付诸行动的。

至于如何合理地违背诺言又让人觉得情有可原，套路也是现成的。王莽二年（始建国二年，10）十一月，立国将军孙建就上奏了：本月有个男子拦住我的车，自称是汉成帝流落民间的儿子刘子舆，还说什么"刘氏当复"，让快些把皇宫给他腾出来。后来抓住审问，才知他就是长安的一个老百姓。由此可见，当今之世有许多奸猾之徒，或冒充汉将军，或冒充汉成帝之子，他们犯这等滔天大罪，皆因朝廷过于仁慈，没有从根本上断绝他们的妄念。所以，汉皇帝在京师的宗庙都不能祭祀了。汉高祖可以以新王朝宾客的身份，被供奉在新王朝的明堂；汉成帝是您的异性兄弟，汉平帝是您的女婿，都不适合供奉；至于汉元帝，和皇太后是夫妻，可以供奉。

看到孙建为了新王朝江山社稷进行的这番鞭辟入里的分析，王莽还能说什么？那自然是个大大的"可"了。

所以，照常祭祀刘氏宗庙是不可能的。但大家也都看到了，王莽是很尊敬刘氏的，也愿意祭祀，只是新王朝的大臣不同意，而且继续祭祀会破坏国家稳定，王莽也不能拂了众意，因小失大。

按照王莽的想法，所有诸侯王和蛮夷国君主都不得再用以前的称号。诸侯王的爵位要改为公，蛮夷国君主要叫侯。

但这个命令不可能从王莽嘴里说出来就立马奏效，王莽得派人把它传到各诸侯王和蛮夷国君主耳中，收回汉朝故印，颁发新王朝新印。

王莽封了十二个宣布各项新政令的使者，名曰"五威将"。为了五威将颁布政令时有权威，王莽给他们设计了一套很拉风的行头：乘坐由六匹母马拉着的乾文车（天子的车驾也不过六匹马拉着，乾文车的车身上绘有天文图像），他们背上负着鸟毛，穿着华丽的服饰。每个五威将配备前、后、左、右、中五个帅。五威将持皇帝使节，号称"太一之使"，下属的帅，他们持幢①，号称"五帝之使"。

去给刘姓诸侯王传达政策的五威将，兵不血刃就拿到了诸侯王印绶，那些刘姓王爷，爵位变为公爵。除了他们，汉朝留下的一百八十一个王子侯爷（汉朝被封侯的诸侯王子），被赐子爵。然而，他们的新爵位没当多久，就全被免了。刘姓皇族中还有一批曾经当官的，许多也在王莽登基的第二年被免。没办法，当年刘家江山遇到危机的时候，他们不挺身维护，刘崇、翟义起兵的时候他们也不响应，现在失去靠山，就只能任人宰割，而且不需要什么理由。

* * *

王莽刚刚登基，威望甚隆，他通过自身能力改朝换代，成为一朝太祖，而且在过程中未遇太大抵抗。多年来，他做了许多事情，让人们相信他是正义的、道德高尚的、为国为民的。他通过长期经营，给自己赢得了非常好的口碑。那时的王莽意气风发，在解决了刘氏家族的问题后就想要干一番大事业了。

只是当年他绝不会想到，自己会在十多年后受到天下人唾弃，更不会想到，以自己的强大实力竟然会以那样的方式惨败于昆阳。兵败如山倒，几个月后汉军攻入长安将他杀死。他的头颅被传送到宛县，悬于街头，供百姓泄愤。百姓恨他入骨，甚至割下他的舌头吃掉。

这十几年来，王莽做错了什么？

我们知道，地方上民变纷起时，使者回来给他汇报，说民变是由于贫穷饥饿，他不爱听甚至将说这样话的人贬官，而那些说假话声称变民会很快灭亡的人反而吃得香，到后来就没有人对他说真话了。其实王莽并非是一个油盐不进听不进善策的人，可他为什么对"贫穷饥饿导致民变"的说法如此反感呢？

另外，老百姓连年吃不饱饭，除了天灾，还有别的原因吗？

---

① 幢，音 chuáng，古代一种旌旗。

2. 王田

　　王莽不允许别人说饥穷导致百姓造反，很大一部分原因是，说这些话的人都在某种程度上否定他的新政，而这是他万万不能接受的。

　　王莽掌权后，从政治、经济、文化、社会等各个方面推行改革，他的改革倘若成功，很可能改变中国历史。他的很多改革理念非常先进，让人看了后不禁击节赞叹。所以，王莽把自己建的国家叫"新"，自不是一时心血来潮觉得这个国号好，也不是简简单单玩文字游戏说刘邦建立的汉是"旧"。他早就跃跃欲试，要在这个新的政权里做新事情。事实证明，他做的"新"事情之多之细之广，连史书都无法一一列举，只能说："天下多事，吏不能纪。"（《汉书·平帝纪》）

　　王莽继位之初就开始了轰轰烈烈的土地改革。他这么做，不是为了新而刻意改变，只因当时的社会出现了严重不公平。

　　没钱的人遇到天灾只能贱卖土地，遇到战争需要服徭役，土地只能荒芜。等他们失去了土地，遇到天灾，先把能卖的东西都卖了，再背井离乡、沿途乞讨。乞讨不到，又不敢抢劫，那就把自己卖了变成奴隶。当奴隶也没人要的话，他们要么吃些人肉，要么活活饿死。他们死了，也没有人埋葬，或烂成一具具白骨，或者被野狗吃掉。

　　那时候，老百姓有七亡七死。

　　七亡者，导致老百姓流亡的七个原因：阴阳不和，天灾频发；赋税高昂、征收严苛；贪官污吏侵渔百姓；豪强大姓贪得无厌、蚕食百姓；徭役繁重，耽误耕作；官府抓捕盗贼，征发百姓；强盗抢劫，无法生存。

　　七死者，即致使老百姓死亡的七个原因：酷吏横行，击杀百姓；法令苛刻，入狱之后难逃一死；无辜百姓蒙冤受屈，含恨而终；盗贼侵犯，烧杀抢掠；仇怨相攻而死；收成不好，饥荒饿死；疾病和瘟疫，病死。

有钱之人可以到处购田置地，犯了法可以用钱抵罪，服徭役可以交钱免除，他们有大量的家财用来兼并土地、购买奴婢，有园池苑囿可供玩赏，有成百上千的姬妾奴婢以供驱策。他们把无数良田租给佃户，并从佃户那里收取高额赋税。

朝廷有"三十税一"的优厚政策，但是当土地兼并成为风气，这个低田税就只是优惠了大地主。大地主只需给朝廷上缴三十分之一的田税，然而他们把买来的田租给佃户后，可以从佃户那儿获得远远高于三十分之一的税率，按照王莽的说法，他们从佃户之处收取的，达到了百分之五十。那么，朝廷的低田税不仅没能造福百姓，反而帮助大地主积累财富，兼并更多的土地，产生更多奴婢。而且有钱有权的大地主可以官商勾结、权钱交易，他们甚至不用缴税。

于是这个社会出现了一幅幅"朱门酒肉臭，路有冻死骨"的画面。当路边一堆恶狗正撕扯着饿死之人的尸体时，皇宫里的养马官刚刚用米饭喂饱了马，正忧愁怎么给畜生减肥。

这是长期以来的问题。在生产力并不发达的时代，当财富越来越朝着少数人手中聚集，自然会有大量的贫苦百姓离开土地，或成为流民盗寇，或成为没有人权的奴婢。帝国社会的财富由劳动者产生，那些官宦之家、富商大贾所占有的财富已经远远超出他们所创造的、应得的。他们的优越生活建立在剥削贫苦百姓的基础上，且这种剥削有帝国制度保障。帝国法律和暴力机关的存在将这种剥削和压迫合法化。然而随着剥削日益加重，很多人活不下去，就会走上武力推翻他们的道路。那么为了上层建筑的稳定，为了"肉食者"能够世世代代"肉食"下去，他们必须给生产者一些活路。

在农耕社会，生产者要的不多，只不过是活下去。他们可以接受剥削，但前提是别把他们整死。"肉食者"应该放长线钓大鱼，给生产者一个安稳的环境，让生产者可以"鸡豚狗彘毋失其时"（《汉书·食货志》）"百亩之田，勿夺其时"（《孟子·梁惠王章句下》），如此他们就能源源不断创造出剩余价值，供"肉食者"剥削。然而当时的社会情况是,"肉食者"通过积累和运作,将越来越多的财富积累到自己手中,剩下的财富已经不能满足生产者最基本的需求,更是遑论什么"五十可以衣帛,七十可以食肉"(《汉书·食货志》)。生产者无法生产,那么"肉食者"就不能可持续剥削。

所以为了社会稳定,"肉食者"必须改革,让他们剥削的时候不至于逼死生产者。

"肉食者"发现,问题的根源在于土地兼并。

其实早在汉武帝时代,大儒董仲舒就意识到土地兼并的问题,建议限制老百姓的田产数量,废除奴婢制度。然而在那个战争岁月,他的建议并没有实行。

从汉昭帝、汉宣帝、汉元帝、汉成帝,土地兼并问题越来越严重,到汉哀帝时,朝廷终于迈出了重要一步:限制田产和奴婢数量。

汉哀帝刘欣的诏书规定:所有人田产不得超过三十顷,奴婢数量,诸侯王最多二百、列侯、公主最多一百、关内侯和普通百姓最多三十。三年之内整改完毕,如果三年后不达标就把多余的没收官府。

然而汉哀帝的奶奶傅家、外戚丁家,以及他的宠臣董贤,都拥有极大数量的田产和奴婢,让他们把成千上万顷土地三年之内上交到只剩三十顷,除非他们不交你能要了他们的命,否则这些人一定一哭二闹三上吊,一定不会交的。

这项看起来很好的政策,从一开始就不能实行。到后来,汉哀帝刘欣自己甚至带头来破坏这个制度,给他心爱的董贤赏赐了二千顷土地。这项改革便只有沦为空文。

时间来到王莽掌权的时候,执政者没有拿出任何缓解土地兼并的办法,土地兼并问题只有更加糟糕,社会矛盾也更加突出。那时候,国家看似强大富裕,但展示出来的繁荣是病态的,因为那些繁荣只属于官宦之家和商人地主,大量失去土地的百姓正在艰难地活着。

如何解决土地兼并问题呢?

王莽比汉哀帝刘欣更有条件做这个事。第一,刘欣做任何事情,都要受制于傅氏、丁氏家族的掣肘，而王莽根本不必担心这些；第二，刘欣当皇帝时没有任何治国理政的经验，且他之登上大宝是由于血统，而王莽得以当上皇帝，更多凭借的是自身的智慧和能力；第三，王莽和王氏家族掌控朝政数十年，如今王莽成为天子，威望远远高于昔日刘欣。

解决土地兼并的条件更好了，可是王莽该怎么做呢？

历朝历代都是通过革命的方式解决。然而王莽代汉立新，是没有流血、没有战争的改朝换代，你不能指望王莽再发动战争，通过战争的方式摧毁既得利益阶层，因为他之上位，就是靠了这些人的支持。

但王莽可以通过国家力量，强行从张三手中夺过土地交给李四。不过这样的改革很不彻底，因为等李四得到了土地，也会像张三那样兼并土地，他迟早会变成张三，然后被另一个人强行革命，财富分给王五。这么做根本抑制不了土地兼并。

王莽不愿意这样的悲剧循环，他想从根源上解决土地兼并问题。他想到了土地国有化。

始建国元年（9），王莽颁布了新的土地政策。新政策规定，所有土地都变为"王田"，而不是哪个大地主的"私田"。

既然是王田，那么任何人对于土地都只有使用权，而不具所有权。既然田都是国有的，私人就不得买卖。这样，老百姓再穷再苦也无法抛弃土地了，只要肯辛勤劳作就不至于饿死。他们也不用把自己辛辛苦苦一年得到的收成，分出一半给不从事劳动生产的大地主。

从制度上，王莽将所有地主的土地都没收了。接下来就是分给老百姓了。该怎么分呢？他想到了井田制。

井田制，就是将土地以"井"为单位划分。每一"井"土地一共九百亩，被分成九块，每块之间的田间小路就叫"阡陌"，供八家人耕作。每一家拥有一百亩土地（一百亩地为一夫），八家人共占八百亩。剩下的一百亩，其中八十亩为公田，每户承担十亩。剩下的二十亩作为各家的住房用地。

于是，王田政策的纲要就出来了：第一，不满八个男子的家庭，所占有田产不得超过一井；超过的部分，要分给邻里乡党；第二，以前没有田的，如今可以按照制度分得田地；第三，凡是非议井田制度的，皆以惑众之罪流放，严重者罪至死。

田不能买卖，同时奴婢也不能买卖，否则那些之前囤田的人，就会去囤积奴婢。那些沦为奴婢的人，会像牛马一样，被关在笼子里，有的还会被刺些字，打上标签，成为富人的附属品。他们大都因为贫困到再也没有什么能卖了，才把自己卖掉，换取活命的机会。那之后他们永无翻身之日，再也没有人身自由，他们的子孙刚生出来，就注定没有人格。他们只能奢望哪个皇帝大发慈悲，发一道特赦令，让自己能够成为普通百姓，为自己活着，只是西汉立国二百多年，这样的事情屈指可数。

王莽规定，所有的奴婢改名叫"私属"，皆不得买卖。如此，就冻结了奴隶交易，防止了奴隶群体扩大。

王莽的这个改革从根本上解决了土地兼并的问题，倘若顺利实施，一定会改变他的朝代，甚至整个中国历史。

3. 经济

王莽在推行王田奴婢政策的同时，也拉开了计划经济的大幕。

他在长安的东市、西市、洛阳、邯郸、临淄、宛县、成都这七个地方设置了五均官，每个五均官配备交易丞五人，钱府丞一人。在称呼上，五均官叫作五均司市师（师，意思为长）。每一个五均司市根据其地理位置命名：长安东市叫京，西市为畿，洛阳为中，临淄为东，成都为西，宛县为南，邯郸为北。

五均司市师的职责是全面控制国家的经济。

全面控制国家经济，也就是推行计划经济，这个两千多年前的大胆设想，王莽是如何通过五均司市师付诸实践的呢？

第九章 新莽改制

五均司市师主要职责有：一、根据所在地的情况，每季度第二个月确定物价；二、与老百姓息息相关的物品，倘若卖不出去，五均司市师要核实清楚后，按照物品的本来价格收购，不使老百姓赔本；三、物品涨价了，超过平价一钱以上，五均司市师就从仓库里出货，平价卖给百姓；四、物价降低了，降到平价以下，就由老百姓自行交易，防止有富人低价囤积；五、老百姓祭祀、办丧事却没有钱用就借给他们，免息，但借钱时要审核，祭祀借款不超过十天，丧事借款不超过三月；六、老百姓太穷困了，想贷款置备产业，一律批准，以后根据他们的年收入（不含本金），收取不高于百分之十的利息，或者每月收取百分之三的利息。

那么，五均司市师的职责就可以归纳为：第一，确定物价；第二，补贴百姓、打击富商；第三，稳定物价；第四，贷款。

五均司市师有贷款的功能，可它们贷款所需的钱从哪里来呢？

钱从税收来。王莽实行了新的税制。

新税制规定：第一，有田不耕者，是为不从事生产，征收三份夫税①；第二，城里的住宅如果不种树或者蔬菜，征收三个成年劳动力的算赋②；第三，老百姓到处游荡、无所事事，征收一个成年劳力的算赋，不能缴纳的，就去做零工，官府提供衣食；第四，除了农业之外的所有行业，比如打猎、织布、行医、占卜、工匠、商人等，都要如实向官府上报自己的收益，除掉本钱后将其利润的十分之一征税，上贡朝廷。五均司市师贷款的钱就是给朝廷的上贡。

凡不上报收益或上报不实的，没收全部收益，并罚他为官府做工一年。

除了五均司市师掌控市场，王莽还推行了六筦政策。

筦，即掌管，主管。六筦，对六个领域进行全面控制。这六个领域是，盐、铁、酒、铸钱、名山大泽、五均赊贷。

所以六筦政策在实践中操作就是，对盐、铁、酒、铸钱实施官

---

① 夫税，是一百亩田（一夫）所应缴纳的田税。
② 算赋，即人口税，汉代时成人人口税为每人每年120钱。

营，对名山大泽、五均赊贷加强管理。这六项产业皆不许百姓染指。

盐、铁、酒、钱是国民必需品，有很大刚性需求。从事这几个行业，只要别乱搞都能赚钱。名山大泽是自然资源，林业、渔业、果业等，收益巨大，对其征税。至于五均赊贷，成本来自税收，贷款收取利息，既帮助普通百姓发展产业，也使官府赚得盆满钵满。

这些最赚钱的事情都由官府来做，大富商就没那么多钱可赚了。

* * *

王莽在推行王田奴婢政策、五均六筦政策的同时，也开始了货币改革。

汉朝的五铢钱自汉武帝时代就开始使用了，做工精巧，难以仿制，一百多年来都没有大的变化，王莽为什么要改革货币呢？

那么，如果今天的市场上只有一毛钱的硬币，会是什么情况呢？

你进行小宗交易倒没什么，可一旦交易量过大，运输货币就会非常不便。

所以，五铢钱是好、稳定、铸造成本高，可只有一种币值，且币值等于货币本身的价值，这就很不方便了。什么样的货币才方便呢？

于老百姓而言，他们需要轻便的、有多种币值的货币，买个一万块钱的东西不必扛上十万枚一毛钱硬币；从国家角度而言，是"信用货币"，进行交易的货币，其铸造成本不高于交易物。说得通俗点，你买一万块钱的东西，所需的货币的成本，不高于一万块。货币本身不具备使用价值，它的成本越低，节约的资源就越多。

汉武帝时开始铸造五铢钱，到汉平帝年间，累计铸钱数目，达二百八十万亿枚。每一枚钱币的重量按照五铢计算，西汉一铢重约 0.65g，五铢钱大约 3.25g。那么购买一万钱的东西就得背上六十多斤钱，这样笨重的钱给大宗交易带来很大不便。

* * *

王莽的货币改革从他摄政的时候就已开始。居摄二年（7），他以周朝钱有子母之分，就给五铢钱也设计了一款更大的"母钱"，这个钱重12铢，直径1.2寸[①]，上面刻"大钱五十"字样。于是，这个大钱的重量只有先前五铢钱的2.5倍，但币值升了50倍。

那一年，王莽还发行了另外两种货币：契刀和错刀。契刀之上，有刀有环，刀长2寸，铭文"契刀五百"，刀上有环，环形如新制大钱。错刀，其上涂有黄金，铭文曰"一刀直五千"。

所以在居摄二年时，一共有五铢钱（币值1）、大钱（币值50）、契刀（币值500）和错刀（币值5000）四种货币。

王莽称帝后货币发生了天翻地覆的变化。

由于刘的繁体字"劉"中有"卯、金、刀"，于是他下令不许再用刀币，也不许老百姓使用一种叫刚卯的佩戴物。

汉朝的五铢钱他也不愿意再用。

他推出了新王朝的新货币。新货币有两种币值，一种是先前造出来的"大钱五十"，币值50；另一种是新铸的小钱，直径0.6寸，重一铢，币值为1，上文"小钱直一"。那么，一枚大钱可以换五十枚小钱。

为防止老百姓盗铸，王莽规定，老百姓不得私藏铜和炭。

但老百姓使用单一币值的汉朝五铢钱已经一百多年了，不习惯两种币值的大小钱，总觉得大小钱并行容易混乱。另外，王莽两年前推出的错刀和契刀都只用了两年就废了，那么他发明的小钱和大钱会不会哪天突然不用了呢？

所以，王莽的变化使老百姓不相信他的货币。于是在私下交易时，大家用的都还是汉五铢钱。甚至有人说，那个仅仅比小钱重了12倍的大钱，价值却是小钱的50倍，肯定不能长久，迟早要废。大家都认为大钱会废弃贬值，所以交易的时候都不肯用。

[①] 按《王力古汉语字典》，汉时一两重15.5g，一铢重0.65g，大钱的重量为7.8g。汉代一寸2.31cm，所以大钱的直径约为2.772cm。但是在古代，测量不可能非常精确，所以实际出土的货币重量、大小不尽相同。

王莽推出的货币明明能够方便老百姓交易，怎么大家就不用呢？

人都有惯性，老百姓要的是稳定，他们可不愿为了那么一点方便，去赌那个刚发明出来的、很可能用不了多久的大钱。

既如此，那就强力推行。王莽规定：有敢携带五铢钱、说大钱会弃用的，罪名等同于非议井田制，一经发现就流放到偏远地区。（《汉书·王莽传》：诸挟五铢钱，言大钱当罢者，比非井田制，投四裔。）与此同时，王莽还派出了五十名官员，分别到各地指导铸钱工作。

但这样效果并不好，老百姓对五铢钱已经根深蒂固，普遍认为大小钱不好用。但是在王莽的强力政策下又不能不用，这样一来，新王朝没有一款老百姓喜欢、便用的货币，市场交换也就变得滞涩了。

据史书记载，该政策使得农业和商业瘫痪，老百姓受不了这苛政，大街上都是以泪洗面之人。（《汉书·王莽传》：农商失业，食货俱废，民人至涕泣于市道。）加上大钱的面额大，就有人私自铸钱。于是以盗铸钱币、买卖田产和奴婢而获罪之人，自诸侯卿大夫到庶民数不胜数。

按照《汉书·王莽传》的说法，到下一年，始建国二年（10），王莽因为大小钱推行不下去，表示：货币倘若都很重，就无法购买小商品；倘若都很轻，买贵物品就很麻烦，所以要发行不同轻重和大小的货币才能方便百姓。

于是，王莽开始了第三次货币改革。他保留了小钱和大钱，又在这之间发行了四种币值的铜钱。这样，铜钱就有了六种：币值分别是1、10、20、30、40和50[①]。

但第三次货币改革远不止此。王莽还将金、银、龟、贝作为交易所用的一般等价物。

黄金一斤值一万钱，这个跟汉朝是一样的。

[①] 六种钱币按照币值从小到大，其上面铭文分别是"小钱直一""幺钱一十""幼钱二十""中钱三十""壮钱四十"，以及之前的"大钱五十"；其直径分别是0.6寸、0.7寸、0.8寸、0.9寸、1寸和1.2寸；其重量分别是一铢、三铢、五铢、七铢、九铢和十二铢。

银子以流为单位计算（一流等于八两，即当时的半斤，约今天124g），根据银子品质不同分为两类银子：从犍为郡朱提县出产的朱提银，每一流1580钱；其他地方产的银子，每一流1000钱。

龟币有"小贝十朋"、"幺贝十朋"、"壮贝十朋"和"大贝十朋"四类。面值分别为100、300、500和2160。贝类货币有大贝、壮贝、幺贝、小贝和不满一寸二分的贝五种。其面值分别为216、50、30、10和3。

他还推出了一种货币，叫布货。布货不是用布匹做成的货币，它是铜制的，因为在古代，钱也叫布。布货虽是铜制，但是跟圆形的铜钱不同，它是方形的，铲状。这类货币有十种，从贵到贱分别是：大布、次布、弟布、壮布、中布、差布、厚（序）布、幼布、幺布、小布。面值分别是1000、900、800、700、600、500、400、300、200和100。货币身上有铭文，铭文内容就是布货的名称和面值，比如"小布一百""幺布二百"。①

如此算来，王莽一下就推出了六类共二十八种货币，这些一般等价物，我们称之为"钱"或者"货币"，而王莽称作"宝货"。

老实说，让用惯了单一币值和币种的百姓突然使用这么繁杂的货币，肯定接受不了。就像一个国家的市场上，原来只有一种货币，且只有一个币值，现在突然之间流通六个国家的货币，且每种货币还有不同币值，老百姓肯定会凌乱的。

货币种类实在太庞杂了，老百姓不愿意自己的生活中有二十八种兑换方式，也记不住这二十八种钱之间的兑换比例，被弄得头昏脑涨。这看起来丰富多样的货币他们根本不用，这些钱也根本不能流通。（《汉书·食货志》：百姓溃乱，其货不行。）

王莽这么做，初衷是给百姓提供多样的、便于使用的货币，结果却背道而驰。究其根源在于，新货币有两个主要问题：

---

① 十种布货中，币值最小的是小布，长1.5寸，重15铢。从小布到大布，币值每增加一百，布货的长度就增加一寸，重量增加一铢。那么大布的长度就是2.4寸，重24铢，即一两。

第一，品类过于繁杂，老百姓难以适从，也不太敢相信。比如乌龟的壳子居然也号称值几百上千钱，有几个人愿意拿几百上千的铜钱去换一块龟壳呢？这种连官府都不能控制的"野生货币"，谁知道有多少呢？谁知道会不会大家都去捉乌龟，扒了壳，或者拿货真价实的铜钱换来龟壳，然后朝廷突然说龟壳不值钱了呢？

第二，铸钱成本变低，却又没有相应的防伪技术，那就必然涌现出一批盗铸者。打个比方，成本10钱的十枚小钱，现在回个炉、重新刻字，能制作出面额50的新货币，盗铸一枚就能赚取40钱，何乐而不为呢？

然而私人铸钱的危害又很大，最直接的危害有三：货币良莠不齐；货币超发，导致严重通货膨胀；农民不再从事农业生产，都来铸钱。

针对盗铸钱币之人，王莽出台了很严厉的惩罚措施：一家铸钱，五家连坐，犯法者没收为官奴婢。

在严惩私自铸钱的同时，王莽还强制推行新钱。那时候，吏民不能随意跑动，出入关口需要官府的凭证，也叫符传。现在王莽规定，你出入关口时，单有符传不行，还得附上新铸的布钱（布货），你不拿，路上就住不了驿站，各个关口还得仔细盘查甚至拘留。京城的官员们出入皇宫各殿门，也必须带上布钱。

这样强力推行了一段时间，可结果竟然是"百姓不从"（《汉书·王莽传》），还涌现出大量盗铸者。王莽没有办法，只能退一步，让百姓可以只使用大小钱（小钱直一和大钱五十）。国家的铸钱机构，也把精力主要放在大小钱上，龟币、贝币和布货渐渐就没有人用了。(《汉书·食货志》：龟贝布属且寝。)

但王莽的货币还是有问题。因为允许老百姓只用大小钱仍然解决不了铸钱成本低的问题（比如：一枚大钱，成本是小钱的12倍，币值却是50倍），即便有严酷的法令，可铸钱包含着那么大的利益，很多人会铤而走险。而且非法获益的人为了能长久下去会官商勾结，导致腐败丛生。

于是五年之后的天凤元年（14），王莽不得不再次改革。改革的方向就是增加铸钱成本。

通用的小钱重1铢，直径0.6寸，币值为1，这个成本低了。王莽这一次新铸的钱，直径1寸，重五铢，币值也为1。在之前的货币系统中，重五铢的钱是为幼钱，币值20，如今用同样的铜量铸出的铜钱，币值比以前缩小了20倍。也就是说，现在的铸钱成本比以前提高了20倍。新铸的这个币值为1的钱叫货泉，其右边铭文"货"，左边铭文"泉"。

除了将圆形铜钱的成本增加了20倍，铸出货泉，王莽还推行了另一种货币，叫货布。

货布，由之前的十种布货而来，呈铲状。之前的布货，最高额度的大布，长2.4寸，重一两（24铢），币值为1000；如今王莽新铸的货布，重25铢，比大布用铜量还多，币值却只有25。也就是说，新铸货布较之以前铸造布货的成本提高了不止40倍。[①]

现在，王莽新铸了货泉和货布。一枚铲状的货布等同于25枚圆形货泉。

可是前些年大力推行的大小钱呢？

不用了。因为小钱的成本太低，如果不立即禁止使用，肯定还会有人通过铸小钱牟利。至于大钱，因为老百姓已经使用很久，可以继续使用，但币值要发生变化。以前额度为50的大钱，现在币值等同于货泉，只有1了，而且就连这个等同于1的币值也只能持续六年，六年之后再持有大钱，币值就是0了。

对于老百姓来说，最好的情况是，他的全部货币都是大钱，那么财富缩水98%；最坏的情况是，他手中全是小钱，那么财富全部清零。

在铸造货布和货泉的同时，他还坚持恢复金、银、贝、龟货币。

这么巨大的变动简直会逼死百姓。王莽还规定：但凡私自铸钱的，死罪；诋毁非议新货币包括金、银、贝、龟货币（统称宝货）的人，皆

---

① 新铸的货布分为上下两部分：上部近似正方形，长0.8寸有余，宽0.8寸，方形中间有圆孔，圆孔直径0.25寸；下部长0.8寸，中间隔着0.2寸的缝隙，左边那一半上面铭文"布"，右边一半上面铭文"货"。

流放处置。据史书记载，这一次货币改革后，触犯法律的人太多了，朝廷根本就没有精力处置。因该政策而致死的百姓，达到了十之六七，可谓普遍违法。

王莽如此频繁地更换货币，又不能妥善处理新旧货币的兑换问题，以至于"每一易钱，民用破业，而大陷刑"（《汉书·食货志》）。

这样的政策，这样的改革，社会岂能不乱，百姓岂会不反？

4. 混乱

其实全国早乱了，百姓民不聊生，渐渐踏上了反抗之路。

不但货币改革改成了一地鸡毛，其他领域的改革都以失败告终了。

先说王田政策。

王田政策是将战国以来的土地私有制转为国有制，然后通过"井田制"，将收回来的土地分给百姓，理想结果就是"均贫富"。

这一套办法其实并非王莽的独创，西周时期也是实行的井田制，且那时候土地也是国有的，所谓"普天之下莫非王土"（《诗经·小雅》）。

井田制的要求是，把一整块土地分为一"井"，就是九块地。八家人耕种外边的八块地，中间那一块地属于公田，是要八家人一起耕种，收获归公家，九块田之间由阡陌分开。

于是就产生两个弊端：第一，大家给自己耕作时很卖力，给公家耕作时就没那么认真了，导致公田的利用率不高；第二，不是每个人都擅长种地，比如有的人擅长手工业，有的擅长治病，你让这些人去种地，就不能人尽其才，反而把一块好地荒了。所以在那个生产力不发达的时代，开阡陌、实行土地私有制、允许土地自由买卖，干得多就得的多，充分发挥老百姓的主观能动性，能够解放生产力，激励能干、愿意干的老百姓全身心投入农业生产。

为解决这个问题，秦孝公时期重用商鞅实施变法，变法的一项重要内容就是：废井田制，土地私有，允许买卖。商鞅变法解放了秦国的生产力，那之后秦渐渐变成了强国，最终一统天下。

王莽要推行那个废弃了好几百年之久的井田制，就是要将所有大地主的土地夺过来，分给贫民。

大地主绝不可能答应。

按史书记载，王田制刚刚推出，那些因为买卖田宅和奴婢、铸钱而获罪的，自公卿大夫到普通百姓数不胜数。

获罪的是何人呢？肯定是拥有许多田产和奴婢的大地主了。

地主的利益受损，那么受益的，理论上是没有田地的老百姓。

但你不能指望下一道诏书，大地主们就乖乖放弃自己的大部分家产，然后贫苦百姓就分到土地乐呵呵地回家了。

变更实行了几百年的土地私有政策，实行井田制，这是个十分庞大的工程。你至少得先把土地收回来，再发出去。

要收土地，你得明确谁去收，收谁的？人家几辈人省吃俭用积累的合法的财富，你王莽一句话就给人剥夺了，官府怎么补偿？如果人家哭天抢地不给，怎么办？

收地的人跟地主说，交不出来就杀了你，如果是这么蛮横地没收土地，且不说是否像强盗，关键是谁来执行？让那些同样有着大量土地的官员去？

这就是天方夜谭了。因为如果他们不遗余力推动这个事，那相当于做榜样给别人，变相地说别人也可以用同样的方式抢自己的地。他们不至于挖空心思想着如何做对自己有害的事情。

收地的时候还得丈量土地，把地收回来之后得一井一井划好，得统计人口。还有，那些不平坦的地方怎么处理，地有肥有瘦，怎么换算、怎么分、谁来分……这些都是问题。

于是就形成了这样的状况：王莽要把旧制度打破，建立新的制度。现在，他已经喊出来，说要打破旧制度，旧有的既得利益者将会受到很大损失，他们将极力阻挠王莽的改革；可新制度的受益者（贫苦百姓）根本不知道在这个改革中自己能做什么，因为参与改革的是王莽手下的官员，他们大都会因为新制度而利益受损。

大部分官员是不愿意积极参与这场使他们利益受损的改革的。但他们不会明着跟王莽唱反调，所以在执行过程中，想得更多的就不是怎样把事情干好，而是在不出问题的前提下，打着新政策的幌子多捞油水（《汉书·食货志》：吏缘为奸），这样便给百姓带来更大负担。他们遇到困难了，就打退堂鼓，甚至私底下散布负面情绪，总之就是希望新改革能因为反对的人过多而流产。

禁止奴婢买卖，官员们在执行的时候，和对待王田政策的态度一样，对于侵犯自己的利益的事，他们不会卖力干的。

于是史书说，王田奴婢政策颁布后，具体的操作办法定不下来，官员借助新政策胡作非为，百姓怨声载道，大量的人因此而获罪。（《汉书·食货志》：制度又不定，吏缘为奸，天下謷謷然，陷刑者众。）

王莽的信息基本都来自这些官员，他想了解关于王田奴婢政策的落实情况，得到的信息中肯定有相当一部分是言其弊端的（即便王莽不爱听，但也会委婉表达），因为整个地主阶级都反对这项改革，而官员之中大部分是地主。他很少会看到哪个官员发自内心地歌颂王田奴婢制，也很少会听到王田奴婢制"利国利民、功在千秋、利在当代"之类的回答，因为大家不会跟自己过不去，说损害自己利益的改革是"利国利民、功在千秋、利在当代"的。

王莽听得多了，渐渐发现，自己本以为有利于百姓的改革居然让民怨沸腾。

到王莽四年（始建国四年，12），一个叫区博的郎官给王莽阐述了王田制度是如何如何不现实，王莽才终于不再坚持。

区博说：井田制虽然是圣人所制定，可已经被废除很久了。秦国顺应民心，于是迅速发展，最终取得天下。要违背民意，追寻千年之前的制度，就算尧舜复生，可倘若没有上百年的时间循序渐进，也是不能实现的。如今天下初定，老百姓接受新政权才不久，不能做这么大的改革的。

区博言之有理：就算你这是好制度，可如果不循序渐进，就算尧舜复生也是枉然。你刚刚取得天下，民心未定，就搞这么大的改革是不妥的。

以王莽那么大的心气，一个区博的否定不可能让他放弃自己这么多年来的思考，以及自己下了如此大工夫推动的事情。可如果有一千个、一万个区博呢？如果他身边的大部分人跟区博同一个说法呢？

王莽缴械了。他终于在王田奴婢政策实施了三年多之后，下了命令：那所谓的王田也是可以买卖的，那些犯了买卖人口罪的人也不要问罪了。

于是，那个如果成功了可以改变整个中国历史的王田奴婢制度宣告失败。

* * *

再说五均六筦。五均政策的初衷是稳定市场，防止大商人和地主囤积居奇、哄抬物价，也避免急需用钱的老百姓陷入高利贷。六筦，就是国家管理盐、铁、酒、铸钱、名山大泽、五均赊贷六个领域，防止大地主和商人从中牟利。

和王田政策一样，最大的问题是如何执行、谁来执行？

主管农业的羲和（汉称大司农）在主管这个事。执行过程中，羲和设置了一批五百石级别的官员（命士），到各郡去监管实施五均六筦政策，每个郡都有数人。

这批命士是什么人呢？

根本不是朝廷的官员，而是地方上的富商大贾。

然而，朝廷出台五均六筦，根本目的是稳定市场，防止大商人贱买贵卖、从老百姓手中赚钱。现在商人去监督这项政策，就是让他们去督促和帮助地方官府，如何使自己不赚钱，如何阻止自己获益。他们怎么可能真正推行政策呢？官府制定的政策倘若侵犯他们的利益，他们一定抵制；他们会整日主张一些有利于他们的政策，并说这是在推行五均六筦。这么推行，与王田奴婢政策一样，注定是要失败的。

在实际执行中，这些商人就打着改革的旗号，与地方官府勾结，做假账空账，对上谎话连篇，对下极尽剥削。他们充分发挥政策中有利于自己囤积财富的，规避政策中不利于自己的。反正他们已经和地方官府是一家人了，什么能够获利，什么不能，他们一清二楚。

这样来推行五均六筦，别说不可能对贫苦百姓有利，反而给他们带来更大伤害。政策的执行效果，只会和初衷背道而驰。据《汉书·食货志》记载：奸吏猾民并侵，众庶各不安生。到王莽十三年（地皇二年，21），公孙禄公开批评了王莽的各项改革，在谈到六莞时，说该政策是在刁难工人和商人。王莽虽然不高兴，但内心里也觉得公孙禄有理。到下一年，王莽十四年（22），王莽下诏，不再收取老百姓从山水中获得的收益，比如打猎、打鱼等。然而我们知道，他的五均赊贷所需的钱又是从这一项收入中而来，那么取消了这一项税收，也可以认为是五均赊贷政策的终结。至于五均六筦中其他内容的执行情况，史书已经没有精力记叙，因为那时候王莽已经四面楚歌，起义武装蜂拥而起，他的那些政策不可能顺利实施了。

王莽推行的王田奴婢、五均六筦政策都有着极好的初衷，都是为了下层百姓，可最后都失败了，难道王莽铺开这么大的摊子改天改地，就没有一样成功的吗？

其实成功的也是有的，比如他在官制和地理方面就做出了巨大改动，这些改动在新王朝垮台之前都一直在使用的。

5. 官爵

他上台之初，在推行王田奴婢、五均六筦的同时，就开始了爵位和官制改革。

秦汉时期，实行二十级爵位制，其中第十九级为关内侯，二十级是彻侯（列侯）[①]，列侯之上是诸侯王，拥有封地的只有关内侯、列侯和王（有些关内侯还没有封地），共三级。

王莽不用汉制，采用周代爵位制度，置公、侯、伯、子、男五级爵位。原先的关内侯改称附城，附城也分五等。

算下来，王莽的爵位一共有十个等级，而且这十个等级都有相应的封地，不同于汉爵，只有王、侯、关内侯可以享有封地。

封地封出去，就是把本属于国家的收入赐给有爵位的臣民了，那一块封地也算作该臣子的封国，于臣子而言是无上荣耀。

新爵位制度出来了，封地怎么给呢？

王莽在登基第四年的时候，始建国四年（12），在明堂开了一次授爵大会。在这次大会上，王莽提出了规则：公爵的封地方圆百里，有食邑万户；侯爵和伯爵，封地方圆七十里，食邑五千户；子爵和男爵，封地方圆五十里，食邑两千五百户。附城之中，最高者封地方圆三十里，食邑九百户；每降一级，封地和食邑数量均减少九分之二。

这次大会，王莽认定了登基以来的爵位数量：14 个公爵，93 个侯爵，21 个伯爵，171 个子爵，497 个男爵，合计共 796 人。除此之外，还有 1511 个附城。算下来，王莽登基四年，就给 2307 个人赐予了封地。

这么多人要土地，王莽给得了吗？这个听起来不错的方案能够落实吗？

答案是，不能。

可王莽给这两千多人画了一个很大的饼，他明明给人家说了，他们是新王朝的贵族，会给他们封地，到头来却又不给，这怎么交代呢？

王莽的理由是：如今国家的地理和疆界还没确定，所以没法给。

[①] 从一到十八级分别是：公士、上造、簪袅、不更、大夫、官大夫、公大夫、公乘、五大夫、左庶长、右庶长、左更、中更、右更、少上造、大上造、车庶长、大庶长。

于是这些名义上享有封地的贵族就有些惨了。他们在京城等啊等，等王莽哪天确定好地图了给他们封地。在这段时间里，他们每个月可以从朝廷领到几千钱。然而几千钱对于家庭庞大的贵族而言，根本入不敷出，有些人生活不下去了就只好给有钱人打工。（《汉书·王莽传》：诸侯皆困乏，至有庸作者。）

五年之后（天凤四年，17），王莽终于宣称确定了地理和疆界，重新在明堂举行授爵大会（《汉书·王莽传》：更授诸侯茅土于明堂）。授爵大会上有一项，就是根据诸侯所在方位给予相应颜色的土壤，表示这块地是他的了。比如诸侯所在之国位于长安以东，就给他一抔青色土，以南为赤色土，以北为黑色土，以西为白色土。这些土由茅草包着，就是中央给诸侯的信物，这也就是所谓茅土。

在本次大会上，王莽还宣布，那些被赐爵的人倘若在京城做官，公爵年薪八十万，侯爵、伯爵年薪四十万，子爵和男爵二十万。

不过据《汉书·王莽传》记载，王莽说得这么好的赏赐，并不能完全落实。（然复不能尽得。）王莽许这些空口诺言，不过是安慰那些渴望被封之人（用慰喜封者）。

那时候除了爵制混乱，国家行政区划和地理也乱成一团了，因为全国大部分地名、行政区划都变化了。

在首都，长安变成了常安，长乐宫成了常乐室，明光宫成了安定馆，未央宫成了寿成室，宫殿外边的门以前叫作公车司马门或者司马门，王莽改称王路四门，宫殿的前殿被改称王路堂。

他把全国分为九个州（汉武帝当初设置十三个州，王莽摄政时改为十二州）、125个郡、2203个县。

郡一级以上还有25个郡监，每个郡监负责五个郡。郡一级行政长官的称谓就有卒正、连率、大尹三种（有些地方还叫大夫）。

郡里的武官，也就是之前的都尉，官名也有属令、属长两种。

新王朝有两个都城：西都和东都。西都长安，改称常安。其京畿地区（国都及其周围），包含京兆尹、左冯翊、右扶风，原称三辅，王莽分为六个部分：京尉大夫府、师尉大夫府、翊尉大夫府、光尉大夫府、扶尉大夫府、列尉大夫府，合称六尉郡，行政长官称大夫，军事长官称属正；常安郊区分为六个区域，叫六乡，每个乡的长官，叫帅。东都洛阳，改称义阳（或宜阳）。其京畿地区，原来是河东、河内、弘农、河南、颍川、南阳六个郡，现分别更名为兆阳、后队、右队、保忠信乡、左队、前队，合称六队郡，行政长官称大夫，军事长官称属正，跟西都一样；义阳郊区也分为六个区域，叫六州，每个州的长官，叫州长。

全国125个郡，根据距离京城的远近分为内郡、外郡和边郡三类。

因为要重新划分行政区域，所以行政区域不固定，名称也不固定，有些郡前前后后变了五次名字，到最后居然又变回原来的。不但基层官员和老百姓记不住，朝廷下诏书，也得翻来覆去解释各地名的来龙去脉。比如要撤销陈留郡，朝廷给的诏书就是：

> 陈留郡大尹、太尉听令：将你郡的益岁县归于新平郡，新平郡，是以前的淮阳郡；将你郡的雍丘县东部地区划给陈定郡，陈定郡，是以前的梁郡；将你郡的封丘县东部地区划给治亭，治亭，是以前的东郡；将你郡的西边划给祈隧，祈隧，是以前的荥阳郡。如此，陈留这个郡就没了。大尹和太尉，都到中央听令。

除了爵位、地理等变化了，王莽还变更了官制。他新增四辅和四将，四辅分别是：太师、太傅、国师、国将；四将为更始将军、卫将军、立国将军、前将军。三公的名称沿袭了汉平帝年间的称谓，仍然是大司马、大司徒（汉之丞相）和大司空（汉之御史大夫）。主要官名的修改情况，如下表：

类别	新莽名	汉官名
九卿	羲和、纳言	大司农
	作士	大理
	秩宗	太常
	典乐	大鸿胪
	共工	少府
	予虞	水衡都尉
	大司马司允（新莽置）	/
	大司徒司直	丞相司直
	大司空司若（新莽置）	/
六监	司中	光禄勋
	太御	太仆
	太卫	卫尉
	奋武	执金吾
	军正	中尉
	大赘官（新莽置）	/
地方官	卒正、连率、大尹	太守
	大尉、属令、属长	都尉
	执法	御史
	宰	县令、县长

官名变了，官员级别的名称也要变化。西汉时期，官员等级由上至下主要有：万石、中二千石、二千石、比二千石、千石、比千石、六百石、

比六百石、四百石、比四百石、三百石、比三百石、二百石、比二百石和一百石等级别，不同时期略有差别。

王莽改制后，级别名称也变化了：

原名称	中二千石	二千石	比二千石	千石	六百石	五百石	四百石	三百石	百石
新名称	卿	上大夫	中大夫	下大夫	元士	命士	中士	下士	庶士

也就是说，以前某个人是个千石级的官员，现在要改称下大夫级别。比如之前推行五均六筦的商人，就是命士级别。

王莽当了皇帝，又更改了官名、爵制、官级名称等，接下来就要根据自己的理念封官赐爵了。他将四辅、四将和三公都封为公爵，这十一个公爵的姓名、职务和爵位名如下：

姓名	职务	爵位
王舜	太师	安新公
平晏	太傅	就新公
刘歆	国师	嘉新公
哀章	国将	美新公
甄邯	大司马	承新公
王寻	大司徒	章新公
王邑	大司空	隆新公
甄丰	更始将军	广新公
王兴	卫将军	奉新公
孙建	立国将军	成新公
王盛	前将军	崇新公

*　　*　　*

王莽的改革涉及政治、经济、文化、社会等方方面面，吕思勉说他"在位仅十四年，所施行则经纬万端"（《秦汉史》），王莽是这一切的设计师，付出了很大心血。作为一个有抱负、一个想开创万世基业的开国君王，当人们告诉他，百姓造反是因为饥饿贫穷，饥饿贫穷是因为改革加重了百姓负担，这样的言论他无论如何也难以接受。在王莽看来，那些改革是他一生的思考，是他毕生的追求，他呕心沥血工作，做了许多前代人做不到的事情，就希望老百姓能比以往更好一些。他不能接受这样的观点：如此施政的结果不但没有超越过去，反而越来越糟——老百姓是在他的"新政"治下活不下去才造反的！

在他的内心，自己明明做了很多事情，不求有立竿见影的效果，至少也不至于起反作用。事实上，我们这些后来者，在最初看到他的那些改革措施的时候也认为是很好的。那么在当时，倘若有人告诉王莽，他的好政策弄得老百姓生灵涂炭时，他就不得不去思考：究竟是自己的"好政策"出了问题，还是有人胡说八道呢？

他不是没有理政经验，而且曾经很受人爱戴，他的经历证明他具有治国能力，那么，当有人告诉他，他那些引以为豪的改革其实对百姓有害，还害得百姓造反，他在反思了自己的一系列政策后，更多会相信是有人在诋毁新政。况且，他作为改革者，最想听到的肯定是人们说他的改革成效显著，而如果有人说他的改革不但没有好处，反而不堪之极，就是在否定他的所有努力。

并不是王莽糊涂透顶了，而是在那个时候他的确还没认识到自己一系列改革措施的弊端，没有听到来自基层的真实的声音。就算偶尔听到了，他也会下意识地屏蔽，因为那些声音都是对他所作所为的全盘否定。

但改革的成效、百姓的生活水平，不会因为王莽不相信就会变好，所以当王莽在深宫之中恨官员们不配合自己的时候，地方上的起义正进行得热火朝天。

王莽的改革打破了旧有规则，而新规则漏洞极多，百姓突然接触也不适应，于是国家越来越乱，百姓生活越来越差，人民的怨言越来越多，王莽政权也越来越不被拥护。更糟糕的是，在情况持续变坏的过程中，王莽没有认识到问题根源，未能及时采取正确的措施，加上频繁的天灾，很多百姓无法通过安分守己的方式活命，于是樊崇等人的势力很快发展壮大起来，并且呈燎原之势。

王莽多年来的改革，以及他对待起义的做法，让老百姓失望透顶，他们不再支持这个政权，就不会为王莽卖命，那么遇到被刘秀鼓动起来的汉军，自然一触即溃了。

*　　*　　*

王莽落得身首异处的下场，一方面是由于国内改革激起民变，应对方法不当，另一方面也跟他的对外政策失当有着极大关系。

第十章 边疆各族

人们说,昭君离开祖国前往匈奴之时,北风呼啸,长空雁叫,烈马长嘶。沿途愈发荒凉,故乡渐渐遥远,她内心悲伤,遂以琴声排遣。人们说,昭君的琴音哀怨、惆怅、如泣、如诉,不但随行人员感动,就连天上的大雁听到如此悦耳的曲子,看到如此美丽的姑娘,都愣住不再展翅,掉落下来,人们便说昭君拥有"落雁"之容。

1. 郅支

王莽继位后要求诸侯王皆称公,周边的蛮夷国君主都称侯。他派了一批五威将,一部分到全国各地,向汉诸侯王传达改朝换代之事,并收缴汉诸侯王印绶,将他们变更为公爵;另一部分到中国周边国家,把所有汉朝封的蛮夷国王爷都变为侯。

当时,去诸侯国的五威将非常顺利,诸侯王未做抵抗就乖乖顺从了。

然而,汉诸侯王不反抗,主要是他们没有与王莽对抗的资本,因为汉朝多年的削藩政策,使诸侯王没有军权和行政权。

可是到蛮夷国传达政策呢?也这般顺利吗?

王莽派出了四路五威将分别朝着新莽王朝的东西南北四个方向去了。向东的队伍，出使朝鲜半岛的玄菟、乐浪二郡，高句骊部落，还有高句骊以北的夫馀部落，目的就是使之降服，接受新王朝号令；向南的，负责将益州的句町王贬为侯；向西的，至西域，将西域几十个曾经被汉朝所封的王爷全贬为侯；向北的，出使匈奴，要给匈奴单于换个印。

问题最大的，当属北使匈奴的队伍。

这次出使，捅了马蜂窝。

* * *

匈奴国的历史，如果从秦末的头曼单于算起，往下依次是冒顿（头曼子）、老上（冒顿子）、军臣（老上子，前161年继位）、伊稚斜（军臣弟，前126年继位）、乌维（伊稚斜子，前114年继位）、儿单于（乌维子，前105年继位）、句黎湖（乌维弟、儿单于叔，前102年继位）、且鞮侯（句黎湖弟，前101年）、狐鹿姑（且鞮侯子，前96年继位）、壶衍鞮（狐鹿姑子，前85年继位）、虚闾权渠（壶衍鞮弟，前68年继位）、握衍朐鞮（前60年继位）。

握衍朐鞮单于继位后，胡作非为，国内怨声载道，匈奴分裂，两年后，东部地区匈奴拥立稽侯狦为呼韩邪单于。

到汉宣帝十七年（五凤元年，前57）至汉宣帝十八年前后，匈奴战乱，呼韩邪兄自立为郅支单于。

汉宣帝二十年（五凤四年，前54），郅支单于击败呼韩邪。呼韩邪不能支持，遣子右贤王至长安，郅支单于遣子右大将至长安。

汉宣帝二十三年（甘露三年，前51），呼韩邪单于亲至长安，汉宣帝刘询给予极大礼遇，呼韩邪离开时，汉朝派一万六千骑兵护送，同时调粮食帮助呼韩邪安定国内。

郅支单于担心汉朝与自己为敌，也和汉朝保持着良好关系，但由于呼韩邪亲自去过汉朝了，汉朝总是向着呼韩邪一些。郅支单于虽然恨不得立即灭了呼韩邪，可是忌惮汉朝，又想呼韩邪没能力进攻自己，改变战略：放开呼韩邪，西征。

当是时，呼韩邪昔日属下在匈奴西部地区收集了数千兵马，自立为伊利目单于，郅支西征时遇上伊利目，合战，伊利目被杀，麾下兵马尽皆归附。

郅支估摸着以目前的实力尚不能统一匈奴，遂继续向西，试图与乌孙合作。郅支派使者和乌孙小昆弥乌就屠接洽①，乌就屠深知汉朝的厉害，也知道汉朝支持郅支的死对头呼韩邪，就赌了一把大的，将郅支的使者杀了，还把使者的头颅送到西域都护府②，同时遣八千人迎击郅支。

郅支再怎么说也是匈奴国的最大势力，居然被乌孙这么一个小国的小昆弥如此轻视，都快气死了——我放下身段跟你谈合作，你不合作也就算了，居然杀我使者，简直岂有此理。

乌就屠虽然气势汹汹，但根本不是郅支的对手，没几个回合就被打得丢盔弃甲。紧接着，郅支率领大军，打下乌揭部落，又西破坚昆，北降丁令，收服这三个部落后，再击乌孙，乌孙败多胜少。郅支实力大增，遂在拿下坚昆部落后定都于此。

这几年郅支单于四处征战，几乎战无不胜，对自己也信心大增，他觉得汉朝距离他目前所在之地遥远，奈何不了自己，就收起对汉朝的畏惧，随即一股邪火涌上心头：你明知呼韩邪是我死敌，就算站他那边，也不该如此偏心。我也跟你建了交，你又是派兵又是送粮，这么支持呼韩邪不是打我的脸吗？

郅支对汉朝不满起来。他先是将前往西域恶汉使江乃始等人狠狠折辱，接着派人到汉朝去要他前些年派到汉朝的人质——既然看不起我，既然送了人质也对我冷冰冰，还要不遗余力支持我的敌人，那就把人质还我吧！

---

① 乌孙的国王叫昆弥，也叫昆莫。汉宣帝时期，在汉朝的干涉下，将汉朝派到乌孙国的解忧公主之子元贵靡立为大昆弥，前一任乌孙王与胡妇之子乌就屠为小昆弥。

② 汉宣帝神爵二年（前60）时，汉朝在乌垒城（今新疆轮台县以东）设立西域都护府，第一任西域都户叫郑吉。

汉朝打算让卫司马谷吉遣送人质。

但御史大夫贡禹和时任博士官的匡衡（后来匡衡当了丞相）不同意，他们认为，对于蛮夷的请求不能什么都答应，郅支要人质，汉朝顶多送到边塞，他自己回去就是，不需要汉使送到郅支面前，之前江乃始等人在匈奴就遭到侮辱，谷吉最好还是别去。

武帝时，张骞出使西域归来，被封博望侯。那之后自愿出使的人就多了，因为容易出成绩。谷吉得知自己有机会，早就跃跃欲试了，他立即上书：若只把人质送到边塞，前些年就白养活了，以前和匈奴的恩情也没了；江乃始等人招致耻辱是因为没有本事，我谷吉去就不一定了；就算郅支翻脸，可他整死了我，也必然惶恐，不敢近边，牺牲一个使者倘若能安定一国，我觉得这是值得的。

谷吉说得奋不顾身，理由无懈可击。但贡禹还是觉得不能去，他甚至断定：谷吉去了必定会为国蒙羞。

刘奭又问右将军冯奉世。冯奉世是汉元帝宠妃冯媛的父亲，他的儿子冯野王差点在汉成帝时代取代了大将军王凤。冯奉世曾在西域翻江倒海过，当年他深入虎穴，在西域邀集了一万五千多兵马，逼得莎车王自杀（汉宣帝九年，元康元年前65年事）。他相信一个人的能力只要足够，就算单枪匹马，也能做一番轰轰烈烈的事业，所以他同意谷吉出使。

刘奭最终听了冯奉世的。

汉元帝五年（初元五年，前44），谷吉带着人质去了郅支的单于庭，也不知发生了什么，郅支把一伙人全杀了。

汉朝等了许久，都没有谷吉的音讯，后来从匈奴降者的口中得知，谷吉等人在边界处被杀了，而那块地方属于呼韩邪。

于是等呼韩邪的使者来汉朝时，汉朝非常严厉，要求呼韩邪对谷吉之死做出解释。

可呼韩邪没有做这个事，汉朝就是把呼韩邪的使者逼死也没用。匈奴使者在汉朝的遭遇传到呼韩邪耳中，这个一直将汉朝视作靠山的人，听到汉朝对自己不满、怀疑，一定惶恐得很。呼韩邪是第一个来汉朝的匈奴元首，呼韩邪的依附是汉朝皇帝的一大政绩，汉朝也一直引以为豪。对于这样的呼韩邪，汉朝也不想吓唬，不想这么个恭顺之人整天提心吊胆。所以第二年汉朝就派遣骑都尉韩昌、光禄大夫张猛带着呼韩邪前些年派至汉朝的使者，到呼韩邪的总部，一方面打消呼韩邪的疑虑，另一方面调查谷吉的踪迹。

这两人一去就惹祸了。

韩昌和张猛到匈奴，没发现呼韩邪和谷吉失踪有何关系，却发现了一个很不妙的情况：那呼韩邪整天装孙子，实际上实力在日益壮大，现在足够自卫，不需要汉朝也能抵抗郅支。他们还了解到，许多匈奴大臣都建议呼韩邪北迁。倘如此，汉朝对其掌控力度必然减弱——这可不是个好消息。

韩昌和张猛担心好不容易归附的呼韩邪离去，遂商量着怎么拉拢呼韩邪。他们最终决定和呼韩邪结盟：从今以后，汉与匈奴合为一家，世世勿得欺诈相攻，如果有相互偷盗情况，要两国联合，公正处理；如果遇到敌人就相互帮助。汉朝和匈奴无论谁背叛此约，即遭天谴，两国的子孙后代要永远守此约定。

呼韩邪很看重这次盟约，双方代表自己的国家发下重誓后又一起登上一座山，在山上杀掉白马，拿出宝贝酒杯①歃血为盟。做完这一切，韩昌和张猛才满意离去。他们回到汉朝，就将自己在匈奴的壮举报告给了刘奭。

文武百官听说后，没有掌声，也没有称赞，因为大家都觉得非常奇怪——你韩昌和张猛凭什么代表汉朝和呼韩邪结下这么重要的盟约，你们又是赌咒，又是喝酒，还不顾后果要求汉朝后代世世代代怎样怎样，是谁给你们授的权？

是啊，和别国结盟，一般只能一国元首或者元首委托之人才能，韩

---

① 当年，匈奴老上单于杀死了月氏王之后，将月氏国王的头骨制成酒器，成为月氏国的奇耻大辱，汉武帝就曾派张骞出使西域，想利用这个仇恨与月氏合攻匈奴，所谓断匈奴右臂。

昌不过是个骑都尉（比将军还低的武官），张猛也就是个比二千石的光禄大夫，他们做这件事是不是太高看自己了！倘若什么人都能代表自己的国家，去决定整个国家未来的发展方针和国运，天下岂不乱套？

所以朝臣对韩昌和张猛的做法是这样看待的：韩昌和张猛对形势判断有误，因为就算单于想要北去，也没有多大危害。但韩昌和张猛擅自以国家未来和子孙后代的命运为筹码，与夷狄盟约，使单于在老天面前说不利于汉朝的话，"羞国家，伤威重"（《汉书·匈奴传》），乃是胡作非为。

既然大家都不同意韩昌、张猛与呼韩邪定此盟约，可盟约已经订下，该怎么处理呢？

朝臣认为，汉朝得立即举行仪式，解除这个约定。至于韩昌和张猛，不好好当使者，越权行事，大逆不道，必须严肃处理！

汉元帝刘奭是个仁慈的人，虽然对韩昌和张猛的行径不满，但也知道韩昌和张猛是为了国家，做出与身份不符的事情是脑袋发热，没有恶意，遂从轻发落，令他们日后戴罪立功。

韩昌和张猛没事了，可他们订的盟约该怎么处置呢？

不解除吧，这盟约根本代表不了汉朝统治者的意志。老实说，这个约定有些便宜匈奴了，因为此时此刻汉朝强而匈奴弱，就算订约，汉朝也不想订个完全平等的条约，其实只要好好谈判，汉朝还是能将利益更大化的。

但汉朝又不好把这个已经订下的盟约解除。因为解除盟约就意味着汉朝明摆着不愿与匈奴和平共处，甚至想有朝一日攻打匈奴，那样的话，匈奴就不再信任汉朝，两国之前建立的友好关系将大打折扣。就像两个交往的人，要么一开始就别结拜，但结拜之后再解除关系，关系肯定就大不如结拜之前。

对于韩昌和张猛不自量力惹的祸，汉朝统治者权衡一番后，最终还是保留了这个盟约。

* * *

现在，汉朝和呼韩邪定了"互保协议"，呼韩邪的实力也在日益增强，郅支单于忽然觉得，杀死谷吉是闯了大祸。

但谷吉不能复生，郅支该怎么办呢？为防备汉朝联合呼韩邪攻打自己，他带领着主力继续西迁，寻求发展机会。

机会很快就被找到。郅支发现，素来尊敬匈奴的康居国经常受到乌孙国压制，而乌孙是汉朝在西域的代言人。于是郅支就想，可以拉拢康居，消灭乌孙，把乌孙国地盘抢过来。

康居知道匈奴是个强国，也希望借助郅支的力量，慑服周边，对郅支的到来非常欢迎，遂与郅支达成了一个非常奇怪的合作：互当岳父——康居王把女儿嫁给了郅支，郅支又把女儿嫁给了康居王。

郅支先是从康居国借兵，从西边进攻乌孙（康居在乌孙以西）。乌孙大败，连大昆弥所在的赤谷城（今吉尔吉斯斯坦伊塞克湖州伊什提克）都被攻破了。郅支在乌孙国杀掠吏民，抢夺畜产，乌孙被迫向东迁徙。

郅支是大国单于，对康居等西域国家一直有优越感，加上击败乌孙，不免有些骄横，把对他恭恭敬敬的康居王也不放在眼里，有一次竟然一怒之下杀了康居王的女儿，以及康居国贵人和百姓数百人，还强行在康居国征发徭役。此时的郅支俨然成为西域地区的霸主，不但勒令大宛、阖苏等国家给自己上贡，还在汉使前来询问谷吉等人的讯息时折辱汉使，不理会汉朝的要求。最后郅支给汉朝写了封很傲慢的信：哎呀，我住的这地方条件差啊，以后汉朝可得罩着我哦，实在不行了我可以给你们人质嘛！（《汉书·傅常郑甘陈段传》：居困厄，愿归计强汉，遣子入侍。）

这可不是郅支谦虚，而是他认为汉朝奈何不了他，故意戏弄汉朝来着，就像一个人明知道对手打不到自己，却故意把脸伸出来，说自己好想被打一顿一样。

郅支在西域的一番搅动，使原本顺服于汉朝的西域诸国彷徨起来。随着郅支在西域的影响力越来越强，汉朝对西域的控制就越来越弱。汉朝意识到这个严峻问题，于是在汉元帝十三年（建昭三年，前36），派遣西域都护骑都尉甘延寿和西域副校尉陈汤出使西域。

这是一次伟大的出使，即便历经千年，至今人们也津津乐道。

2. 豪言

那一年，汉朝派遣陈汤和甘延寿的本意是拉拢西域诸国和汉朝的关系，希望它们相信汉的实力，不为郅支的淫威所慑。但陈汤觉得，单单靠拉拢的方式解决不了根本问题。西域诸国逐渐靠向郅支，不是汉朝不好，而是郅支越来越厉害了。汉朝给西域诸国的是糖，可郅支给的是刀，西域诸国绝不会为了汉朝的糖去挨郅支的刀。所以最好的办法就是集结西域诸国的力量，除掉郅支，否则西域形势只会越来越糟。

陈汤把自己的想法说给了一把手甘延寿，并表示这是立功的大好机会。甘延寿听了后非常激动，也赞同陈汤的想法，不过围攻郅支毕竟不是朝廷给他们的任务，所以在实施计划前，甘延寿希望请示一下朝廷。

陈汤立即制止：朝廷那一帮庸人毫无远见，你要是给他们知道了，肯定不被批准。

甘延寿还是不敢冒险，犹豫着是否将计划先报告给朝廷：汇报了，可能不被批准，白白浪费大好机会；可如果不汇报，计划一旦失败，他甘延寿就活不成。而如果是被批准了的方案，到时候就算失败了，责任也不全是甘延寿的。

甘延寿犹豫的那段时间，正好生了病，陈汤趁此机会瞒着甘延寿就一个人干起来了，他假传命令，发动了在车师国屯田的士兵和许多城郭的兵马。他们风风火火，秣马厉兵，很快就集结了四万多军队。

陈汤的大动作终于被甘延寿知道了，病重的甘延寿大惊，一跃而起，准备制止，因为他还没想好。

此时的陈汤，就好像在生一堆火，正往里加柴，怎会让半路跳出来的甘延寿泼水呢？所以听闻甘延寿要坏事，他手按佩剑，厉声喝道：大军已集合完毕，你小子是想打击我们士气吗？（《汉书·傅常郑甘陈段传》：大众已集会，竖子欲沮众邪？）

甘延寿本来也不拒绝陈汤的计划，他只是有些害怕，现在看到陈汤声色俱厉的样子，而且已经聚集了四万多人，也就从了。他们动手之前，给朝廷写了封弹劾信，弹劾的对象是自己，说自己未经朝廷审批就发动大军，罪该万死。

承认错误的人，重点往往不是他所说的错误，而是那之后的"但是"，这封信自然也有转折，自责过后他们表示：尽管我们有罪，但这仗还是要打的，打法嘛，是这样的……

从汉朝到西域，有南北两条道，南道由鄯善出发，沿着昆仑山北侧的河流西行，途经莎车、葱岭（帕米尔高原）、大月氏；北道经过车师前国，沿着天山山脉南侧的河流向西而行，越过葱岭，就能抵达大宛、康居等国①。

陈汤、甘延寿没有等朝廷的批复，就出发了。

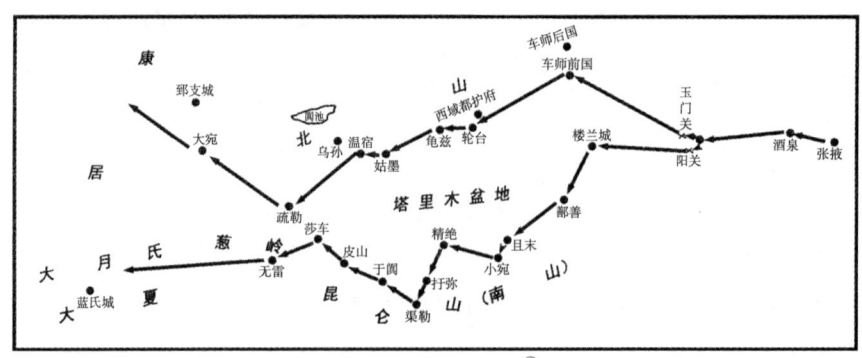

汉前往西域示意图②

---

① 鄯善，之前的楼兰国，汉昭帝十年（前77），霍光遣傅介子刺杀了楼兰王安归，更国名为鄯善，都城由楼兰城迁至扜弥城，扜弥城就在今天新疆若羌县；莎车，今新疆莎车县；车师，也称姑师，汉宣帝年间被分为车师前国和车师后国，车师前国都城交河城，在今新疆吐鲁番市西，车师后国都城务涂谷，今新疆吉木萨尔县；大月氏，首都蓝氏城，今阿富汗北部的瓦齐拉巴德；康居大约在今天巴尔喀什湖与咸海之间。

② 该图只是汉朝人前往西域的示意图，旨在使读者对西域诸国的所在地和诸国的相对位置有个大略印象，而非所有来往于汉朝和西域的人都必须严格按照笔者所绘制的路线。

大军分为六校（校，军队编制单位），南三校、北三校。南道翻越帕米尔高原（葱岭），经过大宛，直逼康居；北道军队由甘、陈率领，从温宿国出发，攻下乌孙国都赤谷城（先前被占领），再穿过乌孙，进入康居国境。

康居国看到这支远道而来的汉军，早有计划，他们等汉军抵达阗池（今吉尔吉斯斯坦伊塞克湖）西部时，令康居国二把手（副王）抱阗率数千骑绕到汉军后面，奇袭了乌孙国赤谷城，杀掠大昆弥属下千余人后，紧接着从东部向汉军发起了攻击。

汉军正一路向西，做梦也想不到敌军居然从他们来的方向出现，一不留神被抱阗打了个措手不及，丢失了大批辎重。

不过汉军的人马众多，虽然遭到偷袭，很快就稳住阵脚。跑到汉军后方的抱阗没有援兵，等汉军回过头来收拾他的时候，毫无还手之力，被汉军吊打一番，汉军趁机掠夺了大批的牛马羊以给军用。

陈汤是富有谋略的，他知道己方人数虽众，可深入康居国境作战，万万不能逞强，所以刚刚进入康居就整肃军纪，严令士兵不得在康居国胡作非为，同时和康居贵人屠墨取得联系，使屠墨成为他在康居的内应。

汉军继续向西，在距离郅支单于所在的郅支城大约六十里①的地方，陈汤下令扎营。接着汉军小分队开始出击，抓捕有利用价值的康居人，从他们口中获取有关郅支的情报。

汉军稳扎稳打，摸清情况后才继续行军。等军队来到距郅支城不到三十里处时，郅支坐不住了，派使者和汉军交涉，质询汉军为何迫近。

甘延寿和陈汤没有上来就大怒，没有提谷吉之事，也没有提郅支曾戏弄汉朝的话，而是顺着郅支的话往下说：单于前些日子上书说自己居住的地方差，想要汉朝保护，还说去长安朝见。天子看到单于的信日夜忧惧，觉得让单于屈居康居甚为不妥，故派遣西域都护来迎接单于及亲

---

① 郅支城，今哈萨克斯坦南部的江布尔市；汉代，一里约今天414米，六十里大约今天25公里。

人，我们担心汉军人多，吓着单于，故未敢兵临城下。

这个回答简直让郅支无话可说，因为郅支曾通过甘延寿上书，戏弄朝廷，说过自己"好想迁回内地、臣服于汉朝"的话，如今汉朝果真派兵来了，他郅支还有什么好说的呢？

郅支见来了大批军队，知道玩火玩大了，派了数批使者与甘延寿、陈汤交涉。甘延寿和陈汤可不是来跟他唠嗑的，他们责备说：我们为迎接单于远道而来，可这么久了单于都不派个身份尊贵的人相见，这个样子很失礼啊！我大军长途跋涉，粮草将尽，单靠手里粮食怕是不能回家的，望单于和大臣接济一下我们！

甘延寿和陈汤简直是两只老狐狸，其他人打仗，上来肯定是数落对方有几大罪状，可这两个人，率领数万大军，明明就是来取人家性命的，也明明有讨伐郅支的理由，可交涉中没有一句恶言，还口口声声说"我们是朋友，这么做都是为了你"，完了还要郅支给自己粮食。

郅支可没时间开玩笑，他必须考虑如何应对不久之后的攻击。

郅支想过逃走，然而他东部是汉军和乌孙，去不成；西部虽是康居，可他自作孽，把康居国好多人都得罪了，康居国其实巴不得他死，西部也去不成。

往哪儿逃呢？想来想去，他忽然灵光一现：我为什么要逃呢？汉军长途行军，肯定人困马乏，不能持久，我只要坚守城池，顶住一开始的攻击，不一定就会败的。郅支最终决定：保卫郅支城。

汉军来到城外三里之处时，望见全副武装的郅支城：城墙上彩旗飘飘，数百人披甲守备，城下百余骑往来巡逻，另有战士在城门口严阵以待。

城上的士兵远远望见汉军，还叽里咕噜大喊。汉军不明其意，找人翻译后才知是敌人挑衅：有本事来打。

匈奴见汉军不动，还派了百余骑发动冲击，只是快到汉军营地的时候，发现密密麻麻的箭尖已对准自己，连忙退却。

但来不及了，弓弩手立即涌上，千弩齐发。匈奴兵不能抵挡，撤进城内。

第十章 边疆各族

接下来，汉军就要攻城了。

鼓声响起，汉军按照原计划行动，很快就包围了整个郅支城。接着盾牌在前，持戟战士和弓箭手在后，冲向城墙。守军挡不住密集的箭雨，只能逃走。

然而汉军刚入城内，就发现内城之外尚有一道木墙，匈奴人隔着木墙射箭，汉军猝不及防，损失颇为惨重。

不过汉军很快就想好了对策：纵火。

一番火攻，木墙被焚毁，匈奴兵撤至内城，并登上城墙，大声呼叫，以图给汉军兵力强盛的表象。而与此同时，一万多康居国援兵也来到了郅支城外，分十余处扎营，和城墙上的匈奴兵遥相呼应。

康居和匈奴兵曾数次对围城的汉军发起攻击，都没能成功。康居、匈奴连番失利，汉军则斗志更旺，先是将外边的康居兵击退，接着借助盾牌掩护，朝内城推进。

汉军在兵力上具有碾压优势，甘延寿、陈汤又是打仗好手，用不多时，匈奴就不能再战。

郅支单于倒是顽强，即便溃败也不投降，借助自己的居所继续抵抗。

但兵败如山倒，郅支最后的负隅顽抗改变不了结局，他最终在乱战中被杀。

这场由陈汤、甘延寿擅自发动的战争终于胜利了，接下来，他们一方面打扫战场、安定西域，另一方面给朝廷写了一封奏疏，奏疏中说：臣听说，世间之大义，莫过于统一，昔有唐尧、虞舜，而今有强汉。匈奴呼韩邪单于已成为我北边藩属国，唯独郅支单于叛逃，没有伏诛，这都是因为，他自以为身在大夏国之西，我强汉就无可奈何。郅支单于待民苛暴，罪恶滔天，故臣甘延寿、陈汤率领义兵，替天行道。托陛下神灵，上天庇佑，终于陷阵克敌，斩杀郅支及匈奴其他首脑。臣等认为，最好将他们的头颅悬在长安城蛮夷所居之地，以昭告天下：犯强汉者，虽远必诛！

* * *

甘延寿和陈汤处理好西域的事情，就踏上了归程。

他们是第一个杀死匈奴元首的人，此番立下大功，心情高兴之极。只是他们万万想不到，当他们一心憧憬着回到长安被万般尊崇的场景时，忽然就碰到一帮来自司隶校尉①的官员，要查他们的罪行。

甘延寿和陈汤立下如此大功，司隶校尉哪来的胆子，在这个时候调查他们呢？

胆子是汉元帝宠幸的宦官石显、丞相匡衡给的。石显曾希望将姐姐嫁给甘延寿，但石显只是个宦官，且名声不好，甘延寿不愿意娶。石显是皇帝身边红人，被拒绝后大为丢脸，从此就恨上了甘延寿。匡衡虽然与甘延寿、陈汤没有私仇，却对甘延寿和陈汤假传中央命令、擅自行动非常不满。

可就算石显、匡衡给了司隶校尉的胆子，他凭什么审问甘延寿和陈汤呢？

他的理由就是，陈汤及属下从西域回来时，将许多缴获的物品归为己有了。(《汉书·傅常郑甘陈段传》：所卤获财物入塞多不法。)

陈汤根本不理会司隶校尉，上书一封：臣和士兵们远跨万里讨伐郅支，好不容易才得以成功，朝廷本该派使者到路上来迎接。可我们不但没得到慰问，反而被司隶校尉审问，这是为郅支报仇啊！

刘奭看到陈汤的上书，也觉得不该如此对待功臣，立即派人释放被收押的官吏和士兵，同时令沿途各县欢迎大军凯旋。

甘延寿、陈汤回到长安，刘奭想对他们论功行赏。然而丞相匡衡和中书令石显强烈反对，他们认为，甘延寿、陈汤擅用军队，假传号令，虽然侥幸胜利，但倘若对他们封侯拜爵，以后汉使们都会争相效法，为了立功而在外国惹是生非，给国家招致祸患。

这下刘奭就不知道怎么办了。从内心讲，他很欣赏甘延寿和陈汤的行为，但匡衡、石显所说也不无道理。匡衡是丞相，石显是他最亲近的

---

① 司隶校尉，汉武帝五十二年（征和四年，前89）设置，负责三辅（京兆尹、左冯翊、右扶风）、三河（河东郡、河内郡、河南郡）和弘农郡的监察工作。

人，这两个人说的话他一直都非常信服，所以他也拿不准到底该不该给二人封侯。

如此一来，甘延寿、陈汤冒着生命危险立下不朽功勋，最终不但得不到一毛钱赏赐，还可能被匡衡、石显等人弹劾，遭受牢狱之灾。

新王朝国师公刘歆一定知道，他的父亲就此事发表过看法。那时，他父亲还叫刘更生，跟石显水火不容，因而无法得到重用。汉成帝时，刘更生为了复出，不得已将名字改为刘向。

当年，刘更生在奏疏中高度评价了甘延寿和陈汤的这次军事行动：总百蛮之君，揽城郭之兵，出百死，入绝域，遂蹈康居，屠五重城，搴歙侯之旗，斩郅支之首，县旌万里之外，扬威昆山之西，扫谷吉之耻，立昭明之功，万夷慑伏，莫不惧震。（《汉书·傅常郑甘陈段传》）

他还将甘延寿、陈汤斩杀郅支这件事与多年前贰师将军李广利征伐大宛相比较：李广利率数万之师，靡亿万之费，经四年之劳，最终仅获得良马三十匹，虽然斩杀大宛王毋寡，但仍然得不偿失，而且私下里犯的罪很多，可即便如此，孝武皇帝仍然重重赏赐了这支军队（李广利出征大宛回来后，被封为海西侯，食邑八千户）；如今康居国强于大宛，郅支的名头胜于毋寡，郅支杀害汉使的罪过甚于昔日大宛王藏匿良马，而甘延寿、陈汤没动用汉军，未耗费粮食，功劳就已经百倍于昔日贰师将军了。

除了李广利，刘更生还提到汉宣帝时代有名的使者常惠和郑吉，前者和乌孙联合，大破匈奴；后者迎接匈奴日逐王归汉，之后又成为第一任西域都护。这两个人最终都被封了侯，前者为长罗侯，后者为安远侯。甘延寿、陈汤的功劳不比常惠、郑吉小，可国家不考虑他们功劳，而揪住一些小过错不放，让人心痛之极。

甘延寿和陈汤此番行动影响力极大，对汉匈两国的关系也影响极大。千年以后，人们也许忘记了常惠、郑吉，却都记得甘延寿、陈汤斩杀郅支单于之事，记得他们那一句"犯强汉者，虽远必诛"（《汉书·傅常郑甘陈段传》）。

刘更生的话让刘奭下定了决心，他明白，就算匡衡和石显的话有道理，但赏赐甘延寿、陈汤更有道理。于是他先下了一道诏书，表示甘延寿、陈汤虽然有些过错（擅自发兵、打仗造成了一定伤亡），但功大于过，其所犯错误一概不究（《汉书·傅常郑甘陈段传》：其赦延寿、汤罪，勿治。）

接着，刘奭又让百官商量如何给甘延寿、陈汤封赏。

要给甘延寿、陈汤赏赐，首先得给他们的行为定性。会议上，许多人同意将这件事定性为"以军法斩捕单于"。这样一来，甘延寿、陈汤的事迹就是消灭敌国元首了。通过战争杀害或抓捕敌国元首这样的大功劳，汉朝自立国以来都少得很，而且那些极其稀有的例子，抓捕或杀害的都是小国家元首，和杀害匈奴单于没法比。如果这样认定的话，甘延寿、陈汤的功劳是前所未有的。

匡衡和石显一下就急了，立即扑上来，说不能这么认定，因为在匈奴国呼韩邪才是正统，郅支只是乱臣贼子，非合法单于。

总之，这两个人就是要想方设法贬低甘延寿、陈汤的功劳。刘奭又举出郑吉屯田和迎接日逐王归汉的例子，说要以此为类比，给甘延寿、陈汤封千户侯，然而匡衡和石显还是认为不妥，一遍一遍地跟刘奭争论。

这让刘奭非常为难。决策者经常会遇到两个甚至多个选择，每个选择都有人支持，也都有一定道理，你选择甲方案，支持乙的人哭天抢地反对，反之亦然。人都有些欺软怕硬，倘若决策者没有决断力，是个老好人，如汉元帝刘奭，就算他支持的甲方案有一百条道理，他反对的乙方案只有一条道理，乙方也要在他面前哭闹，死死抱住那一条道理，搅得他不得安宁。在这些人眼里，甲方的一百个理由，也不及他的那一个理由。他们这样，往往不是为了正义，而是不怕刘奭，觉得闹了就可能获益，同样的情况，若面对的君王是汉武帝，他们敢如此胡闹的可能性不大。

刘奭不能完全否定匡衡和石显，从内心深处也担心完全否定了匡衡和石显会犯错误，于是他折中处理，给甘延寿和陈汤一定的赏赐，但赏赐不能过高。

这件事僵持了很久，甘延寿、陈汤诛杀郅支单于之后又过了三年，在刘奭已经奄奄一息的时候，他才终于决定将甘延寿封为义成侯，陈汤为关内侯，食邑皆三百户①，同时赐他们黄金各一百斤。

甘延寿、陈汤得了封赏，一个是列侯，另一个是关内侯，有三百户食邑。这三百户人家，每年要给朝廷上税，然而当这三百户人家属于某个侯爷，他们交的税一部分就落到侯爷的腰包了，侯爷被封的那一块地方就是侯爷所在侯国。只要侯爷之位不被废，王朝没有灭亡，他的子子孙孙就能一直把这个福利享受下去，所以封侯是许多人的毕生追求，汉武帝时代就有飞将军李广，毕生不能封侯而留下"李广难封"之叹。

甘延寿被封为义成侯，过得倒还顺利，可陈汤之后的日子就过得风雨飘摇了。

* * *

陈汤虽然功劳巨大，但手脚不干净，喜欢贪污，尤其在康居国时私吞了不少东西。

汉成帝刘骜刚继位，丞相匡衡就上书控诉陈汤的劣迹，说陈汤这种人不该担任高官。刘骜初登帝位，也信奉儒家，对匡衡这种老臣非常敬重，觉得匡衡说得有理，就把陈汤免了官（关内侯保留）。

说起匡衡，其实他的名气一点也不比陈汤小，凿壁偷光的成语故事，主角就是匡衡。在《西京杂记》中，有这样一个记载：匡衡少时好学，但晚上没有蜡烛，只好把墙壁凿个孔，借用邻居家的蜡烛余光学习。当地有个大户人家，家中藏书颇多，匡衡甘愿免费为其劳作，只愿遍览大户人家的藏书。

匡衡对《诗经》很有研究，而且可以讲得很好，当地人称匡衡讲《诗

---

① 秦汉时期，实行二十级爵位，第十九级爵位是关内侯，第二十级爵位是列侯（也叫彻侯），义成侯就是列侯，关内侯虽然级别稍低，但也能够享有许多列侯的待遇，算得上"准列侯"。

经》，能让人开怀不止。汉宣帝刘询不喜欢儒学，匡衡得不到重用。但汉元帝恰恰相反，他尊崇儒学，匡衡就吃得开了。到汉元帝十三年（建昭三年，前36），匡衡成为丞相，外朝之首。

匡衡是个儒学大师，经常以儒家圣人的标准，劝谏天子提高道德修养。但他有个缺点就是爱表演。

只要发生个天灾水旱，匡衡就上书请辞，说是自己没把工作做好。刘骜阅完上书，每次都加以安抚。

对于一个真正想辞职的人，只要摆出坚决的姿态，皇帝也不至于把刀架在他脖子上不让他走，皇帝一劝他就回来，说明匡衡想要的不是辞职，而是皇帝对自己说点儿好话。

对一个政治家来说，这种表演是必须的，因为这样就能给外界一个他不好名利地位的良好印象。

可匡衡做得过了。他一遇到事情就跳出来辞职，让皇帝安抚，每次都向众人展示自己是多么不喜欢功名利禄，皇帝对他是多么器重，跟动不动掏出内裤来宣扬其如何干净没多大差别——因为它不可能有多干净！

这种事情干得多了，匡衡给人的感觉就虚伪了。到汉成帝四年（建始四年，前29），当匡衡在酝酿着下一篇辞职信时，刘骜正在阅读一封对匡衡的弹劾信。

弹劾信的内容，是控告匡衡侵吞国有资产。

在汉元帝十三年（建昭三年，前36）时，匡衡代替韦玄成当上丞相。我们知道，丞相是百官之首，从制度上讲，地位仅次于皇帝，于情于理丞相都必须是尊贵的。但一个人尊贵与否，看的不是职位，而是爵位。所以，汉朝所有丞相都是列侯。在汉武帝之前的丞相们，要么继承了祖上爵位，要么自己因功封侯。汉武帝刘彻想重用不是列侯的公孙弘，就先给公孙弘封了侯，从那之后，凡是没有爵位的人要当丞相，都会先被封侯的。那一年，汉元帝想让匡衡当丞相，就把匡衡封为安乐侯，食邑六百户。

匡衡倒霉，就是从这个安乐侯开始的。

安乐侯，封地在临淮郡僮县（今安徽省泗县东北）安乐乡，安乐乡的最南端在闽佰，安乐乡境内有三千一百顷地。但当年给匡衡划封地的时候，用的是汉元帝元年（前48）的地图，那个图误将闽佰以南的平陵佰当成闽佰了，这样一来，匡衡得到的安乐乡，就比实际的大，界内土地多了四百顷，达到三千五百顷。

汉成帝继位初，国家搞土地核查，负责人发现十多年前用的那个地图有误，进而发现他们老大的封地搞多了。办事人员不敢做主，就把情况据实上报。

匡衡知道后，找来亲信赵殷，指示道：陆赐这个人对国界之事非常熟悉，你安排一下，让陆赐去负责这个事。

次年（前31），匡衡问赵殷这件事办得如何了。赵殷的回复是：陆赐不好处理，本想让郡里根据现在的情况，把闽佰以南的平陵佰叫作闽佰，可是又担心郡里不干。我看实在不行了，就让您的家丞给皇帝上书说明情况。

匡衡有些不满，明眼人都看得出他很想多要那四百顷地，可这帮呆头呆脑的家伙就是办不妥当，他堂堂丞相，不好明说要，更不能给属下做具体指示。于是匡衡说："按照规定办就是了！上书干什么？"

赵殷把匡衡的意思转达给了陆赐。陆赐是匡衡器重之人，看到老大对自己失望，也有些愧疚。他心想，反正这是给匡衡办事，办妥了老大满意，就能升官，办不妥以后恐怕就再难重用，就算出了事，也有高个儿的顶着，何况匡衡贵为丞相，能出什么事呢？陆赐和属下合计一番，将安乐乡的南边地界，定为平陵佰，这样那四百顷地就属于安乐侯国了。

整个过程匡衡"什么都不知道"。他没有给赵殷、陆赐等底下办事人员做过任何指示，底下人也没给他做过任何汇报，他"不知道"底下人员如何丈量土地、如何划分地界，而只对办事人员说过"按规定办事"。

事情办完了，匡衡"才知道"给自己的侯国之前"少算"了四百顷地，于是派人去收租了。

事情被司隶校尉王骏和少府张忠知晓。他们弹劾匡衡：故意扩大封国面积、侵吞国有资产，其属下的陆赐等人为了讨好匡衡，胡乱操作，都有罪。

匡衡的这个罪，可不仅仅是侵吞了国有资产这么简单，因为他的行为往大了说是希望扩充封国领土。在帝国时代，未经朝廷允许就扩大封国面积，你是想壮大自己的独立王国吗？

所以这不仅仅是经济问题，还是个严重的政治错误，幸亏刘骜对匡衡敬重有加，才没有给匡衡问罪。匡衡贪那四百顷地，结果赔了夫人又折兵，连丞相也当不了，最终告老还乡。

匡衡倒台了，那个因匡衡的弹劾而丢掉官职的陈汤，也获了死罪。

3. 陈汤

获罪的原因是，他在家待着待着，忽然给朝廷上书，说前些年他从西域归来时，带的那个康居国质子不是康居王的儿子。

当年，陈汤在康居国杀了郅支单于后，威震西域，康居王惧怕汉朝，就把自己的儿子交给陈汤，让陈汤带到长安服侍皇帝，也算给汉朝一个人质。

看到陈汤的上书，刘骜很重视，于是派人去调查。然而调查的结果是：陈汤胡说八道。

陈汤为何干这个事呢？他的话是真的吗？

我觉得这是陈汤为了复出而故作妄言。

因为，陈汤当年在康居国时，肯定是确信了此子为康居王子的，否则在当时汉朝占据绝对优势的情况下，一定不肯罢休；就算康居王当年把他蒙了，可陈汤回来后就一直在长安任职，他从哪里得知此子非康居王子呢？而且朝廷也查了，明确说那个人是真的康居王子（《汉书·傅常郑甘陈段传》：按验，实王子也。），朝廷和陈汤没有深仇大恨，没必要为了收拾一个陈汤，在国家利益方面颠倒黑白的。

陈汤这个人，身上有些匪气，他胆子大，经常不按规矩出牌，喜爱他者有之，憎恶者也不少。他尚未当官时，在老家就不受人待见；到长安后，结交了富平侯张勃①，张勃推荐他当了官。

几年后，陈汤马上就要提干时，父亲死了，陈汤思虑再三，觉得机会难得，放弃回家奔丧，结果被人弹劾。在汉朝，非常重视孝道，父母去世儿子一般都要回家奔丧，所以像陈汤这种为了升官不给父亲送终的人，算得上是品德低劣、离经叛道了。因为这个事陈汤坐了牢。还连累了张勃，被削减二百户食邑。由于张勃推荐了他这么个家伙，被认为是瞎了眼珠子，死后被赐谥号"缪"。

陈汤在西域时未得到朝廷的命令，就准备开打，甘延寿说想请示一下朝廷，他说千万请示不得，朝中那些傻瓜肯定不同意；在甘延寿还犹豫不决的时候，他就假传天子诏令，召集军队，硬是将生米煮成了熟饭；等甘延寿得知情况吓得大惊失色要给天子汇报时，他把自己的领导甘延寿痛骂了一顿，说领导是"竖子"；他跟郅支单于交涉时一副笑面虎的样子，都兵临城下了还说郅支单于不懂待客之道。

他这个人，懂得变通，脑子灵活，本事很大，而且挺有谋略，但他的缺点也很明显，就是贪婪，不守规矩，所以一路上见到喜欢的东西就收为己有。我觉得贪婪也不是陈汤缺钱，而是在陈汤看来：老子立那么大功，不享受点特权连自己都对不起。

像他这样一个人，见政敌匡衡倒台，自然觉得复出的机会来了，而他对康居王子之事最具发言权，所以想当官了干出这等事情不足为奇。只是想不到没骗过朝廷，偷鸡不成蚀把米。

现在，陈汤被认为胡说八道，还被判了个死罪，该怎么办呢？陈汤是没有办法的。

---

① 张勃，是汉宣帝时代著名臣子张安世的孙子。张勃的孙子就是汉成帝刘骜的挚友张放。

元帝时，谷吉出使匈奴被郅支所杀。后来刘更生在评价甘延寿、陈汤的行为时，说这是"扫谷吉之耻"。

这一年，谷吉的儿子谷永站了出来，他要为陈汤辩护。

谷永在上书中认为：陈汤的功劳是汉立国以来未曾有过的，陈汤乃国之功臣，介胄之士莫不慕义，但如今因说错了话而被问罪，实在不妥。

谷永是个颇受好评的学者，那时在刘骜面前的话语权还比较大（前文讲过，他曾写了一篇十分大胆的文章批评刘骜），他的文章又引经据典，看得刘骜连连点头。最终，刘骜饶了陈汤，但削去其关内侯，陈汤自此彻底成了光杆儿司令。

陈汤是个有才能的人，尤其在西域的威信非常大，所以几年之后，当西域发生兵祸，朝廷不得不请他出山。

当时，西域都护段会宗被乌孙兵围困，段会宗请求朝廷，允许自己动用西域诸国和敦煌的军队。

战事传到长安，君臣闹成一锅粥，拿不出统一方案。这时大司马大将军王凤想起了陈汤。

刘骜在未央宫宣室殿召见了陈汤。当时，陈汤的手臂已不能伸展，那是当年和郅支单于打仗感染风寒，没来得及治疗致残。刘骜见陈汤是这样的情况，就免他行跪拜之礼。

陈汤看完段会宗的奏疏，摇头道："将相九卿都是贤才，小臣衰弱多病，不足以考虑国家大事。"

这话充满了酸味儿，刘骜如何听不出来。可兵事十万火急，非得这家伙出马才行，刘骜只好劝他以国事为重。

被皇帝一番劝，陈汤才说："臣以为，汉军必胜，陛下不用忧虑。"

"何以言之？"

"一个汉兵，抵得上五个胡兵，为何呢？因为我们的武器好。不过我听说，他们学到了一些我们的技术，汉兵姑且以一敌三吧。兵法说：'到别人的地方作战，兵力得是敌人两倍才能赢。'如今围困段会宗的兵力没有段会宗的多，陛下就不用担忧了。大军出行，轻装行进的话每天能走五十里，负重就只能三十里，段会宗想调动西域诸国兵马和敦煌汉军，耗时太长，无法救急。"

"那怎么办呢？段会宗之困一定能解吗？如果可以，请问何时能解呢？"

"威胁已经解除啦！"

陈汤说完，不顾在场所有人的诧异，接着说道："不出五日，必有捷报！"

陈汤什么都没问，就说兵困已解，且五日之内就有捷报，如此大放厥词，是不是又想着不走寻常路，搞点大事情，自己好复出做官呢？他说的话，别说正焦头烂额的刘骜和文武百官不敢相信，作为读者的你敢相信吗？

不敢相信也没辙，因为陈汤说过这话四天后，段会宗的信就到了，信里面说：搞定啦！

陈汤难道是神？

陈汤不是神，他只是太了解西域的情况了。他知道，乌孙国一盘散沙，团结不起来，集中兵力攻击一个地方，顶多支持几天就散了，因为他之前亲身经历过。考虑到段会宗的文书在路上传送的时间，所以他当时说兵困已解，且五日之内必有捷报。

听上去很有道理，可如果不是对自己的才能极有信心，不是对西域极为了解，谁敢做这样的预言，谁又能预言得如此准确？

陈汤在宣室殿的表现让所有人折服，事后大将军王凤奏请刘骜，将陈汤调到自己的大将军府。陈汤在大将军府很快就成了最具话语权的幕僚。

又过了几年，陈汤跑去掺和刘骜的陵墓。他想在刘骜的陵邑里分得房产，就建议刘骜修建昌陵邑，后来修建昌陵的工作困难重重，刘骜下旨放弃。陈汤又在这时候胡说八道，说刘骜以后肯定还要修昌陵和昌陵邑，终于惹怒了刘骜。

他之前一直是王凤和王音的幕僚，极受重视，混得如鱼得水。所以在那些年，他大量收取贿赂，新上任的大司马王商早都看不惯他了。这一回，陈汤玩儿脱了，失去靠山后被众人踩。幸好刘骜顾念他斩杀郅支单于的功劳，才没把他整死。最终，他和将作大匠解万年被发配到边郡敦煌。而王莽的竞争对手淳于长，也因为反对过解万年和陈汤而被封侯。

我们知道，出了敦煌就进入西域了，而陈汤当年斩杀郅支单于之事，让陈汤在西域诸国很有威望，陈汤在敦煌，不可避免要跟西域国家接触。当年，陈汤有斩杀外国元首的能力，那么给陈汤和西域诸国接触的机会，会不会有隐患呢？他虽然是个被流放的囚犯，可是在敦煌，恐怕比敦煌太守还要牛气。

几年后，敦煌太守上书朝廷，说将陈汤留在敦煌不安全，让朝廷把陈汤迁徙到安定郡了。

又过了些年，汉哀帝刘欣继位，那个被柏杨先生称为"文妖"的耿育上书，陈述陈汤功劳，为陈汤说情。汉哀帝听耿育的话，终于把陈汤调回长安。之后陈汤不再折腾，卒于长安。

4. 出塞

当年，陈汤斩杀郅支单于一事，让呼韩邪单于且喜且忧：郅支是他的宿敌，如今没了，他非常高兴；然而汉朝这次展示实力，把他震慑得心里不安。他曾和汉朝官员韩昌、张猛定了约，说世世代代如何如何，韩昌、张猛回去后，汉朝君臣不愿意承认，此二人还受到了惩罚。之后又过了一段时间，呼韩邪见自己的势力一天天壮大，就率众向北迁徙，虽未明言，但隐隐有脱离汉朝管制的意思。而且他自从汉宣帝二十五年（黄龙元年，前49，当年汉宣帝驾崩）来朝后，十多年再没到过长安，这会不会被汉朝理解为不恭敬呢？汉朝能消灭万里之外的郅支，倘若对他的表现不满，收拾他岂不是易如反掌？

想到这一层，呼韩邪就有些急了，他给汉朝上书，说一直想来长安，只是恐郅支太猛，和汉朝走太近了会遭受攻击，如今郅支伏诛，希望允许他朝见天子。

汉朝答应了。汉元帝十六年（竟宁元年，前33），也就是汉元帝驾崩那年，呼韩邪到长安朝见刘奭。

呼韩邪来到长安后，见长安接待自己的礼仪和十六年前他初次到长安朝见汉宣帝时候一样，终于放下心来。呼韩邪对汉朝的礼遇非常感激，他给刘奭上书，说想当汉朝的女婿（《汉书·匈奴传》：愿婿汉氏以自亲）。

刘奭对呼韩邪是满意的，自然同意了。

可是派哪个女子去呢？

据《西京杂记》载，刘奭的后宫佳丽众多，他记不住所有女子的容貌，就让画工绘图，他看图选女。画工的权力可就大了，他们可以随自己的喜好，决定画像的美丑。后宫女子为了能被选中，纷纷出钱讨好画工。据说这都有行情，多的可以给到十万，最少也得五万。

这一回呼韩邪要女人，刘奭就把所有女子的画像拿出来，从中挑选。

刘奭会选最美的，还是最不美的呢？

当然是所有女子中最不好看的了——那呼韩邪垂垂老矣，在乎的不是美丑，你只要给他个活女人，他就心满意足，何况他是个外国人，也欣赏不了中原女子的美，把最好看的给了他，实在有些暴殄天物。于是刘奭选中了王嫱。

王嫱自然不能立即跟呼韩邪去匈奴成亲，她总要先进行下"岗前培训"，学习些匈奴的风俗、语言才行的。

王嫱临走前，刘奭准备接见一下，鼓励她的高风亮节，说些"去了匈奴别给祖国丢脸"之类的话。另外，这女子总是他不要了的，他内心或多或少有些怜悯，见一下也算聊表安慰。没有人会想到，这一见面，就把许多人送到了地府。

当时,刘奭见到王嫱后,倒抽了一口凉气,他做梦也没想到这个在画像上平淡无奇的女子竟然如此好看,说她是后宫第一美人也不为过。她不仅美貌,还很会说话,举手投足间散发着高贵气质。王嫱走后,刘奭开始犹豫了:这么好一个女子,要不要嫁给呼韩邪呢?

斟酌一番,刘奭还是忍痛割爱了,因为他早就说过要把王嫱嫁给呼韩邪,他作为天子,不能为了一个女子不顾信义,为天下所笑。

王嫱走后,刘奭火冒三丈,下令彻查。调查后发现,画工之所以把王嫱画得普普通通,皆因王嫱没有给他们行贿。想到那些看上去老实巴交的画工居然背地里干着欺君的勾当,刘奭毫不手软,将画工们全部弃市。画工死后,官府抄家,他们的家产都有上亿。

这个王嫱有一个大家更为熟知的名字:王昭君。昭君是她的字。

因画工从中作梗,王昭君才离开中原,到塞外嫁了呼韩邪,这个故事源于《西京杂记》。不过在《后汉书·南匈奴传》中,昭君出塞还有另一个版本。

《后汉书·南匈奴传》说,王昭君是南郡人,进宫数年没有得到临幸,她是个年纪轻轻的美貌女子,不甘在宫里守活寡,听说皇帝准备送五个女子给呼韩邪,就主动请求把自己送出去。呼韩邪回家前,刘奭举行了盛大的宴会,宴会上,他把准备送给呼韩邪的五个女子叫来,给呼韩邪看。当时,王昭君一出场,风采就吸引了现场所有人,刘奭也呆呆地说不出话,想把王昭君留下。和前面那个故事一样,刘奭一国之君,不想失信于人,最终让王昭君跟呼韩邪走了。

史书未记载王昭君具体何时前往匈奴,但后人更愿意相信是那一年秋天,因为秋天包含着伤感的气息。人们说,昭君离开祖国前往匈奴之时,北风呼啸,长空雁叫,烈马长嘶。沿途愈发荒凉,故乡渐渐遥远,她内心悲伤,遂以琴声排遣。人们说,昭君的琴音哀怨、惆怅、如泣、如诉,不但随行人员感动,就连天上的大雁听到如此悦耳的曲子,看到如此美丽的姑娘,都愣住不再展翅,掉落下来,人们便说昭君拥有"落雁"之容。

　　史书的记载是，王昭君到匈奴后被封为宁胡阏氏，生下一个儿子伊屠智牙师。呼韩邪于汉成帝二年（建始二年，前31）去世，其子复株絫若鞮单于继位，王昭君又嫁给复株絫若鞮，他们生了两个女儿，长女被封为须卜居次，次女被封为当于居次①。这两个女子后来都是匈奴国的重要人物，对匈奴国产生了重要影响。汉平帝时期，王莽为取悦王政君，显示国家在王政君治下比以往更强大，让单于将王昭君长女须卜居次送到汉朝，侍奉王政君。

＊　　　＊　　　＊

　　当年，呼韩邪在长安受到礼遇，又讨得老婆，知道汉朝不在意他的一些小动作时非常高兴，对汉朝也很感激，他激动地表示：匈奴愿承担自上谷郡到敦煌郡的边防任务，而且世世代代不会改变，这样汉朝就不用在边境驻扎大量军队了。

　　刘奭令群臣商议。群臣听说呼韩邪愿意替汉朝分担如此重任，都觉得应该答应。（《汉书·匈奴传》：议者皆以为便。）

　　我看这帮人是有些糊涂了，我第一次看到史书说"议者皆以为便"的时候，还以为是自己眼花看错了，或者《汉书》在流传过程中将"议者皆以为不便"弄成"议者皆以为便"，不禁查了好几类史料。一个国家的边境居然交给外国人防守，防守的区间竟然是大部分的边防线，别说托付的是外国人，就是托付中国人也不敢如此放心的。不论这个人看上去如何忠心，也不管你给他送了多少女人多少财物，若此人稍有不臣之心，等机会来临，一定会转过头来，把汉朝杀个片甲不留的。呼韩邪本就是一国之君，不过迫于形势才寄人篱下，他又不是什么大忠臣，汉朝怎么敢如此亲信于他呢？

---

　　①　王昭君的两个女儿，长女被称为须卜居次，次女为当于居次，这都不是她们的真实姓名。须卜、当于，是她们夫家的氏族名称；居次，是匈奴国王、侯妻子的尊号。史书记载，王昭君长女有个汉人名字，曰云。

根本没什么好讨论的，呼韩邪这样的提议，想都不用想就该驳回的。可是汉朝的君臣竟然要同意。幸好一个叫侯应的郎中及时站了出来，表达了反对意见。

据史书记载，刘奭还询问侯应为何反对，也不知刘奭这么问是好奇，还是不理解侯应。

侯应讲了十条理由：

第一，汉兴以来，相当长的时间里匈奴都在欺负汉朝，直到武帝时才把匈奴击退至条件恶劣的漠北，边境地区的匈奴人曾说，自匈奴失去阴山，匈奴人每次经过都痛苦不已，这说明匈奴一直都想夺回被孝武皇帝占领的地盘，如果我们放弃边防，就是给匈奴机会；

第二，匈奴人欺软怕硬，弱小时卑躬屈膝，强大时目中无人，这是他们一贯的天性，不能相信他们会永远忠诚，前些日子，汉朝已经减少了边防力量，实在不能再减了；

第三，中国老百姓从小接受着良好的教育，尚且有人违法乱纪，那么匈奴单于呢？就算单于能做到不胡作非为，他能约束自己的部下吗？

第四，在汉朝境内，我们尚且要设置关卡以制约诸侯、断绝臣子非分之想，而我们设置边防，除了防备匈奴，还要防止那些居住在边境、来自匈奴的降众逃跑；

第五，在接近西羌的地方，当地人与汉朝人多有来往，而且在来往中存在不少纠纷，如果废除边防，这个地区恐怕就要失控；

第六，之前有许多汉朝士兵去了匈奴就没再回来，他们在汉朝生活贫困的后代，很可能前去投奔，导致国内人口数量减少；

第七，边区的奴仆、婢女们生活困苦，有许多人打算投降逃往匈奴，之所以没有逃跑，皆因存在边境；

第八，如果没有边防，犯了法的人为逃避制裁，会蜂拥逃至匈奴，汉朝根本无能为力；

第九，现有的边防，是前人世世代代流传下来的，倘若撤除，以后需要了，短时间里根本不能恢复；

第十，若取消边防，令单于守边，那么单于将不停地从汉朝索取，倘若稍不称意，单于就会不满，那时后果就难以预料了。

侯应的十条理由呈上去，把刘奭看得惊了一身冷汗，这才发现他贪图一时便利废弃边防的想法是多么危险，立即下诏：不要再说废除边防的事了。

接着，他让车骑将军许嘉带着口谕告知呼韩邪：你有这个想法，朕很高兴，但中国的四方都设有边防，不仅仅在北方有。我们设置边防，也要防止奸邪之徒外逃，祸害别的国家。我明白你的好意，我对你也没有疑心，怕你不明白为什么不废除边防，这才让车骑将军来解释。

呼韩邪听了刘奭如此温情的话，连忙说道：是我愚蠢，不知天子的高明计策，天子还亲自派大臣给我解释，待我真是太好了！（《汉书·匈奴传》：愚不知大计，天子幸使大臣告语，甚厚！）

5. 换印

呼韩邪于汉成帝二年（建始二年，前31）去世，他之后，除了汉哀帝时刘欣有过短暂冲动，汉匈的关系基本保持稳定。到王莽称帝，匈奴已经是囊知牙斯主政。王莽继位初，派出五威将，要给匈奴单于换印。

出使匈奴的五威将是平定过翟义军团的王骏。五威将之下，有前、后、左、右、中五个帅。他们带了大量金子、布帛，希望通过糖衣炮弹，使单于承认王莽代汉之事，同时收回汉朝曾经给单于的故印。

一行人来到单于庭，给囊知牙斯单于宣布了诏令。当时，印绶就在囊知牙斯身上，他听完翻译，没有多想就准备掏出来递给翻译。

但就在此时，一旁的匈奴左姑夕侯发话了，他用匈奴语对囊知牙斯说：现在还没见着新印及其上文字，最好先别给。囊知牙斯一听，觉得有道理，就没有给。

中国使者远道而来，还带了许多钱财和货物，单于总要尽地主之谊的。宴会上，就在囊知牙斯准备给使者们敬酒时，五威将王骏发话了：单于可得按时上交以前的印绶。

单于听了，心想反正迟早得交，人家还给了那么多好东西，当即同意，又准备给。

左姑夕侯又出来了：未见新印及其上文字，先别给。

囊知牙斯有些不耐烦，回道：印上文字怎么会有变化呢？说完直接把身上的印绶交给王骏，王骏随即递上新印。

当时，囊知牙斯得了中国的好东西，在酒宴上很高兴，拿过新印就没有打开包装，等吃吃喝喝结束，回去打开新印，才发现果然不同。

他以前的印上文字是"匈奴单于玺"，今天拿回的是"新匈奴单于章"。新旧有两处不同：第一，新印加了一个"新"字；第二，"玺"字变成了"章"。

囊知牙斯不乐意了，因为他知道，按汉朝制度，王爷以下的身份，其印文才会加上国号"汉"，且印上言"章"而非"玺"。给的这个新印，明明是把自己的地位降低了。囊知牙斯不愿意。

当囊知牙斯愤愤考虑着明天怎么要回旧印时，王骏等人也在开会。他们知道，匈奴对印上文字非常在意，那囊知牙斯看到新印，一定不愿意，一定会找他们要回的。

囊知牙斯会来要旧印，要的意愿太强烈了怎么办呢？就算他们油盐不进，不论单于说啥都不给，可是在匈奴的地盘上，单于实在想要，也不是没有办法。单于可以用强，摁住他们笑嘻嘻地把印拿走，人家也没跟他们起冲突；就算不用强，单于还可以派人偷；就算不偷也不用强，也可以在他们回家路上制造点武装冲突，把印给夺了……总之，单于非要旧印的话，他们是很难保护住的。

怎么办呢？

五威将手下有五个帅，右率陈饶就想到了一个办法：把旧印捶烂。这样，单于就算做什么，也不可能拿到旧印了。

可这么做太大胆了，这样虽然能断绝祸根，但是未经同意擅自毁坏一个国家的旧印，王骏不敢下手，也不敢同意。何况，他们单方面毁印，单于若发起蛮来，把他们扣留在匈奴怎么办？匈奴扣押汉使的例子在汉朝历史上并不少见。

陈饶又说：新印故印的变化，单于肯定不能接受，他无论如何都会拿回故印的。如果让他把旧印拿回去，那就真的有辱使命了。

但王骏不敢，也不响应陈饶——按照陈饶的办法干，出了问题，是陈饶自作主张；若万事大吉，则自己指挥有方，可以领赏。

陈饶这个人平素里就很果敢，见大家都不发话，领导也没了担当，找了个斧头梆梆梆几下就把旧印捶了。

第二天囊知牙斯派右骨都侯找他们归还故印。

王骏把故印拿给右骨都侯看，让他别再想什么故印，回去告诉单于顺应天命，好好听新王朝的话。

囊知牙斯听说旧印坏了，只好作罢。但他不死心，仍派遣弟弟右贤王带着牛马，随王骏到长安，一来感谢中国的丰厚赏赐，二来上书求故印。

右贤王自然无功而返。

印的事情终于让囊知牙斯忍无可忍了。

囊知牙斯对中国的怨恨，并非仅仅因为这个印，他其实切齿已久了。

6. 索地

囊知牙斯的父亲，就是汉宣帝年间来汉朝的呼韩邪单于，此人于汉元帝年间再次到访，并娶走了王昭君。呼韩邪去世后，长子雕陶莫皋继位，为复株絫若鞮单于，此人再以王昭君为妻，生下两女。之后经历了搜谐若鞮单于、车牙若鞮单于。到汉成帝二十五年（绥和元年，前8），车牙若鞮单于去世，弟弟囊知牙斯继位，为乌珠留若鞮单于①。

囊知牙斯继位后，就让儿子右骨奴王乌鞮牙斯到汉朝，名曰"入侍"，实为人质。

匈奴都派人"入侍"了，汉朝也得派使者。

这本来是个正常的出使，可使者夏侯藩和韩容出发前，得到了大司马骠骑将军王根的指示。

那时候，汉成帝刘骜病恹恹的，国家事务由王根做主。王根得到一个消息，说匈奴有一块地非常好，正对着张掖郡，那里的木头能生产军用物品。如果想办法跟单于要到，既能扩充国土，又有助于边防，对于王根来说，也是一大政绩。

刘骜其实也知道这个事，也早就想要这块地了。只是刘骜担心如果要不到，有损皇帝脸面，一直没有开口。

王根指示夏侯藩，说皇帝想要那块地，但他此次前往匈奴，不可说是听了皇帝指示才来要地，否则要不来就太丢脸了。

夏侯藩到了匈奴，谈完正事就跟囊知牙斯谈那块地。干这种事都有套路，要让臣子以自己的名义来要地，那自然得先跟单于陈述利害，告诉单于现在有什么潜在危机，单于看不到危机让说客感到遗憾，或感到困惑。把单于说得着急了，再祭出解决办法：献那块地。不给那块地就可能发生灾祸，给了地就有许多好处云云。

可夏侯藩没有按照套路来，他找到机会直截了当跟单于说，汉朝对那块地渴望已久，得到可以省去许多戍边士兵，单于现在最好主动奉上，以报答汉朝昔日恩情，而这样汉朝也会奉上好处。

夏侯藩这么说，显然不是替单于排忧解难，而是赤裸裸地为汉朝要地。一个跑来让自己割地的外国使者，任何统治者都会不满，囊知牙斯不但没有感受到献地的必要，反而很奇怪，他的第一反应是：谁让你说

---

① 呼韩邪单于后，汉匈关系紧密，单于开始效法汉朝皇帝。汉皇帝驾崩后，谥号中都有个"孝"，比如孝武皇帝、孝宣皇帝，单于觉得这个很好。匈奴语言中，若鞮表示孝，于是从那之后匈奴单于的称号中都有"若鞮"两个字了。

的这些话？这是天子诏令，还是你自己的想法？

这就是露馅儿了，他一个使者凭什么跟单于要地呢？

夏侯藩被问慌了，赶紧说：是天子的意思。

他一句话把领导卖了，又觉得不妥，赶紧补上一句："但我这也是为单于出个好主意嘛。"

囊知牙斯说了两层意思：第一，孝宣、孝元皇帝早就跟呼韩邪单于有约定，长城以北属于匈奴（言外之意是说，汉朝要地不讲规矩）；第二，那块地是我匈奴国温偶骓王的领地，具体情况我得问了温偶骓王才能决定。

囊知牙斯说了自己要跟温偶骓王了解完情况才做答复，夏侯藩一行人就回去了。

然而汉朝对这件事念念不忘，即便汉成帝刘骜死了，汉哀帝继位之后，朝廷又派夏侯藩去匈奴，问囊知牙斯那块地怎么样了。

囊知牙斯看到那夏侯藩就有气：从父亲到我，一共五任单于，汉朝之前从来没说过想要那块地，到我囊知牙斯当单于了，就要我割让土地，这是何故？又说：我问过温偶骓王了，那块地太重要了，不能给，且那是先父所打下的领地，我也不敢让它没了。夏侯藩只好灰溜溜地回去复命。

出使一趟外国，不仅仅是要地，虽然要地不成，夏侯藩回去仍然升了官：由比二千石级的中郎将，升为太原郡太守（二千石），主政一方。

可紧接着囊知牙斯的上书来了，囊知牙斯把夏侯藩要地的情形跟朝廷原原本本地说了。

朝廷这才知道，让夏侯藩出去以他本人名义要地，却不料他早就跟匈奴交了底牌，说是天子的意思。如今没要来地，反而给天子丢脸。朝廷只好给囊知牙斯回复：天子根本没有那种诏令，那是夏侯藩自作主张。

在这件事情上，朝廷已经很仁义了，没有为了自己脸面让夏侯藩背锅，还继续忽悠单于：夏侯藩这种情况按照法律是要杀头的，只是这中间朝廷有两次大赦,所以我们把他迁为济南郡太守,不让他在边郡当太守、继续和匈奴打交道了。

在要地这件事情上,囊知牙斯表现得很强硬,在这个过程中,他也说了一些对汉朝不逊的言语(《汉书·匈奴传》:有距汉语)。对此,囊知牙斯一直心中不安,生怕汉朝啥时候给自己秋后算账。

又过了几年,发生了另外一件事情,让囊知牙斯更加不满。

7. 积怨

汉平帝年间,西域有个去胡来王,叫唐兜,他的国家和赤水羌部落相连。去胡来王和赤水羌经常战争、抢掠,去胡来王抢不赢、打不过,就向汉朝的西域都户但钦求救。可这个但钦对唐兜的请求不闻不问,唐兜没有办法,就带着一千部众向东,来到玉门关,希望汉军把自己放进去,可汉军还是不接纳。眼见没有活路,唐兜就带人投降了匈奴。

也是在那段时间,汉朝发现前往西域有一条新路,这条路比老路好走很多,路途也要短很多。且之前的路要经过白龙堆,而白龙堆环境非常恶劣,经过那里的人很容易遇到危险。戊己校尉[1] 徐普就打算开通一条至西域的新道。

然而新道要经过车师后国[2]。车师后王姑句得知自己的国家会变成汉至西域的通道,很不乐意,因为凡是经过车师后国的汉使,他都得招待,提供各类饮食、住宿、交通、各国翻译……车师后国贫而小,总共五百多户、四千七百多人口,根本没有那么大能力接待络绎不绝的汉使。

---

[1] 戊己校尉,是汉元帝时代设置。戊己,土的代称,戊己校尉,就是汉朝在西域负责屯田的官员。驻地在车师前国,在今天新疆吐鲁番以西。

[2] 汉宣帝年间,汉朝拥立军宿为车师王,匈奴拥兜莫为车师王,车师国遂被分为车师前国和车师后国。车师前国都城在交河城(今新疆吐鲁番市西),车师后国都城为务涂谷(今新疆吉木萨尔县)。

徐普打算开新道,又发现车师后国跟匈奴南将军的领地相接,就想把匈奴南将军的领地和车师后国划分清楚。在划地界的时候,徐普让车师后王过去见证,可由于车师后王知道徐普这么做是为了方便修路,就有些抵触,不愿意去。徐普十分霸道,见车师后王不配合,直接抓人(车师后国的军队不到两千人)。

车师后王姑句被抓后,与妻子一番商量,觉得恐怕要被徐普搞死。他们趁守军松弛之际,冲了出去,一口气逃到匈奴国投降了。

所以,匈奴一连收了两个西域国家的国王:车师后王姑句和去胡来王唐兜。囊知牙斯把这帮投降的人都安置在了左谷蠡王的领地,接着就给汉朝汇报了具体情况,并表示自己已安排妥当了。

汉平帝年间,王莽主政,他得知匈奴接受了两个西域国王,立即派出使者,指示单于:西域诸国是属于汉朝的,匈奴不能受降,你尽快把已经安置的人遣返。

这下囊知牙斯就不明白了,质询使者:之前孝宣、孝元皇帝在时,我们约定好了长城以南归天子所有,长城以北归单于所有。如果有来自对方的人投降,双方都不能接纳。我父亲呼韩邪临死前给我有遗言,说如果有中国人投降,就不能接受,要把他们送到边境,以报答天子的恩义。可我这次接受的明明都是外国人,之前没说过我们不得接受外国人的投降呀。

这时候使者该做的,应该是向单于陈述西域诸国和汉朝的关系,阐述匈奴为何不能接受西域国王。可他们没有,而是直接说:匈奴之前都差点儿亡国了,多亏了中国帮助,你单于应该交出两个国王来报恩。

这是很蛮横、很不尊重单于的话。做事说话都讲个合情合理,汉使的话合理,但不合情。单于一国之君,在自己的国土上被如此粗暴对待,很不舒服。不过囊知牙斯单于最后还是赔了罪,把两个国王交给了使者。

王莽得知消息,派了个叫王萌的人前往西域,在一个叫恶都奴的地方等那俩国王。

单于一面给王萌送人，一面派使者去汉朝请罪。然而对于囊知牙斯先前接受西域国王一事，王莽很生气。他不听单于的说辞，也不原谅单于。

与此同时，王莽召集西域各国的王爷开会，所在之地陈列大军，然后当着各国王爷的面，将这两个投降匈奴的人杀了，以儆效尤。

先前，单于对王莽不允许匈奴接受西域人投降表达了异议，并抬出当年匈奴和汉朝的旧约，汉朝无力反驳，最后凭借道德审判和军事恐吓才强行要回来的。事情结束后，王莽就制定了新规则，说有四种人即便投降，匈奴也不得接受。这四种人分别是：中国人、乌孙人、乌桓人，以及西域那些佩戴了中国印绶国家的人。由于每一项都算一个条款，所以该条款又被简称为四条。

王莽派使者把新设的四条传达给单于，并收回了以前汉宣帝、汉元帝时代约定的文书。

那段时间，王莽正在搞一项名字改革，即一个人的姓名，姓之外，名只能一个字。比如王莽，姓王名莽，名为一个字，什么王菊花、王桂花之类，名都是两个字，这就不行，王莽的孙子王会宗就因为这项改革更名为王宗，后来王宗犯了罪自杀之后，王莽将他降级，名字复为王会宗。

王莽为了显示连外国人都觉得这个改革好，派使者去匈奴游说单于，让单于申请改名。

在使者的软硬兼施下，囊知牙斯也收了不少财货，遂上书汉朝，表示：成为汉的藩臣，是我的幸运，本人很喜欢汉朝的先进制度，臣以前的名字叫囊知牙斯，从今以后就叫"知"吧。

囊知牙斯没有任何发言权，就接受了这个两国之间的新约定，还半推半就改了名字，心里肯定不舒服的。不久后，那个新约定就惹事了。

* * *

惹事的地方是乌桓。

秦末汉初时，匈奴冒顿单于击破东胡，东胡人分为两拨，一部分逃到鲜卑山，另一部分逃到乌桓山，遂成为鲜卑和乌桓两个部落。乌桓是被匈奴打垮后形成的部落，仍然逃不了被匈奴役使的命运，每年不得不向匈奴上贡、缴税。到了截止日期如果没有交齐，匈奴就会发起攻击，抢走他们的妻儿。

到汉武帝元狩四年（前119），汉朝发动了漠北战役，霍去病率五万骑兵攻打匈奴左贤王，大破之，封狼居胥而还，东部地区的匈奴遭到重创。之后汉朝将乌桓人内迁至上谷、渔阳、右北平、辽西、辽东五郡的塞外，给汉朝侦察匈奴的动静。

那时候，汉帝国威名远播，乌桓的酋长每年都会老老实实来长安朝见天子。后来为了加强对乌桓的控制，刘彻还设置了护乌桓校尉，持节统领乌桓。

到汉昭帝年间，乌桓渐渐强大，加上汉朝对匈奴连年打击，乌桓觉得是时候给匈奴一些颜色了。他们为了报冒顿的灭国之仇，把冒顿的坟给刨了。

冒顿之于匈奴，如同刘邦之于汉，祖坟被刨，简直是奇耻大辱。匈奴发动两万大军压向乌桓。汉朝霍光得知消息，派遣度辽将军范明友率军相助，然而范明友抵达后匈奴已经撤退，为求战果，范明友对着乌桓人一阵屠杀，斩首六千余级而还。如此行径惹怒了乌桓，从此乌桓人经常侵扰汉边，不过总是被击退。到汉宣帝时代，汉朝空前强大，乌桓才又慢慢臣服于汉。

但乌桓和汉朝、匈奴的关系很复杂，比如乌桓大体上听命于汉朝，汉朝也会保护乌桓，可由于种种原因，匈奴仍然每年向乌桓征收皮布税。随着汉朝与匈奴和解，汉匈相互示好，乌桓向匈奴缴纳皮布税作为固有制度，一直保留下来了。

王莽定的新约上有一条是：匈奴不得接受乌桓人投降。

然而汉朝使者到了乌桓后居然称：乌桓百姓以后不要再给匈奴缴纳皮布税了。

于是，当匈奴像往常一样到乌桓收取皮布税时，乌桓人拒绝了，还搬出理由：我们奉了天子诏书，不应给匈奴交税。

匈奴负责税收的官员大怒，抓了乌桓部落的酋长，还绑了倒挂起来。酋长的本家见兄长被如此欺凌，忍耐不住，就攻杀了匈奴使，并将一同前来的匈奴皮布商及家眷一网打尽。

单于闻之大怒，派左贤王出兵乌桓。乌桓不能抵挡，作鸟兽散，或走上山，或占据要塞。匈奴大军在乌桓土地上烧杀抢掠，还掳走了近千人。匈奴将这些人拘留在边境，让乌桓拿马畜皮布来换。

被掠夺的乌桓人亲属两千余人，带上匈奴要的马畜皮布到匈奴换取家属，只是匈奴拿了他们的物品，仍不放人。

直到王莽代汉，五威将换完印从匈奴回家时，经过左犁汗王（匈奴国封的诸侯）境内时，发现这里有许多乌桓人，便问左犁汗王怎么回事。左犁汗王就把跟乌桓发生冲突的本末告诉了五威将。

五威将当即做出指示：之前就有约定，匈奴不得接受乌桓人投降，速速将他们遣返。

左犁汗王不敢做主，请示囊知牙斯单于。

对此单于是有些不满的，但当时他还想到长安要旧印，就问怎么遣返：是从汉朝国内走，还是从塞外呢？

后来得到王莽的回答是：从塞外遣返。

囊知牙斯的使者跟着五威将到了长安，但磨破嘴皮子也没求到旧印。单于知道后，愤怒了。

囊知牙斯继位后已经经历过太多憋屈的事情了。

第一，中国十分无理地跑来要他割地，他怒火之下说了不逊言语，那之后就一直担忧中国会秋后算账，为了中国的错误提心吊胆许多年；

第二，中国派人来威逼利诱，搞得他把名字由"囊知牙斯"改为"知"，堂堂单于，尽至于斯；

第三，匈奴是一个主权完整的国家，接受异国投降，是正当权利，可是中国连这个也不让，他忍气吞声跟中国道歉，人家还高高在上，不接受；

第四，为了限制匈奴接受俘虏，他们不顾之前汉宣帝、汉元帝时代的规定，新搞了个四条约定，他为了大局也接受了；

第五，匈奴从乌桓征收皮布税由来已久，可中国官吏居然擅自扩大四条约定的范围，不让他从乌桓征收皮布税，断他财源；

第六，中国搞改朝换代，居然要降低囊知牙斯的地位，这就欺人太甚了，即便苦苦哀求，居然仍换不回一块象征荣誉的印……

如此种种，让囊知牙斯再也不能忍受，他派出一万骑兵，借护送乌桓人的机会，直抵朔方郡外。

朔方太守立即禀报。

两国关系顿时紧张起来。

8. 对峙

新朝始建国二年（10）十二月，王莽宣称，将匈奴单于的名号改称为"降奴服于"，以示轻蔑。接着，王莽开始了政治攻势，即用"政治推恩"的方式分化匈奴内部。

他表示，虽然囊知牙斯罪大恶极，但其父呼韩邪单于累世忠孝，故不忍因囊知牙斯不肖，断了呼韩邪的后代，所以天子要将匈奴国一分为十五，在呼韩邪的子孙中挑选十五人担任单于。他还在云中郡边境设立了一个据点（可以叫"拜单于办公室"），主要任务就是招降呼韩邪那些愿意当单于的子孙，让中郎将蔺苞、副校尉戴级率一万骑兵，带着珍宝驻扎在那儿，等待呼韩邪的子孙们，先来后到，十五个名额用完，就不再封了。

蔺苞和戴级派出了一批翻译官，成功搞定了右犁汗王父子。

史书在称呼右犁汗王及其父子时都用的单字，右犁汗王就叫咸，他的儿子一个叫登，另一个叫助。右犁汗王是呼韩邪的儿子，囊知牙斯同父异母的弟弟。据史书记载，右犁汗王被引诱至王莽的"拜单于办公室"，受到胁迫后当了单于，号孝单于。当了孝单于，"拜单于办公室"又给他配了豪车两辆、黄金千斤，以及其他珍贵物品；孝单于的儿子助，被拜为顺单于，赐金五百斤。

这就是工作成果呀。蔺苞和戴级赶紧把顺单于和顺单于的兄弟送到常安（王莽改长安为常安）向王莽报喜。王莽见政治分化这么快就有了效果，高兴得很，将蔺苞赐爵宣威公，拜官虎牙将军；戴级赐爵扬威公，拜官虎贲将军。此二人一跃成为新王朝为数不多的公爵。

王莽这一招的确高，他还没有动武，只是花了些钱，用了几个空名，就搞得匈奴国人心思变。这下把囊知牙斯单于气坏了，他得知王莽扶持了什么孝单于、顺单于，大怒道："先单于受了汉宣帝的恩情，我们不能辜负了汉宣帝。当今天子，非宣帝子孙，他凭什么？"

囊知牙斯指出王莽继位非法之后，派军队进攻云中郡，大杀吏民。接着囊知牙斯一发不可收拾，发动匈奴国左右部都尉和边境王爷，入塞盗寇。入侵军队少则数百，多则数万，雁门、朔方两郡的太守和都尉都被杀死，从此边境地区哀鸿遍野、死伤惨重。

*　　*　　*

王莽在政治上分化匈奴的同时，也在积极备战。他封了十二个将军，令他们分六路驻扎边境。

第一路：五威将军苗䜣、虎贲将军王况出五原；

第二路：厌难将军陈钦、震狄将军王巡出云中；

第三路：振武将军王嘉、平狄将军王萌出代郡；

第四路：相威将军李棽、镇远将军李翁出西河；

第五路：诛貉将军阳俊、讨秽将军严尤出渔阳；

第六路：奋武将军王骏、定胡将军王晏出张掖。

十二个将军之外，还有偏将及以下武官一百八十人。将领安排完毕，接着就从全国各地征发囚徒、壮丁和士兵。按照王莽的打算，要征调三十万大军，准备三百日粮饷。各路军队不得妄动，先到边境的军队，等三十万大军都齐了，再分成十路，同时行动。匈奴如果后撤，就穷追不舍，将他们赶到丁令部落，不能南下。然后立呼韩邪的十五子为单于，瓜分了匈奴。

现在，各路将领已到汉边，只等国内发动军队和征调粮食，待三十万大军齐备就倾巢出动，直捣黄龙。

但讨秽将军严尤不同意王莽这个战略构想。他分析了周、秦、汉三代对匈奴的策略后，提出了四点看法：

第一，这次发动三十万人，得从全国各地征调，一年都不能集合完毕，先到边境的军队会未战先疲，加上武器损耗，会降低战斗力。

第二，这次要准备三百日粮饷，边郡根本没有那么多储备，只能从内地远调，路途遥远。详细计算一下，每个士兵需要十八斛干粮，这就必须用牛运输，可牛本身也要吃东西，运过来十八斛干粮，牛自己要吃二十斛，代价太大了。且匈奴很多地方缺乏水草，从以往的经验看，出征百日后，在边境驮粮的牛都会死光，那之后，就只能靠人力运输粮食了。

第三，匈奴之境，秋冬寒冷，春夏大风，必须带上大锅和木炭，十分笨重，士兵要在那里喝水吃干粮度过一年，这期间军队可能遭遇疾病，所以前代人攻打匈奴，时间都不过百日，不是不想时间长，而是形势所迫不得不如此。

第四，辎重随军队一起，轻锐部队就会少，无法快速行军。敌人逃窜了，我们也追不上；和敌人遭遇，又必须顾及辎重，无法全力施为；遇到险要之地，队伍只能拉长，首位相随，纵向前进，这期间如果敌人袭击前后方，危险极大。

所以严尤认为，如此劳民伤财，还不一定能够成功，他建议：既然已经发兵，那么先到边境的，不必死等三十万大军齐备，可以相机行事，深入敌境，找机会重创敌人的。

可王莽不听，仍然要等待几十万大军都齐了才动手。

*　　*　　*

王莽三年（始建国三年，11），王莽的"拜单于办公室"封了两个单于：囊知牙斯的弟弟咸，为孝单于；咸的儿子助，为顺单于。封完之后，顺单于助和兄弟登一起到了长安，孝单于则回匈奴去了。

然而这个孝单于领了王莽的赏，受了封号，跑回去不是建设自己的王国，更没有策反匈奴人，而是将这一切原原本本告诉了哥哥囊知牙斯，尤其说自己是如何如何被迫才当的这个单于。

囊知牙斯很不高兴。一个巴掌拍不响，他若没有当单于的想法，为何会跑到人家那儿去？肯定是想当单于，去了后发现和预想的差别太大，才返回来的。咸本来是匈奴国左犁汗王，囊知牙斯将他贬为一个匈奴的贱官。

在长安的顺单于助和兄弟登并不好过。助到长安后，病死了，王莽以登代替助，成为顺单于。然而过了一些时间，边境抓到匈奴俘虏，说孝单于咸的儿子角，经常率兵入侵，杀掠吏民无数。王莽得此消息，大怒，召集各蛮夷国首领，齐聚长安，然后像当年斩杀两个西域国首领一样，来了个杀鸡儆猴，将新上任的顺单于宰了。而远在匈奴的孝单于根本不知道这事。

在顺单于登被杀的第二年，王莽五年（始建国五年，13），囊知牙斯单于去世。

当此之时，决定匈奴国运的是王昭君的后代。

王昭君一开始嫁给呼韩邪，呼韩邪死后，他的儿子继位，再娶了王昭君，与王昭君生了两个女儿，大女儿叫云，在匈奴的称号叫须卜居次。云一直主张跟中国和亲，她想到咸曾经被王莽封为单于了，平日里又和咸的关系好，就和女婿（须卜当）一起，将咸立为下一任单于，是为乌累若鞮单于。

乌累若鞮单于（咸）上台，云和女婿（须卜当）就劝他跟中国和亲。

王莽六年（天凤元年，14），云和女婿遣人至边塞，说自己要见和亲侯。那时的和亲侯叫王歙，是王昭君哥哥的儿子。王莽听闻此事，尤其得知当今单于就是他曾经封的孝单于后很振奋，当即派遣王歙和弟弟王飒出使匈奴，祝贺咸当了匈奴统治者。

王莽这个人喜欢干杀鸡儆猴的事，所以此次出使，使者在祝贺了乌累若鞮、讨论了两国发展后，还希望匈奴交出在西域杀死戊己校尉的陈良、终带等。因为他要杀了这几个人给猴看。

但乌累若鞮不同意。

这并非乌累若鞮讲信义，而是想跟王莽谈条件：我要他们没用，但不能白给你。

谈到最后才知，乌累若鞮是要新朝将这些人购买回去。

王莽自然不吝啬这几个钱，痛快答应。乌累若鞮也二话不说，服务非常周到，把参与杀害戊己校尉的主犯及其家人，合计二十七人全部抓起来，关进囚车，交给了使者，还派了一个王爷当镖师。

那二十七个人的下场很惨。在长安城北，他们被活活烧死。王莽还招来官员和百姓，观看这个可怖的场景。

*　　　*　　　*

本来，自汉宣帝以来，汉匈之间已经几十年没有战事，人民幸福安康，边境人口增长，牛马成群，欣欣向荣。然而王莽甫一登基，就跟匈奴发生矛盾，那之后匈奴入侵，边民或死亡或被捕。王莽又派出几十万大军驻扎于新朝边境，耗费巨甚不说，军队久不出战，几十万人就在北风凛冽之地苦苦煎熬，几年下来，军队疲惫不堪，一些不轨之徒还趁机侵扰边民。

王莽登基才几年，就将汉宣帝以来安然祥和的中国边境，弄得一片空虚、一塌糊涂，那里再不见牧马放羊的场景，一片荒凉萧索，时而还能看到死人的骨头。

王莽六年（天凤元年，14），边境发生严重饥荒，灾民得不到救济，困苦之极，后来到了人吃人的地步。朝廷的谏大夫如普到边境巡视，看到了这一惨状。他回去陈述了边区百姓的疾苦状况，并表示跟匈奴的关系已经改善，希望罢兵。

王莽采纳了如普的建议。

可是乌累若鞮单于很快就变脸了。因为之前王莽派使者去匈奴时，明明白白跟他说他在长安的儿子登过得很好，然而使者回到匈奴，却告诉他那个"过得很好"的儿子已经被王莽杀了。

乌累若鞮恨死王莽了。可他又贪图跟王莽和亲时王莽给的财货，就当起了两面派：一面跟王莽商谈和亲，享受王莽的赏赐；另一面指示手下人入侵新朝边境，既报了杀子之仇，也能从边境抢许多东西。

王莽得知匈奴人仍然侵犯，很不理解，派使者责问乌累若鞮单于。然而乌累若鞮的答复是：非己所为。那些入侵之人都是乌桓和匈奴刁民，然而这怪不得自己，因为每个国家都有不听话的人，就像中国也会有强盗和小偷。他自己对中国的态度是友好的，自己刚当单于，威信低，但是会尽量制止。

这话把自己的责任推得一干二净：对中国我是友好的，态度也是极好的，发生那种事，只因我能力有限，力有不逮而已。

单于说了，这都是境内刁民所为，你就算把单于杀了，换个新的难道刁民就不入侵了？

这显然是鬼话，乌累若鞮作为匈奴国的最高统治者，匈奴入侵中国，不管他能力如何，他都要负责。他如果管不住境内武装，中国可以以此为借口"帮"他管的。

王莽似乎并没有准备好攻打匈奴，他发动那么多人驻扎在边境，更像是战略威慑，吓唬匈奴北迁。倘若他真想攻打匈奴，完全能借此机会出兵，那时乌累若鞮恐怕就不敢说自己管不住了。他也没有在这件事情上逼迫乌累若鞮，似乎只想要一个匈奴单于顺服于中国的态度。

新王朝于乌累若鞮而言，就是个提款机。所以他一面听王莽的话把匈奴国号改为"恭奴"，把单于尊号改为"善于"，从王莽之处得到大量金钱，一面派军队到中国边境抢掠。王莽一方面对乌累若鞮表示满意，另一方面承受着匈奴的入侵。他既要给匈奴大量赏赐，好让乌累若鞮表达出恭顺态度，还不得不投入巨大军力，防备时不时来自匈奴的入侵。

边民们外有匈奴烧杀抢掠，内有官吏征收粮食，他们活不下去，都纷纷逃离到内地谋生，由于在内地没有土地，他们大部分把自己卖了沦为奴隶。

当国内民变纷起，王莽不得不投入大量精力剿灭东部叛乱的时候，对于匈奴的抵御，王莽就心有余而力不足了。但即便如此，王莽也不愿跟匈奴和解，要与匈奴僵持到底。

打仗打的是国力，他不放弃，可是又没有太多资源能够投入，该怎么办呢？

王莽在全国范围内招募壮丁、死刑犯、奴隶，将这些人命名为猪突豨勇，作为攻打匈奴的锐卒；他面向全国百姓和官吏收取三十分之一的财产税；公卿以下，二百石以上的官员，认领军马，负责养护。

对付匈奴，除了这些常规操作，王莽还广招奇能异士。只要他听说谁具备特殊本领，就收纳此人作为人才储备。于是宣称有特异功能的人鱼贯而入：有人说，可以水上漂，渡河不用船只；有人说服用了自己的药物，军队可以不带军粮；有人说可以掌握制空权，因为他能飞翔，可日行千里，到匈奴查探军情……

王莽最感兴趣的是那个飞翔特技，他曾让拥有这个特技的人表演。

可是哪有人会飞呢？那个夸海口的人，觉得自己倒霉透顶，别人说什么王莽就信什么，唯独到他这个，王莽非得亲眼见识。他没有办法，只能硬着头皮上。他找来许多大鸟的毛，扎成两个巨型翅膀，又在自己的头部和身体上，全都绑上鸟毛，最终把自己打扮成鸟的样子，扑腾扑腾，居然真的飞了起来。不过他只飞了数百步，就掉落下来。

王莽一开始见这个鸟飞了起来，也很高兴，可短短时间内又掉了，摇摇头，知道这个技术还无法侦察匈奴敌情，只好作罢。本来，此人说自己能日飞千里，后来却只能飞几百步，算得上招摇撞骗的，可王莽未做惩罚。其他吹牛人士，王莽也没有惩罚，还将他们留下，封为理军，赐以车马。他这么做是想留住他们，借助这些人吹嘘出来的能力，向外界展示自己拥有强大的人才储备和军事力量。反正除了这些"理军"本人和王莽，没几个人知道那是假的。

王莽十年（天凤五年，18），乌累若鞮单于去世，其弟弟舆继位，叫呼都而尸道皋若鞮单于。

王莽总喜欢在名称上做文章、占便宜，他命人将匈奴右骨都侯须卜当引诱到边塞，然后胁迫至长安，强行将须卜当立为须卜善于后安公。善于，就是王莽口中的单于，后安公，是新王朝的公爵，二者加一起，就包含了这么一层含义：匈奴的一个首领也就是中国一个臣子。

招来了须卜当，王莽就想一鼓作气把匈奴拿下，由自己人须卜当号令。他打算派遣严尤和廉丹攻打匈奴，等诛灭了新单于舆，拥立须卜当。

但严尤反对。王莽登基之后，跟中国周边国家都翻脸了，国内民变纷纷，周边国家不稳，严尤曾多次劝谏，希望王莽改变策略，可王莽始终不听。这一次，严尤被派遣攻打匈奴，再一次劝谏王莽，认为当务之急是解决国内叛乱，而匈奴问题可以暂缓一缓。

王莽听到严尤这些话，想起前些日子自己引诱须卜当时严尤也出言反对，再想到严尤作为大司马，可是近年来贼寇越来越多，当即把严尤痛骂一顿，免其大司马，由董忠担任。

王莽执意四面树敌，向匈奴开战，而匈奴国可以打游击，把中国往垮里拖。那之后，随着国内暴动愈演愈烈，北方边境再无安宁。

9. 夜郎

王莽登基之初，还派了五威将到西南夷地区，将汉朝曾经封的钩町王降级为侯。

西南夷也因为这个政策，乱了起来。

西南夷的历史要从汉武帝时代说起了。

在拙著《权力的构建与传袭：汉武群雄》中，笔者讲到了西南夷：

> 西南夷，可以分为西夷和南夷。夷，指少数民族，西夷，可以理解为巴郡蜀郡以西的少数民族，南夷为巴蜀以南的少数民族。西南夷的位置，大概在今天的云贵和川西地区。在南夷地区，有个较大的国家，叫夜郎，据说有十万军队；西夷地区中，辖区范围最大的是滇国。其实该地区里所谓的国家，都比较原始、落后，说它们是部落或许更贴切一些。

汉武帝之前，西南夷地区部落林立，是个蛮荒之地。汉武帝时，番阳县令唐蒙发现，通过南夷能抵达南越国；出使西域的张骞也发现，汉可以通过蜀地、经身毒国再至西域诸国。于是汉朝开始了西南夷大开发，经数年之功，耗费巨万，汉朝终于在当地修了路，还建郡设县，安排了汉朝官员。

一开始，当地部落不知汉之强大，滇国国王就一直以为自己的国家很大，还曾问汉使："汉与我相比，哪个大？"（汉孰与我大？）和西夷最大的国家滇国一样，南夷最大的国家夜郎国也问过同样的问题，于是就诞生了一个成语：夜郎自大。

闹出夜郎自大这样的笑话，说明在那时，虽然汉朝在西南夷做了很多工作，但西南夷的部落们仍然没认识到汉的能量。直到汉武帝三十年（元鼎六年，前111），汉军平定南越国归来，一部分军队顺道来到西南夷，攻杀了几个大部落，后来又打败滇国，才终于使之服气。汉朝相继在那里设置了武都郡、牂牁郡、越嶲（xī）郡、沈黎郡、文山郡和益州郡①。

汉昭帝刚刚继位,益州就发生暴乱,朝廷大军平定后不多久,又死灰复燃,到汉昭帝五年(前82),汉军进剿取得大胜,斩首三万余级,俘获当地畜产五万余。是役,钩町部落酋长钩町侯亡波与汉军一起平定动乱,立下大功,被汉朝封为钩町王。

汉成帝年间,夜郎王与钩町王、漏卧侯打仗②。牂牁郡太守上奏朝廷,请求朝廷发兵,攻打夜郎国,诛杀夜郎王。

但朝廷觉得夜郎国太远,打仗劳民伤财,只派遣太中大夫张匡以天子特使身份前去安抚。

但夜郎王不买账。不但如此,张匡还看到,夜郎王让人用木头刻些汉朝官吏的雕像,立在道旁,命人用弓箭射杀。(《汉书·西南夷两粤朝鲜传》:刻木象汉吏,立道旁射之。)

张匡咬牙切齿走了,回去汇报了夜郎王的种种行径。

夜郎王这么干,哪怕困难重重、路途遥远也不能忍了,毕竟"犯强汉者,虽远必诛"的豪言才过去不到十年。

太中大夫杜钦建议,武力进剿。

汉成帝六年(河平二年,前27),大将军王凤推荐陈立为牂牁郡太守,负责平定夜郎王的动乱。

陈立在益州郡当过县长,对付蛮夷很有一套,在当地威信高,上台就发去公函,警告夜郎王不得违拗中央。然而夜郎王拒不听命,陈立当即上奏,请求动武。

① 据复旦大学历史地理研究所编撰的《中国历史地名辞典》:武都郡,治所武都县,在今甘肃省西和县南;牂牁郡,治所故且兰县,今贵州省凯里市西北;越巂郡,治所邛都县,今四川省西昌市东南;沈黎郡,治所笮都县,今四川汉源县东北,汉武帝四十四年(前97)废;文山郡,治所汶江县,今四川省茂县北,汉宣帝地节三年(前67)并入蜀郡;益州郡,治所滇池县,今云南省晋宁县东北。

② 西南夷有大大小小的部落上百个,汉武帝平定此地后,只封了两个王,即夜郎王和滇王。其他的部落,应该都是侯或者以下的称号了,比如漏卧侯。钩町、漏卧、夜郎,都在牂牁郡。

朝廷的回复还没到,陈立就带着人外出巡视了。巡行至夜郎王的地盘时,他表示要面见夜郎王。

夜郎王同意。

陈立原本打算设一个鸿门宴,在夜郎王单刀赴会时将其格杀,却不料夜郎王赴会那天带了数千军队,还让附属于夜郎国的数十位酋长都跟他一起。

面对来势汹汹的夜郎王,陈立临危不惧,更没有因为那些酋长和外边军队而投鼠忌器,当众大声数落夜郎王的罪名。声讨完夜郎王,他按照原先计划直接把夜郎王杀了。其他酋长开着开着会,忽然见夜郎王身首异处,立即倒戈,表示陈立是为民除害,愿意出去遣散兵众。陈立将夜郎王首级到处传看,大家看过后全都投降。

陈立单枪匹马,一举拿下夜郎王,和夜郎王作对的钩町王、漏卧侯既感激又害怕,赶紧献上粮食和牛羊,犒劳汉军官兵。

王莽建立新朝,五威将又到了西南夷,目的就是将汉朝曾经封的钩町王降为侯。钩町王非常不满。

* * *

钩町王的不满应该很大,因为连远在长安的王莽都知道了。王莽指示牂牁郡大尹(王莽改太守曰大尹)周钦杀了钩町王。

周钦遂设了个骗局,将钩町王击杀。钩町王的弟弟大怒,攻打周钦,反过来把周钦杀了。

当地官兵围剿。可几年下来,非但没能降服钩町,反而弄得西南夷地区的其他部落愁苦不安。到王莽六年(天凤元年,14),西南夷地区的蛮夷部落,全部暴动,还杀了益州大尹程隆。

朝廷命官相继被杀,让王莽意识到问题的严重性,他封冯茂为平蛮将军,令冯茂发动巴郡、蜀郡及犍为郡的官兵,进击益州①。要求这三

---

① 按照辛德勇的研究成果,在汉平帝元始二年(2)时,益州的大致范围包括武都郡、汉中郡、广汉郡、巴郡、蜀郡、越巂郡、犍为郡、牂牁郡、益州郡。

个郡作为后勤保障基地，必须满足冯茂的一切需求。

可冯茂根本不行，他在益州剿匪，前后三年，花费巨甚，弄得巴蜀老百姓民不聊生不说，不但没能平乱，连士兵也遭了殃，因病和瘟疫死掉之人达十之六七。

王莽召回冯茂，斩之于长安，重新遣宁始将军廉丹和庸部牧① 史熊开赴前线。此二人从天水、陇西、广汉、巴、蜀、犍为等郡大肆征发士兵和运粮劳力，前前后后一共发动了二十八万人。

廉丹、史熊花了很大代价，终于取得开门红，斩首了数千人。然而军队给养消耗过大，无法继续了，想一举荡平，难如登天。王莽见廉丹、史熊打了开门红之后再无战胜消息，就召他们回长安。

廉丹和史熊知道，冯茂就是前车之鉴，如果不好好回话，他们可能像冯茂一样被杀了。他们在王莽面前立下军令状，说一定能剿灭反贼，但需要朝廷增加军队和物资。

王莽同意了。

于是廉丹、史熊再到前线，就从各地征调粮食和士兵，这一回他们提着脑袋作战，自然不顾百姓死活。

西南地区的老百姓苦不堪言。为了支持战争，百姓不得不将自己百分之四十的财产上缴。廉丹和史熊不顾一切的做法，让就都大尹冯英不能忍受了（王莽改汉广汉郡为就都，太守曰大尹，就都大尹就是故广汉郡太守），他向朝廷上书，抗议廉丹、史熊的作为，并建议朝廷罢兵屯田。

那时候的王莽是看不起那些部落的，也不怕打仗，他对冯英的上书非常不满，当即将冯英免官。

冯英没能阻挡廉丹、史熊在西南地区横征暴敛，很快那里的百姓就被榨干。越到后面，军粮就越是难以为继，疾病愈多，士气愈加低落，军队损失惨重。

三年多以来，西南夷地区的士兵和百姓死者达到数万。然而他们不但没能成功，反而使西南地区愈加动荡，越巂郡的蛮夷任贵还攻击新朝

---

① 王莽代汉后，将之前的益州刺史部改名为庸部。

官员，自立为邛谷王。终王莽之世，西南夷地区都没再回到中国怀抱。直到刘秀称帝，光复汉朝，才再次管辖这里。

＊　　＊　　＊

新王朝派出的五威将要将中国周边国家的国王由王爷降级为侯爷，去西域的五威将虽然没立即引起动荡，但西域诸国是不满的，车师后国早早就跟新朝翻脸，投降了匈奴，其他小国也对王莽新政充满抵触。及至匈奴侵边，西域诸国都不再亲附。王莽五年（始建国五年，13）时，靠近匈奴的焉耆国率先发难，攻杀了西域都户但钦。

三年之后，王莽八年（天凤三年，16），王莽派五威将王骏、新的西域都户李崇，率大军巡行西域。西域各国的势力都很弱小，见中国来了大军，表现得很友好，王骏、李崇每至一个国家，国王都会到郊外迎接。看到西域国家这么恭顺，王骏来了信心，决定惩罚三年前攻杀西域都户但钦的国家。他兵分两路，一路自己率领，一路由何封、郭钦率领，进攻杀害西域都户的主谋国——焉耆。

焉耆国见王骏排开了阵势，未做抵抗就准备投降。

然而就在王骏以为西域翻不起大浪的时候，焉耆大军已经早早埋伏。等何封、郭钦赶到焉耆，王骏已全军覆没，王骏本人也被杀死。那时候焉耆的军队尚未归来，何封、郭钦没有战功，竟然把屠刀挥向了老弱病残。

王莽不知道何封、郭钦杀的是什么人，还以为何封、郭钦杀贼有功，封郭钦为填外将军，赐爵剿（jiǎo）胡子，何封被赐爵集胡男①。

这一番折腾，使那片从汉武帝时代就开始经营、自汉宣帝时代就一直被中国控制的土地又回到汉武帝以前的状态了。《汉书·王莽传》记载：西域自此绝。是岁，王莽登基第八年，公元16年。

＊　　＊　　＊

当新朝的北部、西部和西南部都发生动乱的时候，新王朝东北部的

---

① 子和男，皆为王莽时爵位级别。

高句骊也动荡起来。

高句骊，有不同叫法，可以叫句骊，叫貉、貊，有些史书也写作高句丽。高句骊所在的朝鲜半岛，曾是被汉朝降服了的。汉武帝三十三年（元封三年，前108），汉武帝平定朝鲜，在其地设置乐浪、玄菟、真番、临屯四个郡。到汉昭帝始元五年（前82），汉朝撤销临屯、真番，将其地并入乐浪、玄菟。那时候高句骊是玄菟郡的一个县。

按照朝鲜人金富轼所著《三国史记·句丽本纪》，在汉元帝十二年（建昭二年，前37）时，朱蒙建立高句骊国。

向东的五威将，是去玄菟、乐浪二郡，以及高句骊国和夫馀国宣布新王朝的政策，这里没有王爷，所以不存在由王贬侯的问题，因而也不像其他几个地方那样招致太强抵触。

但高句骊还是动荡了。原因是王莽攻打匈奴时要从高句骊征兵，而高句骊不肯。郡里强行征兵，高句骊人不愿意去，跑了，他们不能回家，便落草为寇。辽西郡大尹亲自率兵捉拿，在这个过程中被杀。

大尹，也就是汉朝的太守，是封疆大吏，就这么被一群蛮夷杀了，朝廷肯定不能罢休。

郡里上报的时候，把大尹之死归咎于高句骊的国王（中国称高句骊侯），并建议严厉处置。

这时又是严尤出面了，他仍然担心新王朝四面树敌，遂上奏王莽：杀死官员，是当地人犯了法，并非高句骊侯教唆。就算高句骊侯有二心，照目前的情况，也该安抚。如今给高句骊侯定了大罪，倘若他背叛朝廷，其周边的国家部落肯定响应。那么匈奴未克，夫馀、秽貊等国家又要造反，形势就不妙了。

王莽不听严尤之言，坚持给高句骊侯定罪。

严尤无可奈何，只得遵命。王莽四年（始建国四年，12），他引诱高句骊侯到他的所在地，将其击杀[①]，然后将高句骊侯的头传到长安。

[①] 朝鲜国史书《三国史记》同样记载了此事，但说严尤诱杀的是他们的一个将领。参看《三国史记·高句丽本纪》，并未国王被杀的记载，当年或下一年也没有新王登基。所以严尤杀的很可能是个将领。

王莽见了所谓高句骊侯的人头，非常高兴，并表示已经平定了东部，匈奴的那个降奴服于知（就是匈奴单于囊知牙斯），覆灭就在旦夕之间（《汉书·王莽传》：捕斩虏骆，平定东域，虏知殄灭，在于漏刻。）王莽他不喜欢那个国家（部落）称自己是"高"的，就将高句骊改名为下句骊。

高句骊人没有因此而"下"，更没有一蹶不振，他们被激怒了，开始频繁地侵扰边境。

于是乎，自汉朝以来稳定了上百年的少数民族地区短短几年全都乱了。

第十一章 穷途末路

王莽哭完念完就回去了，但南郊的活动还得继续。官方组织人来哭，管饭。那些哭得非常悲哀的人，或者能边哭边背诵出王莽向上天陈述功劳的那篇文章的人，就算哭得好、哭得优秀，可以进入国家公务人员的队伍，当个郎官。前前后后下来，那些靠哭技当上郎官的，达五千余人。

1. 困兽

昆阳之战，王莽惨败。此时汉军又发布消息：汉平帝刘衎是王莽毒死的。

的确是王莽毒死的，但他不能承认，因为承认了就是乱臣贼子、阴谋篡位。所以王莽召集群臣，哭着向群臣展示他曾经为汉平帝祈福的文章，证明自己在道德上没有问题。

接着又开始搞舆论宣传。他让张邯写文章，称赞他的德行，阐述上天对他的种种支持。于是张邯就回家找典籍，往这个主题上靠，终于在《易经》中找到了相关的句子："伏戎于莽，升其高陵，三岁不兴。"

本来，这句话的意思是：军队在丛林边界处不能前进，双方争夺制高点，僵持了很多年。

但张邯解释的就很有创意了，他说：莽，就是指皇帝王莽；升，是刘玄所在那支汉军的创始人刘伯升，也叫刘縯，刘秀的哥哥；高陵，是高陵侯翟方进的儿子翟义；三年不兴，指三年就会失败。所以，古老的《易经》就已经预言：刘縯、翟义是新皇帝一朝的反贼，很快就会被消灭。

臣子们听了这个解释，都很振奋，趴在地上山呼万岁。

除了胡乱解释典籍，王莽还制造假新闻。他让人从东部派一批装了囚犯的囚车，沿途声称捉住了刘縯等匪首。

但百姓似乎都知道王莽已日薄西山，他们并不认为囚车之中是刘縯。

此时的王莽陷入了内忧外患。中国与周边少数民族国家和部落全部闹翻，那本来和平的边境战乱不止；国内一系列改革改得一团乱麻，民怨沸腾；昆阳之战死伤惨重，主力损失殆尽；东部的起义军日益壮大；百姓思汉，很多人加入了刘縯的队伍；舆论指向王莽，说他谋朝篡位，毒杀汉朝天子，多年经营的良好形象，受到严重冲击……

内外压力下，王莽渐渐失去了掌控局势的能力。新王朝内部有人准备对他下手了。

王莽有一个卫将军叫王涉，手底下养了一个道士西门君惠。西门君惠通过观察天象，对王涉说：刘氏当复兴，天子的名字，就是国师公的名字。

当时，新王朝的国师公是王莽所封的嘉新公，叫刘秀。

倘若历史上真有西门君惠的预言，西门君惠的确是算对了，因为振兴刘氏的天子，确实叫刘秀，但并非国师公。

国师公刘秀，原先叫刘歆，汉哀帝元年（前6）时改名刘秀。后来王莽把女儿嫁给他儿子，所以刘歆跟王莽是亲家。

王涉先跟大司马董忠商量好，两个人一起前往刘歆的住处，跟刘歆灌输造反的道理。可他们每次去，刘歆都不应答。

其实，刘歆虽然是王莽亲家，但对于王涉和董忠的提议是有想法的。

否则他们这么劝说,他早告密了。

国师公刘歆跟皇族是极有渊源的,他的先人向上可以追溯到汉高祖刘邦的四弟,楚王刘交。刘歆的父亲叫刘更生,在汉元帝时代,以皇族的身份被举荐,深受汉元帝的信任,他也成为汉元帝时代非常重要的人物。但元帝身边还有个宦官集团,文官代表萧望之、周堪、刘更生很瞧不上他们。两派人经过一番激烈的斗争,萧望之自杀,周堪郁郁而终,刘更生被贬为庶人。

到汉成帝刘骜继位,元帝时代的宦官头子石显失势,刘更生终于有了出头之日,还把名字改为刘向。刘向最为人称道的,是曾经整理西周以及东周列国的历史,将其中三十三篇编订成册,命名为《战国策》。

刘向经常给刘骜上书,希望刘骜能限制王氏家族。但我们知道,刘骜懒,离不开王家,所以明知道刘向说得有道理,也只是看过后发发感慨。

刘歆年轻时,跟王莽都当过黄门郎,后来王莽掌权就重用刘歆,而刘歆也在王莽称帝的过程中起到了重要作用。

除了刘歆,还有甄丰、王舜等人,都是王莽称帝的功臣。按照史书的记载,他们最初的想法只是想提高王莽的臣子地位,他们好从中得到好处,而没想过改朝换代。可是到后来王莽羽翼丰满,他们就算不情愿,也不得不跟着叫好。这种说法当然不可尽信,刘歆是儒学大家,又是皇室成员,东汉史官必然要美化他。事实也的确美化了他,刘歆帮助王莽称帝的相关经历,刘歆的本传中只字未提,都放在了《王莽传》,而在《王莽传》中看不到任何刘歆反对王莽称帝的记载。

王莽当了皇帝,将他们都封为公爵。但这几个人内心不安,尤其那个甄丰,性格强势,还把不满情绪表现出来。王莽察觉了,就想办法折辱甄丰,让大家都看不起他①。

---

① 王莽取代汉朝时造了很多符命,表示他当皇帝是天意。当时,一个叫哀章的人就抓住机会,造了两封竹简,说王莽即将为真命天子,皇太后要听从天命。哀章做得很全面,文书不但说王莽是真命天子,连辅佐王莽的大臣都附在上面,一共十一人。除了八个为王莽立下大功的人,哀章又捏造了两个名字:王兴、王盛,最后还有他自己。后来,王莽为了显示(接下页)

第十一章 穷途末路

甄丰的儿子甄寻，主要职业是制造符命，也就是"制造天意"，通过制作怪力乱神，将这些解释为"上天预示"，以达到目的。他曾制造出种种让王莽当天子的符命，帮助王莽取代汉朝。

然而他尝到甜头后，竟然又造出符命，声称自己应该娶汉平帝刘衎的皇后（王莽女儿）为妻。

甄寻这样的人，于王莽而言只是工具。王莽本来就不想这种人整天指手画脚，现在甄寻又如此没大没小，王莽就想借此机会整治大臣。甄寻知道惹了大祸撒腿跑了，他的爹甄丰跑不掉，自杀了。后来，甄寻被抓住，供出了许多人，其中就包括刘歆的两个儿子刘棻和刘泳，刘棻和刘泳就因为这个案件被杀了。

国师公刘歆虽然跟王莽是亲家关系，但他那个嫁给王莽儿子的女儿刘愔已经被王莽逼死了。

刘愔嫁给了王莽的儿子王临。王莽有四个儿子，王宇、王获、王安、王临。其中，王宇因支持汉平帝的外家吕氏，指使人到王莽家洒血，被王莽逼死，王宇的六个儿子后来被王莽封为公爵；汉哀帝年间，王莽被迫回到新都侯国，其间他的儿子王获杀了奴隶，王莽逼其自杀；活着的王安则脑子有问题，《汉书·王莽传》说他"颇荒忽"。能够当太子的也就只剩王临了。王莽继位之初就立王临当了皇太子。

所以，在相当长的一段时间里，刘歆的女儿刘愔都是未来的皇后人选。

但王临睡了他爹的女人。

王莽逼死过两个儿子，他的妻子伤透了心，把眼睛哭瞎了，王临就在皇宫里照顾母亲。在此期间，他看上了母亲的侍女原碧，并跟原碧发

哀章的竹简内容为上天所赐，硬是从平民中找到了叫王兴和王盛的人。王兴当过看守城门的小官，被封为卫将军、奉新公；王盛则是个卖饼小郎，被封为前将军、崇新公。哀章是始作俑者，被封为国将、美新公。这三个人虽然也在"十一公"之中，但根本没有能力，史书曾直言哀章糊涂，大家都看不起他。王莽折辱甄丰，就是让甄丰当更始将军，跟卖饼郎王盛同列。

生了关系。

但是跟原碧睡了后,王临就觉得大事不妙,因为王莽在这之前已经临幸过原碧了,倘若此事被父亲知晓,他一定惨得很。想到死去的两个哥哥,王临就跟原碧合谋,谋杀王莽。

王临的妻子刘愔懂得观天象,跟王临说,宫中很快就要有平民百姓了。王临很高兴,以为这预示着父亲即将倒台。

但在王莽十二年(地皇元年,20)时,王莽因为迷信,认为王临有哥哥(王安)却被封太子,属于"名不正",取消了王临的皇太子之号,将王临封为统义阳王,王临就离开皇宫,没在母亲身边了。

后来王莽妻子病重,王临给母亲写信,说两个哥哥都是三十岁死的,自己也马上三十岁了,母亲一旦去世,自己怕也活不长久。

这封信被探望妻子的王莽看到后非常生气,认为王临心怀不轨。不久后妻子去世,王莽不允许王临参加葬礼。

王莽也察觉到原碧有问题,等安葬了妻子,他把原碧抓来拷问,原碧什么都交代了。

王临跟两个哥哥一样被逼自杀了。事情追根溯源,就牵扯到王临的妻子刘愔:王临本不知天象,之所以如此,皆因刘愔胡说八道。刘愔也被逼自杀。

对于三个孩子被杀,刘歆是耿耿于怀、心有怨言的。另外,南阳刘缤的势力非常强大,王莽又刚刚遭遇大败,继续跟着王莽,没有好结果。而且刘歆观察天象后推断:东部起义军必胜。

但刘歆不放心,因为王涉是王莽的亲戚。王涉的父亲是王莽的七叔王根,当年,王莽成为内朝长官,就是得到了王根的大力支持。王莽称帝后感念王根,追尊王根为直让道公,王涉继承了这个爵位。

这样的人跟自己说反对王莽,可信吗?

为了刘歆相信,王涉说了一番令人瞠目结舌的话:王莽的父亲王曼从小体弱多病,而王莽的母亲平时爱喝酒,王莽很可能不是王家血脉。言外之意是:王莽不是王家的种,我王涉跟他没有血缘关系的,你不必

第十一章 穷途末路

多虑。于是刘歆同意了。他跟王涉、董忠合谋，打算劫持王莽后，向东部的刘縯集团投降。

但密谋被王莽提前发现了。董忠被杀，刘歆、王涉自杀。

这三人是王莽十分信任之人，如今祸起萧墙，王莽感觉自己受到了玩弄，十分愤怒，他把董忠的族人杀光，然后挖了个坑埋掉，陪葬品就是纯醋、毒药、小刀子、荆棘等。

但对待刘歆和王涉不能意气用事，因为此二人是他亲戚，倘若大张旗鼓处置，势必家丑外扬，使他威严扫地。在这样一个时期，王莽不能让别人觉得他已经众叛亲离，因而没有穷究。

这件事情对王莽的打击很大，他忽然觉得，身边竟没有一个值得信任之人。

他想到了昆阳之战的统帅王邑。

他想王邑回来，跟他商量如何渡过难关。

王邑，是王莽五叔王商的儿子，跟王莽是堂兄弟关系，王莽最信任之人。当年翟义起兵时，王莽惶惶不安，正是王邑率领大军击败的翟义。昆阳之战前王邑被寄予厚望，王莽称他为新王朝的"威宝之臣"。

可王邑敢回来吗？他刚刚在昆阳大败，王莽此时召他回去，是不是问罪呢？

王莽考虑到了这一点，于是给王邑的诏书说：我老了，也没有嫡子①，想传位于你。你不要检讨此战之过，我们见面后也不要讨论这件事情了。

王邑也没地儿可去，对王莽的诏书非常感动，他单枪匹马回来，被封为大司马。

但情况越来越糟了，起义军势力发展壮大，王莽的主力损失殆尽。

---

① 嫡子，是正妻所生之子。王莽与正妻所生的四个儿子，除了傻乎乎的王安都死了。到王莽十三年（地皇二年，21）时，王安也死了。但他在新都侯国时，曾睡了三个侍女，共给他生了两男两女。王安去世后王莽把这四个人接到了长安。

王莽心急如焚，没有胃口，每天只是喝酒、吃一点鱼。他没有办法了，就自己读兵书，企图在其中找到破敌之策。他心神不宁，已经没有在床上睡觉的心境，实在太累了，才趴在桌上睡会儿。有时候军情紧急、坏消息过多，他无可奈何了，就做些聊胜于无的事情。比如毁坏汉元帝、汉成帝的陵墓，说是让百姓不再思念汉朝皇帝。

2. 终结

昆阳之战时，严尤曾建议王邑：放开昆阳，直下宛县，攻击汉军主力，因为宛县的主力一破，昆阳自解。但王邑没有听。

严尤算得上新王朝最有谋略的将领，给新王朝提过很多建议：王莽攻打匈奴时，要等三十万大军齐备了动手，严尤建议先到边境军队不必死等、相机行事；中国和高句骊发生冲突，严尤劝王莽不要给高句骊国首领定罪；眼看着中国跟周边国家都反目成仇，严尤劝王莽改变政策，把心思放在稳定国内；昆阳之战时，他两谏王邑。

严尤的这些建议，都很中肯，然而都未被采纳。

昆阳战败后，严尤和他的搭档陈茂没有跟王邑回洛阳，他们向南逃去，投奔了刚刚起兵的刘望。当年八月，刘望登基为帝，封陈茂为丞相，严尤为大司马。

几乎同时起兵的，还有成纪县的隗崔、隗义等人，他们杀了镇戎大尹[①]李育，勒兵十万，击杀雍州牧和安定郡大尹后，相继攻下了河西走廊一带的所有郡县，并发出文书，声称王莽的罪行比夏桀商纣还要恶劣万倍。王莽对新王朝以西的领地全部失控。

析县人邓晔、于匡也从析县举事，一口气攻下析县、丹水，拿下重要关卡武关，邓晔自称辅汉左将军，于匡为右将军。从东到西进入关中，

[①] 镇戎，原天水郡，王莽改称镇戎。大尹，即汉之太守。

武关和函谷关是两个最重要的关口。秦末时，刘邦就是通过武关，进入关中的（项羽走的函谷关）。武关及其周边地区都陷于邓晔、于匡之手，王莽更加忧愁。

还有宗成、王岑等起兵于汉中郡，杀死王莽的庸部牧宋遵（庸部，汉益州刺史部），集结数万人响应汉军。

看到不知所措的王莽，说符侯崔发给他献了一计：哭。

哭能驱敌？这是什么原理？

崔发说原理出自《周礼》和《左传》，这两部书有显示：国有大灾，可以用哭的方式抑制敌人的势头，所以《周易》说"先号啕而后笑"。

这个时候，王莽也只能哭了。他率领着群臣，浩浩荡荡来到长安南郊。在这里，王莽曾制作过一个神物——威斗。这个威斗由五石铜所制，形若北斗七星，长二尺五寸。做这个的目的，就是希望通过它给敌人带来不幸[①]。

这天，王莽在百官的注目下，自陈上天让他代汉立新的始末，说完之后，仰天大呼：皇天既让我王莽当天子，为何不消灭众多贼子？倘若我有什么不对的，就让天降雷霆杀了我！

天上没有打雷，但王莽说着说着就抑制不住，捶胸大哭起来，哭到后来，就趴在地上叩头，哭得悲哀之极，一度背气。哭完，又念文章，向上天陈述自己的种种功劳。

王莽哭完念完就回去了，但南郊的活动还得继续。官方组织人来哭，管饭。那些哭得非常悲哀的人，或者能边哭边背诵出王莽向上天陈述功劳的那篇文章的人，就算哭得好、哭得优秀，可以进入国家队伍，当个郎官。前前后后下来，那些靠哭技当上郎官的达五千余人。

当长安南郊哭声震天的时候，更始帝的汉军兵分两路打过来了。定国上公王匡攻打洛阳，西屏大将军申屠建、丞相司直李松直逼武关。

紧急时刻，王莽再一次大批量封官。他封了九个将军，将军的称号都有虎，故也称这九个将军为九虎。九虎奉命率领驻守长安的北军将士，

[①] 铸造威斗一事，发生于王莽九年（天凤四年，17）。

向东出征。王莽担心这些人倒戈，就威逼利诱。一方面，他把将士们的妻儿都接到宫中当人质；另一方面，他给出征的将士们每人发了四千钱的赏钱。

这一举动让将士对王莽彻底失望。关押将士的妻儿已经非常无耻了，而他王莽明明还有许多许多钱（至少有黄金六十多万金，折合成钱是六十亿钱），却只给每个士兵四千钱，如此抠门儿，让将士们没有斗志。

果然，九虎遇到邓晔和于匡就吃了大败仗。两虎战死，四虎战败逃走，剩余三虎，退守京师粮仓。

当汉军申屠建、李松来到武关，邓晔已经站稳脚跟，开关迎接。随后，两支军队合力，与莽军作战。邓晔派人渡过渭水，到左冯翊地区攻城略地；李松派偏将军韩臣等向西进兵，与王莽的波水将军交战，波水将军败走，韩臣一路向西，攻至长门宫①。

汉军攻入武关后，关中豪强纷纷响应，首领们皆号称汉将军，各路人马均有数千之众。

当时，李松和邓晔的军队主力两万余人，正攻打由三虎把守的京师粮仓，但迟迟攻不下来。他们不敢在这个时候就去攻打长安，准备等更始帝的大军到了之后，再商量计策。

但不是所有武装都受制于李松和邓晔的，那些趁势而起的武装多如牛毛，也都来到了长安城下。他们得到消息称，打下河西走廊地区的隗崔、隗义兄弟即将赶到。大家也有所耳闻，隗崔、隗义兄弟的势力很大，关中以西的大部分地方都已被他们控制，手下有十余万之众。倘若这伙人率先进入长安，城里的财宝、美女岂不都落入他人之手？于是这些人都按捺不住，想最先攻入长安。

长安城是有守军的。在京城，有南军和北军，南军是皇宫卫队，北军负责京城防卫。当年，吕后去世之后，大臣周勃为了支持刘氏，首先就是想办法取得北军的指挥权，那之后他们才扳倒吕氏家族的。

---

① 按照何清谷所撰《三辅黄图校释》，长门宫在今西安市东北的赵村以东。

第十一章 穷途末路

但我们知道，前不久王莽就把北军的精锐交由九虎，到东边防卫去了。如今这九虎只剩下三虎，三虎还在苦苦守卫着京师粮仓。

王莽没有守卫京师的部队了。但王莽不死心，他放出了所有囚犯。分发武器，集合，歃血为盟，对天起誓：不为新王朝拼命的，鬼神会记住他。只是，这伙人还没行至渭桥，就呼啦散了。

城外的士兵暂时进不了城，就在城外搞破坏。王莽当上皇帝后修的明堂、庙宇等彰显王氏家族威严的建筑，以及王莽家人的墓，全都被烧毁。火光冲天，照亮了长安城，那些耗资巨万、金碧辉煌的建筑在士兵的咒骂和欢呼声中焚为灰烬。

望着一片火光，王莽愤怒之余，对谁都不信任了。有人跟他说，目前把守城门的卫兵都是东部来的人，不可信。王莽立即警觉，重用来自越地的少数民族士兵，负责城门守卫。

王莽十五年（地皇四年，23）九月初一，长安城宣平门被破，各路大军鱼贯而入。王莽帐下的张邯在巡视城门的时候，撞见涌入的士兵，被杀。

到这个时候，攻城士兵们士气高昂，都想着冲进宫杀死王莽，因为大家都明白，杀一个王莽，比杀一百个普通人的功劳还大。

各个关卡都在激战，到了晚上，城内的官宦之家都借着夜色逃了。到第二天，局势已经明朗——王莽败局已定。一些人担心遭到洗劫，开始组织人员响应汉军，火烧官寺，斧凿宫殿，还大呼"反虏王莽，何不出降"（《汉书·王莽传》）。

城门早已失守，大火蔓延至皇宫，王莽带着一众人到处避火。宫殿一间一间烧起来了，宫里的人也到处乱窜。

王莽已穷途末路，他无计可施，只好把命运交给上天：他身穿青红衣服，手持所谓的虞帝匕首，身上挂着玉玺。负责天文的郎官在他身边操纵占卜星盘，隔一段时间就转动手柄，王莽则跟随手柄的转动，变换着座位方向。这时的王莽，已经疲惫不堪，吃不下饭，靠着嘴里不停念叨，给自己壮胆：上天赋予了我这么重要的使命，就算汉兵来了，又奈我何!

当宫内人看到他们曾以为无所不能的王莽已经成了这样，都惊慌失措，不停呼喊着"怎么办怎么办"。

就这么念叨了一天，九月初三天一亮，王莽所在的宣室殿也不能继续待了。他坐上车来到渐台，想借着宫里的池水，阻隔敌军。王莽把所有信念都寄托于上天，随身带着曾经被造出的种种符命，还有在长安城南的铜威斗。当时，跟随王莽的官员尚有千余人。

只有王邑还在作战。没日没夜的战斗，他的士兵已损失殆尽，他本人也疲惫至极。他骑马回到皇宫，绕过层层把守的汉军，来到渐台，忽然看到儿子王睦准备换衣服逃走，一阵呵斥，王睦不敢逃跑，跟父亲一起保卫王莽。

但进入皇宫的军队很快打听到王莽的下落了，他们迅速把渐台包围，王莽插翅难飞。

双方开始射箭，等箭射完了，就短兵相接，白刃赤膊。这场围绕渐台的战斗十分惨烈，包括王邑父子在内的将领们全都战死，那些在渐台上做困兽之斗的人都被杀死。

王莽也死了，是一个叫杜吴的商人杀死的。之后，众人确定了他的身份后，将他的头剁了下来。碎尸万段这个词用在王莽身上一点都不夸张，四肢、骨头、肉都被分离，为了抢夺他的身体而自相残杀的都有数十人。

过了一段时间，王莽的头被传到更始帝所在的宛县，大家都很欢快。更始帝刘玄见到这颗头时，欢喜道：王莽若不干这种事，会跟霍光等名臣一样的。当时刘玄的宠姬韩夫人笑着说：他若不这样，陛下又怎能得到他的头呢?

刘玄很高兴，让人把这颗头挂在宛县闹市。百姓恨极了王莽，后来人们取下王莽的头当球踢，还有人把他的舌头割下吃掉。

3. 更始

王莽被杀前，汉军内部已经发生了很严重的派系斗争。

事实上，这支汉军的天子虽然是刘玄，但在很长时间里人们说起汉军，都只知刘縯而不知刘玄的。

刘玄登基后，王莽就发出悬赏令，内容是：有能够抓住刘縯的，封为上公，食邑万户，赐宝货五千万①。所谓"宝货"，是王莽改革后，对钱的称谓。

登基的人是刘玄，按理说他才是那支军队的领袖，王莽的悬赏令，何以只针对刘縯呢？

因为那支汉军的灵魂人物，其实是刘縯。王莽帐下的几大将领都死于刘縯之手。那天在淯水河畔主角也本该是刘縯的。

刘縯是汉高祖刘邦的九世孙，一直对王莽篡汉一事愤慨，长期以来结交宾客，为此不惜倾家荡产。王莽十四年（22）十月，在赤眉军已经打得风生水起的时候，他与弟弟刘秀一同起兵了。几个月来，他们遭遇过失败、绝望，但通过刘縯的努力，军队在失败后连续克敌，迅速发展壮大。每天都有新人加入，短短几个月部队就已经有十余万之众。

但这十余万众有个巨大隐患。

当时，这支军队大致有三个来源：第一，刘縯兄弟从舂陵（今湖北省枣阳市吴店镇）起家时候的部队；第二，半路入伙的已经成型的武装，如号称新市、平林、下江的军队；第三，陆续加入的百姓。

第一部分是刘縯兄弟的嫡系，不成问题，第三部分是慕名前来的百姓，加入时没有归属，听刘縯的号令也不是问题。

---

① 据《后汉书》，王莽的悬赏是：封食邑五万户，黄金十万斤，爵位列上公，与《汉书·王莽传》记载有异，此处从《汉书·王莽传》。

关键是那三支加入之前就已经成型的武装。他们从一开始，就没想着建立政权，只是迫于饥寒，才落草为寇，所图的也只是活得安逸，早日归乡，不在乎百姓是否爱戴。新市和下江兵，曾经在绿林山（今湖北省随州市西南）一带活动，整天吃香喝辣，自由自在，还有抢来的女人当压寨夫人，好不快活。可自从跟了刘䌛，情况就变了。刘䌛有着远大目标，军队每打下一个地方，大家觉得终于能闲下来享受战果了，刘䌛却还要弟兄们继续卖命，没有个头；就算不打仗，也闲不下来，各种纪律、约束、训练……与当年在绿林山称兄道弟的时候天壤之别。

新市、平林和下江的将帅很不适应，他们要一个刘姓领导，但不是刘䌛这样的，他们看上了一个容易被控制的人：刘玄。

新市、平林和下江兵的将帅定好方案，然后将刘䌛请到自己营帐，逼迫刘䌛同意立刘玄为天子。刘䌛虽然势大，可那时单枪匹马，敢说个"不"恐怕立即被杀，只好同意。于是就有了淯水河畔的那一幕。

王莽很清楚，刘玄只是傀儡，他的最大威胁其实是刘䌛。所以在发出悬赏令的同时，他又干了件轰动全国的事情。所有官署，上至朝廷部门，下至乡里亭里，都在办公地点贴上刘䌛的画像，每天早上起来，用箭射。（《后汉书·宗室四王三侯列传》：使长安中官署及天下乡亭皆画伯升像于墌，旦起射之。）

由此可见，即便刘玄当了天子，仍然比不过刘䌛的影响力。

汉军北上时，由平林军攻打新野县，但久攻不下。后来新野县令登上城头说：如果能得到司徒刘䌛的信物，我愿意放弃抵抗。等刘䌛的大军到来，新野县令立即大开城门欢迎汉军。

公元23年五月，刘䌛打下宛县；六月，其弟刘秀在昆阳击败王邑、王寻。

刘䌛兄弟的优异表现，让更始帝及那一帮贪图安逸的人十分不安，于是一个除掉刘䌛的计划就浮了出来。

刘玄召集全体将领开会。

会上，更始帝拔出了刘䌛的佩剑说是想看一看。

这时，绣衣御史申屠建呈上了一块玉玦。

类似的情况发生于231年前，公元前206年，在鸿门，项羽宴请刘邦，亚父范增为了项羽下决心杀掉刘邦，频频举玉玦暗示。

玦，就是下决心的意思，但就像231年前的项羽一样，刘玄没能下定决心。刘縯安然离开了会场。

刘縯离开了，可他似乎没有感受到危险。他的舅舅樊宏跟他仔细分析了申屠建的行为，认为申屠建此举包藏祸心，可史书说，刘縯听了"笑而不应"（《后汉书·宗室四王三侯列传》）。

"笑而不应"，给人感觉是刘縯胸有成竹早有计较，可从后面的事情看，似乎不是如此。

最初跟刘秀起兵的，有个叫李轶的人。刘玄当了天子，李轶通过各种谄媚，获得了尊贵地位。于是刘秀对李轶就很不信任，数次提醒刘縯：李轶已经不可信任了。

可刘縯不听。（《后汉书·宗室四王三侯列传》：又不受。）

刘縯属下有个将领，叫刘稷，勇冠三军。他最初得知刘玄当了天子，大怒：最开始起兵图大事者，是刘縯兄弟，如今这个更始帝，凭什么当天子！

当时，更始帝把刘稷封为抗威将军。不料，这个刘稷在受封之时仍愤愤不平，不愿下拜。

这还了得，倘若被刘稷得逞，以后如何号令！

刘玄和他的将领集结了数千人，将刘稷抓捕，准备杀掉。

刘稷是刘縯的人，刘縯自然全力维护。这时，那个跟刘秀一同起兵的李轶，与平林将领朱鲔趁机劝说刘玄，让把刘縯也抓了起来。他们不会像上次那样错过机会，当天就把刘縯杀了。

汉军的创始人刘縯死了，刘縯的弟弟刘秀呢？他刚刚在昆阳大胜王莽，在军队中也有着很高威望。

刘秀必然是更始帝集团的下一个铲除目标，刘秀该怎么办呢？刘秀得知消息，思虑一番，就从外地赶回宛县了。

他回去不是为了跟刘玄火拼，而是谢罪。具体谢什么罪并不重要，重要的是让刘玄感受到，自己没有不臣之心。所以当府上官员就哥哥被杀一事向他表达哀悼时，他从来不做回应，只是说自己做得不对。他此番回来，也只字不提昆阳之战的成绩，更别说表功了。为了让刘玄放心，他不给亲哥哥服丧，每天该吃就吃该笑就笑。更始帝观察一段时间，觉得刘秀不怨恨他杀了哥哥，也没有功高震主的嫌疑，就渐渐放松，甚至觉得自己对待刘秀兄弟有些残忍，还把刘秀封为破虏大将军。

* * *

王莽被杀时，皇宫中汉军的最高指挥官，叫王宪，是邓晔手下的一个校尉。他本是弘农郡一个小官，没有多大见识，如今他亲手结束一个王朝，手提皇帝脑袋，成了首都的主宰，就飘了起来，想过一把瘾。他自称汉大将军，就是汉军统帅的意思，将城内的数十万武装全部纳入麾下，而他本人，舍不得离开富丽堂皇的宫殿，就直接住下了。对于王莽后宫的佳丽们，王宪照单全收。王莽的天子服饰、车马等行头，王宪也抓紧时间享受着。

但王宪过把瘾就死了。他只在这样的温柔乡中陶醉了三天，他的领导李松、邓晔就来了，一同入城的还有汉军将领赵萌和申屠建。他们得知王宪这几天的行为，俨然一副当天子的架势，就把王宪抓起来杀了。

王莽死后，更始帝帐下的将领们迅速出击，或武力征讨，或震慑降服，许多地方归顺了。定国上公王匡攻打洛阳，抓住了王莽在洛阳的守将王匡、哀章，将此二人斩首。王莽手下有个非常厉害的将领严尤，在昆阳之战后逃到南方，追随了刘望。刘望登基为帝，严尤当了大司马，过了不久，更始帝的奋威大将军就前来征讨，将刘望和严尤杀死。

刘玄也从宛县向北，在洛阳定都。

在长安的李松、申屠建等人把长安收拾一番，就回洛阳迎接刘玄了。

第十一章 穷途末路

更始帝二年（24）二月，刘玄从洛阳前往长安。

刘玄在长安，证明了他当不了天子。

他仍然紧张。在长乐宫前殿，官员们根据级别高低依次排列，他看到这宏大的场面不知所措，不由自主地低下头，用手刮身下的席子。这时有将领进来，刘玄竟然当着众人的面问道：你们抢了多少东西？

这个"抢"字，实在刺耳！天子是天下之主，居然像个土匪一样，问自己手下的将领抢了多少东西，刘玄连这点觉悟也没有，如何当个称职的皇帝！

刘玄和他手底下那一帮重臣都充满匪气。

刘玄当的是汉朝天子，可是他和他的臣子们都不知道汉朝的礼仪和服饰，胡乱穿着，一行人从宛县到洛阳时，穿衣打扮像女人，沿途惹来许多讥笑。

给功臣封侯拜爵时，刘玄听从李松和赵萌的话，封了二十个王爷[1]，尚未统一的国家立即被刘玄人为变得诸侯林立。不过这也符合刘玄手下人的特点：他们想的不是国家的长治久安，而是自己过得舒坦，当了一方诸侯、一国之君，总强过干巴巴当个臣子。

除了没有治国理政的远见，刘玄在天下未定的时候，就沉湎于酒色。他娶了赵萌的女儿，然后将军国大事都交由赵萌处理，而他则成天在后宫莺莺燕燕，逍遥自在。

臣子们有事情找刘玄汇报，却发现说了也白说，因为刘玄已经喝醉了。

刘玄也知道这样不好，但又实在抵挡不了后宫的诱惑，就让身边随从坐在帐中冒充自己，跟汇报工作的臣子答话。

那些前来奏事的，都跟刘玄出生入死过，怎会听不出刘玄的声音？他们没有办法，只能出宫后抱怨：鹿死谁手尚未可知，他居然如此

---

[1] 更始帝封的二十个王爷中，朱鲔被封为胶东王。但他希望刘玄能够像汉高祖那样，不给非刘氏封侯，避免走上分封制的老路。他还以身作则，不接受胶东王的封号，只是这样也无法阻止那群目光短浅之人的诉求。

放纵!

刘玄有个韩夫人,极受宠幸,她跟刘玄一样嗜酒如命。与刘玄喝酒时,若遇到汇报工作的人,就大发雷霆:"陛下正跟我喝酒,你偏偏这个时候跑来奏事!"骂完起身,将面前的案几一通乱砸。

当更始帝陷入女色不能自拔的时候,那个赵萌则专横独断,作威作福。有人向刘玄弹劾赵萌,刘玄二话不说,就拔出佩剑将此人斩了。这个为工作说了句真话的人突然被杀,之后就再也没有人说赵萌不对了。赵萌更加放纵,他看不惯刘玄身边的一个侍中,居然想不给任何理由就把那人杀了,刘玄希望饶了此人,赵萌竟然都不同意。

当是时,李轶、朱鲔在山东①之地发号施令,王匡、张卬在三辅地区横征暴敛。还有个赵萌大权独揽、卖官鬻爵,甚至于贩夫走卒,交了钱都可以穿上更始帝的官服,詈骂横行于街市。百姓苦不堪言,编成顺口溜:灶下养,中郎将。烂羊胃,骑都尉。烂羊头,关内侯。(《后汉书·刘玄刘盆子列传》)

更始帝手下也不是没有明白人。一个叫李淑的人就上书劝谏,希望更始帝改变现状,广招贤才,以人的才能大小封侯拜爵。刘玄看了上书,没有思考其中的道理,反而怒气冲冲,将李淑关进了监狱。

这就无可救药了。刘玄的所作所为让自己离心背德,大家都不再对他抱有希望,那些外出作战的将领也都在地方上拥兵自重,设置地方官员,静观其变。

当更始帝刘玄不顾民生疾苦,在关中享受帝王生活的时候,有两支武装已经发展壮大起来。其中一支就是大名鼎鼎的赤眉军,首领樊崇。

更始帝二年(24)十二月,赤眉军攻破函谷关。

---

① 秦汉时,崤山或华山以东地区称为山东。

4. 赤眉

赤眉军，在王莽时代活跃于青州、徐州、兖州一带，为了在跟王莽的军队作战时分辨出自己人，将眉毛染红，人们遂称之为赤眉军，人数最多时达到数十万。昆阳之战前，赤眉军就击杀了王莽的更始将军廉丹（此人曾奉命平定西南夷），大破王莽的军队，逼得王莽派出王邑率领全部主力到前线作战，结果跟汉军碰上，惨败于昆阳。

王莽死后，更始帝派遣使者招降赤眉军。赤眉军人数虽众，但里面士兵大都是贫苦百姓，起兵造反只是为了活下去，没有太大政治抱负，也没有长远规划，他们起义多年，仍没有一套完整制度。面对更始帝的使者，首领樊崇也没有非当老大的意思，他愿意接受更始帝的领导，当即令军队留在原地，带上二十多个将领，随使者到洛阳了。

樊崇一行人都被封为列侯。只是，更始帝给他们开的是空头支票，因为那些封地还没有被刘玄控制。在洛阳，他们是空名侯爷，也没有显赫职位，还得处处看更始帝君臣的脸色，好不痛快。时间一长，这帮人渐渐不满，后来就都跑回军营了。

随着更始帝众叛亲离，樊崇的赤眉军也出动了，他们兵分两路，西征长安。两路大军势如破竹，到更始帝三年（25）正月时都来到了弘农郡。

更始帝派兵阻击，但根本抵挡不住，节节败退。

见此状况，樊崇将散在弘农郡各地的军队全部聚集，有三十万之众。这之前赤眉军没有管理体系，乱哄哄一团，老大说打仗了就一哄而上，无组织无纪律。这次集合后，人数众多，以前那套办法不行了。

樊崇将三十万人分为三十个营，每营一万人，设置三老和从事各一人。一万个人仅有两个管理职务，其实就是一伙无组织无纪律的土匪。

这时，有个巫师声称，城阳景王刘章①做了指示，要他们建立政权，别再当土匪。据说那些嘲笑巫师说胡话的人都得了病。

当时，军中一个叫方阳的人，怨恨更始帝杀了他的哥哥方望②，就劝说樊崇：你拥兵百万，去攻打拥有皇帝的首都，如果没有称号，那就是一群贼寇，是不能持久的。不如拥立刘氏宗亲，在道义上有了出兵理由，拥立天子后发号施令，有谁敢不从你呢？

与此同时，巫师的话在军中影响力越来越大，樊崇决定，找一个刘氏后裔，拥立为帝。

由于巫师自称是城阳景王刘章给了指示，所以樊崇等人找的刘氏后裔，都是刘章的后人。但是在军中一找，竟找到七十多个。七十多人里选一个，那就按家谱，看谁跟刘章的血缘关系最近。这么一筛，就只剩三个人：刘茂、刘盆子和刘孝。其中，刘茂是刘盆子的哥哥，他俩都在赤眉军里放牛；刘孝，曾当过西安侯。

接下来就是抓阄选皇帝大会了。

更始帝三年（25）六月的一天，赤眉军准备了三个书札，其中一个上写着"上将军"，剩余两个为空的。他们在郑县城北筑坛，上首供奉着城阳景王刘章。三十个营的三老和从事全部参加，三个候选人居中站立，根据年龄大小依次上前抓取。

抓住有字书札的，是年龄最小的刘盆子。

抓阄结果一出，众人都向刘盆子跪拜称臣。

那年，刘盆子十五岁，头一天还是个放牛娃，抓阄之时还破衣烂衫、

---

① 刘章，是汉高祖刘邦的孙子，齐悼惠王刘肥的次子，生于公元前201年。汉惠帝去世后，吕后掌权，被封为朱虚侯的刘章不满吕氏家族专权，在一场酒宴上当着吕后的面杀了一个吕家人，那时他二十岁。吕后去世后，刘章在歼灭吕氏家族的过程中立下巨大功劳。汉文帝刘恒继位第二年，他被封为城阳王，一年之后，年仅二十四岁的他就去世了，死后谥号曰"景"，故刘章被称为城阳景王。

② 方望，平陵人（汉昭帝陵邑），与弓林等人找到了曾经的孺子刘婴，将刘婴立为皇帝。更始帝派李松和苏茂征讨，击败了方望集团，方望被杀。

赤脚披发，哪见过这阵势！刘玄登基之时紧张，也不过唯唯诺诺、汗流浃背，然而这个刘盆子除了这些特征，他看到大家伙儿向他跪拜，居然差点儿吓哭。还是哥哥刘茂稳住了，让他快把有字的书札收好。

刘盆子当皇帝前在军中放牛，他的领导叫刘侠卿。刘盆子当天接受完跪拜，又回去找刘侠卿，是刘侠卿给他紧急置备了衣物车马等行头。但刘盆子一点儿也不懂身份地位的变化，仍然像往常一样每天早晚去跪拜刘侠卿。有一回，刘盆子要外出，去跟放牛的朋友玩耍，刘侠卿知道后，狠狠批评了他一顿。这件事传了出去，樊崇等臣子见刘盆子是这样一个草包，也不再尊敬他了。

在郑县，赤眉军立了皇帝，封了百官，大军有了明确的行动纲领，于是继续开拔。

行至高陵，他们遇到了更始帝的将领张卬。

张卬背叛了刘玄，是来投靠赤眉军的。

* * *

赤眉军攻入关中后，连挫更始帝的军队，更始帝三年（25）三月时，更是杀死了李松部三万余人。当时，更始帝帐下的王匡、张卬等人镇守河东郡，又遭到刘秀麾下将领邓禹的攻击，逃回长安。

张卬回去后，召集一帮将领商议：赤眉军已经迫近，很快就能打到面前。而我们拥有的就只有一个长安城，失败是必然的。不如趁赤眉军未到之际，依靠军队在长安城里给自己搞些钱，届时东归南阳，夺了宛王刘赐等人的兵马，割据一方。就算不能成功，大不了再落草为寇！

申屠建、廖湛等人都觉得此议甚好，就一起去游说刘玄。

刘玄是不同意的，但面对掌握军权的将领们也只敢怒不敢言。

张卬等人就合谋在立秋那天劫持更始帝。

但阴谋被服侍刘玄的侍中刘能卿知道了，刘能卿告诉了刘玄。

刘玄称病，召张卬等人。

一行人进入皇宫。唯独一个叫隗嚣的将领未到。隗嚣未到，是准备好了军队,保护张卬、申屠建的安全吗?倘若此时诛杀了他们,隗嚣会不会立即杀入,将自己杀了呢?

刘玄吃不准,就让张卬、申屠建一行在外边等候。

待了一阵,张卬、胡殷和廖湛感觉不对,冲出了皇宫,唯独申屠建①没反应过来。

更始帝见计划败露,杀一个赚一个,就把申屠建斩了。

张卬、胡殷、廖湛跑了出去,立即带着军队,在城内抢夺。黄昏时分,火烧宫门,与更始帝的卫队在皇宫激战。更始帝大败,逃至新丰——那里驻扎了他的岳父赵萌的军队。

在新丰,更始帝又怀疑王匡、陈牧、成丹②与张卬同谋,用在长安一样的法子,杀了陈牧和成丹。王匡见势不妙,带着部下逃到长安跟张卬会合。

更始帝的亲信,有岳父赵萌,还有丞相李松。李松和赵萌,又率兵攻打张卬和王匡。两支军队交战一个多月,张卬、王匡不能支持,跑到高陵,投降了赤眉军。

*　　*　　*

两支力量一合,直逼长安城。

更始帝派李松出战,李松被俘。当时,把守长安城门的校尉是李松的弟弟李况。赤眉军向李况喊话:"你开了城门,我们就给你哥哥一条生路。"

公元25年九月,李况打开城门,赤眉军遂进入长安。刘玄哪是赤眉军的对手,得知赤眉军进了城,骑上马慌忙逃了。

过了一段时间,赤眉军下命令:刘玄倘若乖乖投降,就封他为长沙王,二十天之后还不现身,就不再接受。

---

① 更始帝封的二十个王爷中,申屠建被封为平氏王,张卬被封为淮阳王,胡殷被封为随王,廖湛被封为穰王。

② 更始帝封的二十个王爷中,王匡被封为沘阳王,陈牧被封为阴平王,成丹被封为襄邑王。

第十一章 穷途末路

刘玄只能回长安投降。

赤眉军才不讲信义，他们本来要杀了刘玄的。刘玄没有死，多亏了一个叫刘恭的人。

这个刘恭是赤眉军天子刘盆子的哥哥。刘玄刚起势时，樊崇等人曾去洛阳归附，同去的就有刘恭。后来樊崇回到军营，刘恭则因为有文化，留在了更始帝身边当侍中。等弟弟刘盆子被立为皇帝，刘恭觉得对不起刘玄，就自己带上枷锁，钻到监狱里去了。刘玄逃走时，他从监狱出来，跟刘玄跑了。

当年十月，更始帝解开衣服，光着膀子，向刘盆子呈上玉玺。

赤眉军将领可没有多么长远的目光，做事情不讲规矩，刘玄来了，他们就要把刘玄杀了。

刘恭反复求情，没用；前去招降刘玄的谢禄也求情，没用。

眼见刘玄要被带出去杀死，刘恭奔向刘玄离去的方向，大呼："臣实在尽力了，让我先死吧。"说完就要拔剑自刎。

虽然刘盆子不受尊重，但毕竟是天子。刘恭是天子的亲哥哥，他要自杀，赤眉军只能制止。就这样，靠着玩儿命的刘恭，刘玄不但活了，还被封为畏威侯。但刘恭就是对刘玄忠心耿耿，有了畏威侯仍不依不饶，反复说曾经招降时许诺的长沙王，后来竟真的给刘玄争取了个长沙王的封号。

这个长沙王自然是当不久的。

*　　*　　*

京城的百姓，又思念更始帝了。因为他们发现，和新来的赤眉军相比，更始帝是那么善良和温柔。

在赤眉军发展壮大的这些年里，几十万人的集体竟然一直没有建立起一个管理体系，到最后要攻打长安了，才草草将军队分为三十个营，每个营安排两类负责人（三老和从事）。这说明，赤眉军虽然善战，却没有管理人才，也缺乏可以建章立制的人。

所以，赤眉军是一帮乌合之众，京城在他们的治下混乱至极。

在皇宫，将领们日夜争功，吵闹不休，有时说不到一起了，直接拔出佩剑乱砍，把宫里的柱子砍得伤痕累累；各郡县派人进贡，兵士们见送来的东西好，就直接抢了去，根本不管领导是啥，天子是啥；这帮本来是治理百姓的人，居然动不动抢掠百姓和小吏……

公元 25 年腊月初八，发生了一件大事。那天，樊崇大摆筵席。当时刘盆子坐在正殿，赤眉军那一帮高官坐在殿中。酒还没端上来一帮人又吵起来了。

吵着吵着，就打起来。结果越来越乱，谁也控制不住，甚至有翻越宫墙、抢夺酒肉的，直到卫尉诸葛稚带兵进来，现场杀了百余人才镇住场面。

刘盆子这个皇帝，什么也不懂，眼见好好的宴会突然就血流成河，大气都不敢出一口。他唯恐那一帮莽夫哪天不高兴把自己剁了，吓得日夜哭泣，睡觉都要和卫兵一起。堂堂天子过得如此恓惶，从官们都觉得他可怜。

但最惨的，是王莽、更始帝留下来的成百上千的宫女。

更始帝虽然不行，但毕竟喜欢女色，会考虑这帮人的死活。可新来的这个放牛娃，对她们不闻不问。这上千宫女被幽闭在各个宫殿里，出不去，吃光了食物，就只能在庭院里挖些残留的萝卜根，或者从池子里捕些鱼。人死了，就埋在宫里。有一群乐人，虽然衣服鲜艳，却吃不饱，见到刘盆子后，连忙下跪，不停地叩头说自己饿了。

刘盆子怜悯这群人，让人给她们发米，每人有数斗之多。

只是她们的下场依然悲惨，后来刘盆子离开长安，没有人再给食物，这几千人就都饿死了。

皇宫乱成这样，当这个皇帝有什么前途？

那个拼死也要保护刘玄的刘恭，是刘盆子的哥哥，念过书，看事情比较长远。他看了赤眉军的所作所为，就意识到他们不是保家守业的人，等挥霍光了，自然有人来取他们性命，就谋划着让刘盆子退位。

第十一章　穷途末路

公元26年正月初一，樊崇召集大会，刘恭就站出来表达了弟弟不当皇帝的意思。

樊崇等大臣不同意，都说：这是我们有过错呀。

刘恭坚持，翻来覆去阐述弟弟当皇帝是多么多么不合适，总之就是要把这个烫手山芋扔出去。

这时突然有人发问：当不当天子，是你的事情吗？

这句话说到点子上了：当天子的是你弟弟，当不当天子是刘盆子的事，你刘恭凭什么在这里辞让！

刘恭吓得赶紧退下，不敢再说。

哥哥吃瘪，刘盆子只能发话。他解下玉玺和绶带，向他的那一帮臣子叩头："都设置官府了，可大家还跟强盗一样。地方上每次进贡，总是被抢，这些恶名传播甚广，没有人不怨恨。这都是因为拥立的人不对，请大家允许我退位让贤。"说着说着，刘盆子哭了出来："如果非要杀了我刘盆子承担责任，那我也没有办法。我说这些，只希望大家能可怜可怜我。"

众人见他们的天子声泪俱下，都离开席位，叩头道："我们行为不端，辜负了陛下。从今以后，再也不敢放纵不羁了。"

刘盆子表态了，哭了，臣子也被他所感动，但这个天子还得他来当。一伙人一拥而上，把他抱住，另一帮人就把他解下的印章和绶带给他往身上套。

刘盆子不愿意当，可是被一帮人抱住，不能动弹，急得哇哇大哭。但哭也没用，天子这个差事不是他想辞就辞的。

不过，经历了这么一场风波，赤眉军倒是有所收敛，众将领回到自己军营，都不再外出扰民。百姓听说了这件事，纷纷赞扬刘盆子。那些离开长安的百姓听说长安的治安大为改观，开始往回跑。

但赤眉军仍然没有制度约束，富庶的京城对他们来说，遍地都是财宝，几十万赤眉军的秉性更不可能因为没有威严的刘盆子哭闹一番就突然改变，所以这样的安宁是不会长久的。

二十多天后，赤眉军就手痒了。他们蜂拥而出，到处抢掠。城内粮食抢光了，他们就到处搜刮珍宝。抢着抢着，最后连宫殿都烧了。

　　长安城被弄得稀烂，东部又有军队威胁，几十万赤眉军就向西进军。后来遇到大雪，死了好多人，军队又回到长安。长安城都被搜刮尽了，他们把目光瞅向了西汉帝王的陵墓，因为帝陵中埋了许多宝贝。据史书记载，赤眉军发掘陵墓的时候，有的尸体保存完好，挖出来还栩栩如生。他们见到美丽的女尸，竟然不顾死的活的，实施奸淫。

　　当赤眉军带着他们的天子刘盆子沿着秦岭，向西进兵的时候，长安城内，还有一支武装。这支武装，由大司徒邓禹率领。而邓禹的大司徒，也是天子所封，只不过这个天子，不是刘盆子，也不是刘玄，而是刘秀。

　　那个昆阳之战中击败王莽的刘秀。

5. 东汉

　　更始帝率领的汉军本就是刘縯、刘秀所创立，二人在军队中有很高威望。昆阳之战后，两兄弟被越来越多的人拥护，一些人担心他们功高震主，就阴谋把刘縯杀了。

　　刘縯死后，刘秀为了打消更始帝君臣的疑虑，从前方赶回宛县。对哥哥的死，他没有表露出任何伤心，更没有因昆阳之战而产生一点点得意，安之若素，就像跟哥哥的关系不好，杀了刘縯跟自己没关系似的。更始帝见到刘秀这个样子，有些内疚，不但没斩草除根，还把刘秀封为破虏大将军，武信侯。

　　更始帝自宛县迁都洛阳前，让刘秀兼任司隶校尉，提前到洛阳修整宫殿和官府。刘秀兼任司隶校尉，就按照汉代的官制设置僚属、创建制度。然而，更始帝移驾过程中，这帮号称汉朝君臣的人，连汉朝官服是什么样子都不知道，胡乱打扮一番，看上去就像女人，沿途没有不笑

第十一章 穷途末路

话他们的,有的人看到他们身着奇装异服,还自称是汉天子、汉臣子,吓得连忙逃了。

但跟在身后的司隶校尉一行人就很得体,行家一见,都知道他们是严格按照汉制的,那些拥护汉朝的人都非常欣喜。有些汉朝老吏思念汉朝,见到这个场景不禁流下泪来:没想到今天还能见到汉官员的威仪呀!

更始帝元年(23),更始帝到洛阳后,当年十月,派遣刘秀北渡黄河,降服黄河以北的地区。

刘秀在邯郸时,曾经的赵王之子刘林,建议刘秀决开黄河,水淹赤眉军。刘秀没有答应。刘林觉得跟刘秀不是一伙的,与当地人李育、张参共同拥立了一个叫王郎的人。

王莽年间,长安城里有个人自称是汉成帝刘骜流落民间的儿子刘子舆,被王莽杀了。如今出来一个王郎,说自己其实是真正的刘子舆,还编了一系列故事支撑。当时民间有传言,说赤眉军即将渡河北上,刘林等遂借着赤眉军的势力,说赤眉军将会拥立"刘子舆"当天子。赤眉军有数十万之中,百姓无人不知,听说赤眉军也拥护"刘子舆",更加相信王郎编的那些故事,王郎由此得到了很多人的拥护。

当年十二月,王郎被立为天子,定都邯郸。接着,王郎遣将帅攻城略地,赵国以北、辽东以西,见到王郎的使者和将领后都投降了。

王郎当天子了,而刘秀是被派去给更始帝攻城略地的,所以面对日益壮大的王郎,刘秀不可能置之不理。

更始帝二年(24)二月,刘秀北至蓟县(今天津市蓟州区)。王郎早就听说了这个刘秀,悬赏十万户,求购刘秀的人头。

一个叫刘接的人心动了,他在蓟县城内起兵,响应王郎,城内顿时大乱,人们都听说王郎的使者马上就到,城内二千石以下的官员,纷纷出迎。刘秀见控制不住蓟县,带着属官和随从慌忙逃了。

刘秀一行人跟跟跄跄,到信都郡才脱离危险。他随即在信都郡招兵买马,攻打周边县域。刘秀一边打一边拉,势力迅速壮大,随后更始帝刘玄也派出讨伐王郎的军队。到更始帝二年（24）四月，大军围住了王郎的老巢邯郸，连战连胜。五月，邯郸城破，王郎被杀。

两军对垒胜负未分之时，很多人要考虑战败后的出路，一些人担心一无所有，甚至被敌人抓起来杀了，就当了两面派。刘秀胜利后，在王郎的地方发现了数千封自己人跟王郎私下里的通信。

但此时天下未定，正是用人之际，刘秀难道要把这些人都杀了？他不能指望所有人都像自己那样坚定，那样义无反顾。如果杀了那几千个人，他的实力就会大大受损，而这只会便宜了竞争对手。

刘秀做了一个大度的决定：将信件焚毁，让那些曾经在危机时刻背叛过自己的人，安下心来辅佐自己。

战胜王郎后，刘秀终于在黄河以北闯出一片天地。但这时候，更始帝刘玄的使者来了。

使者带着更始帝的命令，封刘秀为萧王，同时要求刘秀回长安。

刘秀会回去吗？

当初，哥哥创建了军队，在军队中那么高威望都会被杀了，如今回去，一个不小心岂不又重蹈覆辙？

萧王刘秀是愿意当的，但是要他回去，没门儿。

刘秀以河北未定、不能离开为由，拒绝了。于是从这次抗命开始，刘秀就跟刘玄分道扬镳了。

当刘秀在黄河以北招揽人心、建章立制、征讨不服的时候，长安城里乱得不像样子。先是更始帝刘玄沉湎酒色、任人唯亲，他的岳父赵萌独揽朝政作威作福，他们卖官鬻爵又产生了大量低素质的官员，长安百姓甚至编出顺口溜骂他们。

后来赤眉军撵走刘玄，在宫里吵架打斗，在城里胡作非为，抢粮食、夺财宝、挖陵墓……老百姓苦不堪言。

首都长安都乱成这样了，地方肯定不可能听命于朝廷了。据《后汉书·光武帝纪》记载：是时长安政乱，四方背叛。

地方上乱到何种程度呢？

第十一章　穷途末路

*　　*　　*

梁王刘永已经在睢阳唯我独尊，公孙述在巴蜀二郡称王，李宪自立为淮南王，秦丰自号楚黎王，还有许许多多没有称王的武装：张步起于琅琊，董宪起于东海，延岑起于汉中，田戎起兵于夷陵。这些称王的、起兵的，手底下设置了一批将帅，攻城略地，倒还有个军队的样子。然而更多的，是到处抢掠的土匪。这些土匪都会给自己一个称号，就像曾经的绿林、平林、下江一样。单单史书记载的匪帮，就有铜马、大肜、高湖、重连、铁胫、大枪、尤来、上江、青犊、五校、五幡、五楼、富平、获索等。

这样的乱世自然有人想要统一的。

但这个可以被寄予厚望之人，不可能是前面的天子更始帝刘玄，更不可能是倒行逆施的赤眉军。

公元 25 年六月，在刘盆子当上天子的那一个月，刘秀也在众人的拥护下，正式称帝，时年三十一岁。

刘秀后来被称为光武帝，这一年也就是光武帝元年（建武元年）。

当月，刘秀麾下前将军邓禹进攻更始帝手下的定国上公王匡，大破之。

七月，派吴汉等十一将军包围洛阳。洛阳城内，正好是那个出主意害死刘縯的朱鲔。

大军包围洛阳数月，但朱鲔顽强抵抗，刘秀派遣朱鲔曾经的属下岑彭前去劝降。

可朱鲔知道，自己早已和刘秀结仇。当年，刘縯被杀，他就是主谋；后来更始帝派遣刘秀到黄河以北的时候，他也明确表示反对。所以朱鲔不敢投降。

刘秀是个有大局的人，虽然朱鲔曾让他非常难过，可在这个关键时刻能不消耗就尽量不消耗。倘若这个时候复仇，他跟朱鲔不过是两败俱伤、便宜了别人，所以最好的办法是：和解。刘秀表示：成大事者不计小仇。朱鲔倘若投降，我还会保住他现有的官爵，怎么会惩罚他呢？黄河之水在此，我不会食言的！

当年九月，朱鲔投降，刘秀进驻洛阳，并定都于此。同月，赤眉军攻入长安。

十月，更始帝投降赤眉军。赤眉军在京城两个多月，像土匪一样，相比之下，老百姓觉得之前那个不那么差劲的更始帝刘玄挺好，就思念刘玄；十二月，张卬察觉到这个情况，就让一个叫谢禄的人把刘玄杀了（谢禄是赤眉军派去招降刘玄的人）。

与赤眉军的战争，一直持续到两年以后，光武帝三年（建武三年，27）正月，刘秀御驾亲征，讨伐赤眉。赤眉军望见极有章法的大批汉军，惊慌失措，又粮草不济，遣使投降。

刘秀见到刘盆子，问他："你知道自己该死吗？"

"论罪当死，还希望陛下可怜，能赦免我！"

刘秀笑道："你小子很狡猾，看来我刘家没有笨蛋。"

对于赤眉军的将领，虽然他们犯了很多大错，但刘秀顾念他们还有些功劳，且不能逼得他们狗急跳墙，就没有杀，让他们住在洛阳，还赐予田宅。

由于刘邦建立的汉朝定都长安，与洛阳一个西一个东，所以后人称刘邦的汉朝为前汉或西汉，刘秀建立的汉朝为后汉或东汉。两个汉王朝之间又隔了一个王莽的新朝，后人称那十五年为"新莽"。

* * *

当年，赤眉军在长安时，把长安城弄得破败不堪。他们抢光了财宝和粮食，就烧杀抢掠，还一把火将长安的宫殿、房屋都烧了，长安街市中再也没有行人。长安折腾得差不多了，赤眉军又引兵向西，号称百万大军，沿秦岭而行，抢掠沿途县域。后来遇到大暴雪，死伤惨重，又回到关中，大肆发掘西汉帝陵，见到陵墓中栩栩如生的女尸，居然奸淫。

第十一章　穷途末路

在赤眉军离开长安期间，刘秀的大司徒邓禹来到长安，驻军昆明池，犒劳将士。邓禹要求麾下的将士们斋戒，之后择了个吉日，修缮并祭祀了被破坏的高庙。

高庙，是汉朝开国皇帝刘邦驾崩之后，供奉他的神位之地。曾经，这里神圣不可侵犯。汉文帝之后，新君继位，首先都会拜谒高庙，皇帝的加冠礼，也都在高庙进行。公元 8 年十二月，王莽来到高庙，取走了他提前放在这里的禅让文书，回到未央宫宣布改朝换代。几个月后，供奉刘邦的高庙，就被改为文祖庙了，因为王莽想寓意自己代汉立新如同舜帝继承尧帝。一开始，这个庙还能像汉朝时有人祭祀、有人看守，几个月后汉高祖刘邦就成为新朝的宾客，在新王朝的明堂中享受祭祀，于是那个专门属于他的高庙，就不再有人祭祀和看守了。汉高祖的庙都能如此，其他皇帝的庙是何待遇，更不消说。

王莽十三年（地皇二年，21），王莽梦见高庙神灵，遂派遣武士，毁坏高庙。之后又驻扎军队，把此处变为军营。

邓禹修缮了这个象征了汉王朝源头的庙，带着人进行了十多年来的第一次认真祭祀。邓禹还收走了西汉十一个皇帝的神位，将它们带到洛阳，因为在洛阳，汉高祖的九世孙刘秀已经给刘氏祖先重修了庙宇，那些神位有地可以安放了。

邓禹的人带上高祖刘邦、惠帝刘盈、文帝刘恒、景帝刘启、武帝刘彻、昭帝刘弗陵、宣帝刘询、元帝刘奭、成帝刘骜、哀帝刘欣、平帝刘衎的神位，离开了长安。

倘若这些皇帝地下有知，当他们的神位被摆放在洛阳的高庙中时，会欣慰、愤恨还是遗憾呢？

旧的汉朝过去了，它所创造的，一部分消逝在了历史长河中，留下的记忆和文化，融入了这片土地上所有人之血液。

许多年后，人们依旧会追忆这个王朝，想起那时候发生在这片土地上的人和事。夕阳下，荒冢古原，人们看着那些遗迹，想到它的兴衰成

败,会不禁感慨:

> 乐游原上清秋节,咸阳古道音尘绝。音尘绝,西风残照,汉家陵阙。

附：理想主义者王莽和他的短命王朝

王莽是中国历史上第一个通过和平方式改朝换代的人，他生于汉元帝初元四年（前45），殁于公元23年，终年69岁。

汉成帝时期，大权旁落，王氏家族崛起。那时王氏五侯并立，风光无限，王莽在众多王氏子弟中并不起眼。直到他二十四岁时，照顾卧病在床的王凤，"亲尝药，乱首垢面，不解衣带连月"（《汉书·王莽传》），给王凤留下深刻印象，王凤临死前，将他"托太后及帝"（《汉书·王莽传》），如此他才算进入了王家的"圈子"。

王凤去世后，王音、王商、王根相继辅政，到王莽三十八岁那年，公元前8年，王根病重，王莽瞅准了王根的位置，他发掘竞争对手淳于长的阴私，把淳于长挤掉，由比二千石的光禄大夫一跃而成为大司马，位列三公，成为内朝首领。

他本希望轰轰烈烈干一番事业，"欲令名誉过前人"（《汉书·王莽传》），不料一年之后汉成帝去世。汉哀帝上台后，傅太后将王家视为眼中钉，王家失势，王莽不但不能有所作为，反而被新外戚打压，只好回新都侯国。

在蛰伏于新都侯国的三年里，有数百封上书为王莽鸣冤，在当时的情况下，这不太可能全是王莽安排的。傅太后去世那年（元寿元年，前2），刘欣下诏，让举荐贤良方正、敢于直言之人，当时推举上来的贤良周护、宋崇等人就在给天子的对策中说王莽如何如何厉害。刘欣听了这些赞美就起用了王莽。一年多后，哀帝驾崩，汉平帝继位。王氏家族迅速夺权，王莽铲除了所有异己，大权在握，他的地位越来越高，从大司马到安汉公、宰衡，享受九锡之礼，女儿被封皇后，还有非常多的赏赐……

在这个过程中，每上一个台阶，每得到一次封赏，王莽看起来都是不情愿和谦逊的。而每当这个时候，就会有一批批臣子用一封一封的奏疏让王莽在拉拉扯扯中"无可奈何"地接受，以至于到后来，群臣奏请王政君，说应当颁布正式文件（诏书），明确规定不再接受王莽那些拒绝好处的上书，而王政君也同意了这个提议。群臣一方面"逼迫"王莽接受赏赐和尊号，另一方面还在不停地创作文艺作品歌颂王莽。

大臣齐刷刷这么干，我们可以怀疑是受到了王莽的指使甚至某种程度的胁迫，但必须承认，王莽当时的确是口碑不差，的确受到了一定程度的认可，因为在史书上找不到公开反对王莽的人以及言论。倘若真的有，在东汉人写的《汉书》中，不会不记载的。

一个臣子的权力太大，确实会逼着一部分人对他大唱赞歌，也可以通过权谋打压异己、欺骗众人、为自己博取好的名声。但是在汉代，言论相对比较宽松，一直都不乏刚毅之臣，倘若这个权臣（甚至皇帝）有原则性问题，极其不被人认可，哪怕冒着生命危险，也会有人拼死弹劾的：

汉武帝时代的汲黯明知道汉武帝喜欢儒学，但他坚持黄老之学，就非要跟汉武帝讲黄老，他知道汉武帝重用公孙弘和张汤，仍然时不时当着汉武帝的面斥责这两人；

汉昭帝时期，盐铁会议，来自民间的知识分子，跟朝廷官员辩论了数月之久，激烈程度世所罕见，不但彻底否定汉武帝，还将矛头指向当时的皇帝、权臣；

汉宣帝时，盖宽饶不喜欢丞相魏相，当众在酒席上给魏相难堪，后来为了表达对汉宣帝的不满，跑到城墙下用佩刀自杀；

汉元帝时代，宦官石显、弘恭极受宠幸，但他们品行不端，所以对他们的弹劾也一直没有停过；

汉成帝时代，赵氏姐妹骄纵不法，王氏家族一手遮天，宠臣张放任性妄为，臣子们明明知道改变不了刘骜，但仍然有臣子给刘骜上书弹劾他们；

至于汉哀帝时的宠臣董贤，很多人哪怕死，也要梗着脖子说董贤不好……

倘若在百官和天下人眼里，王莽是一个混蛋，就算王莽通过各种手段给自己贴金，与此相伴的一定还有许多批评之声，一定有极其不认可他的人，愿意冒死来抵制他。我们也看到，当后来王莽做出了明显不被人接受的事情（要改朝换代）时，有消极情绪的人就出现了（如甄丰、刘歆等人），地方上不怕死的、反对他的武装也出现了（翟义、刘崇），还有个叫龚胜的人，宁愿死也不做新朝的官。

所以说，在王莽当臣子时期有那么多赞歌，虽然有权谋的作用，王莽也通过各种手段打击了异己、欺骗了众人，但没有人公开反对王莽，至少说明，没有人觉得王莽已经坏到需要拼命去反对的地步。那时王莽的确是受人拥戴的，那些名声就算有水分，也有一定根据，不是完全捏造和策划的[①]。

那时候，王莽的公众形象是这样的：刚正不阿，为了公平正义宁可杀害儿子；谦逊礼让，不让自己的女儿当皇后，一次次拒绝朝廷的赏赐；具有仁爱之心，将自己的钱财分给贫困百姓；能力出众，即便被罢免也有人不停举荐，人人都说他是可以安定汉朝的好官；为人节俭，妻子的穿着就像婢女；孝敬长辈，对母亲关怀备至，对姑姑王政君鞍前马后；对于汉朝非常重要，就像当年周公之于周朝，而且大家都这么说……

所以在当时，王莽是优秀的。

王莽有这么好的群众基础，可为何后来被千夫所指、万人唾骂，老百姓把他恨到要生啖其肉的地步呢？

后人说他是乱臣贼子，说他得到那样的结局皆因为谋朝篡位。他死之后，他的头被送到更始帝所在的宛县，更始帝还说，倘若王莽不当皇

[①] 刘禹锡在其《陋室铭》中有"南阳诸葛庐，西蜀子云亭"的语句，其中的"子云"指的是汉末的扬雄。扬雄被誉为汉赋四大家之一（另外三人是司马相如、班固、张衡），被后人称道。他在当时是大学问家，曾撰写了一篇文章《剧秦美新》，对王莽歌功颂德。这其中固然有吹嘘拍马的成分，但也说明扬雄在一定程度上是认可王莽的。

帝，就会像名臣霍光一样受人爱戴。

但实际上，他的败亡跟当皇帝这件事关系不大。

当皇帝肯定让许多人接受不了，在一定程度上有损他的形象，但对于百姓和臣子而言，虽然谋朝篡位大逆不道，可干这个事情的人是优秀的王莽，那么这种行为的大逆不道程度，就要降低很多了。他们即便不会从道德上去支持王莽，但也不至于冒着杀头危险反对王莽。

最有可能拼命的是刘氏子孙，他们的利益来自刘氏政权，这个政权受到威胁，他们肯定不愿意。

然而王莽做得很到位。汉平帝五年（5），他在明堂举行了祭祀大典，二十八个诸侯王、一百二十个列侯以及九百多刘氏宗亲都参加了典礼，结束后，王莽将三十六个刘氏子弟封侯，所有贵族予以重赏。

那些本来对王莽颇有微词的贵族得到了实实在在的实惠，忽然就不那么讨厌王莽了。他们中可能会有目光长远之人考虑到王莽对刘氏政权的危害，但又无法忘却王莽的好，也不敢公然反对王莽。于是，在王莽一步步夺取最高权力的过程中，那些朝廷供养的千万宗室都缄默不语，只有一个刘崇站出来螳臂当车了一阵。何况，王莽当皇帝这件事所带来的负面影响，王莽通过一些权谋及一系列对他的正面宣传就可以消除。

刘崇得不到响应，翟义迅速失败，也能从一定程度上反映出，百姓在当时并不思汉，甚至隐隐期待优秀的王莽。事实上，王莽代汉立新这件事，在一定程度上是"人心思新"的反映：

第一，那时候汉帝国已经弥漫着汉运衰落的观点。汉成帝时，一个叫甘忠可的人著书立说，广招门人，宣称汉朝国运即将衰亡；汉哀帝时，甘忠可的弟子夏贺良也宣扬"汉朝气数已尽"的观点，影响力之大，连刘欣都被说服，当了两个月"陈圣刘太平皇帝"。

第二，王莽所展示出来的良好道德与当时社会上贵族们的表现形成鲜明对比，王莽廉洁自律、克己奉公、谦虚恭谨、大义灭亲……而很多贵族骄奢淫逸、欺压百姓、贪得无厌、徇私枉法……

第三，王莽嫁女后，朝廷给王莽加封食邑，王莽辞让，然而有

487572人上书，让朝廷千万不得接受王莽的推辞，其中除了普通百姓，还有诸侯王、列侯、刘氏宗亲。就算我们不相信《汉书》记载，主观上认为这是有组织的行为，然而这个庞大的数字的确说明王莽得人心，否则要组织这么大规模的请愿行动，难度太大，其余那些众人为王莽请愿的事情，也同样在一定程度上说明他得了人心。

第四，刘氏江山快没了，然而刘崇的造反，没有起到一点波澜；翟义的造反，也只是一开始气势汹汹，后劲疲弱，至少说明，在汉与新之间，百姓并没有太留恋汉。

所以，王莽的悲剧根源，不在于称帝。

*　　*　　*

问题在于，他称帝之后所做的事情。

王莽继位后，做了两件大事：对内全面改制；对外改变政策。

对内，他锐意改革，推出的土地国有化、废除奴婢、发行信用货币、计划经济制度等一系列改革措施，理念非常超前，以至于有人戏称他是从现代穿越过去的。我们可以推测，倘若这些措施成功实施了，很可能改变中国历史，给中国的政治家提供另外一种治国理政方略。

但这些改革大都失败了。

土地国有化制度，本是为了抑制土地兼并，限制大地主，然而只推行了四年就宣告失败；废除奴婢政策推动了社会进步，对奴婢的人权起到很大保护，同时也限制了大地主，可也只推行了四年就失败；他发行的货币品种多样，可要么大家都不用，要么就都盗铸，因货币而获罪之人数不胜数；他的计划经济制度，想法非常好，既稳定市场又防止商人做大，还有贷款功能，可执行下去遭殃的却是普通百姓。

施政的结果为何跟理念背道而驰呢？

他的王田奴婢政策、计划经济制度，目的是抑制大地主和大财主，从本质上说，是把原本属于地主和商人的利益重新分配给普通百姓。然而，执行王田奴婢政策的，是那些拥有大量土地和奴婢的官员；执行计划经济制度的，是地方上的富商大贾。原本，劳苦大众听到了这些美妙政策，以为将要迎来幸福生活，却不料各级官吏趁机剥削，他们反而不如从前，便渐渐失去耐性。官员地主们知道自己是被改革的对象，抓住最后的机会狠狠搜刮，还对王莽的新政策充满怨恨。王莽就像猪八戒照镜子，里外不是人。

在推行政策的过程中，他用错了人，让利益受损者去推行侵犯自己利益的政策，却没有发动那些将因为改革而获益的人参与到改革之中，这就注定了失败的结局。

他为了降低铸币成本，减少铸币的用铜量，推出"信用货币"，这个想法是很好的，然而这么做滋生出大量盗铸钱币的人，他无法设置铸币的技术门槛，又要降低铸造成本，就只好寄希望于刑罚，然而在巨大的利益面前，很多人还是愿意铤而走险。到后来，他的新货币超发严重，质量参差不齐，还因为利润太高吸引着更多人参与这个行当。王莽无法控制了，就非常粗暴地"一刀切"，把之前大家都在使用的低成本货币废除（币值为50的大钱，在新政策后币值变为1，而且就连这个等同于1的币值，也只能持续六年），使货币持有人的财富大幅缩水，于是就没有人再相信王莽的货币了，那所谓的"信用货币"变得毫无信用。

他为了增加货币种类推行了多种币值的货币，最多时达到二十余种。但实际情况是，在当时的经济条件下，根本不需要那么多种类的货币，让习惯于使用单一货币的百姓难以适应，增加了交易时的换算成本，而且因品类多样，也吸引了更多的盗铸人群，因为一个普通百姓可以识别一种或几种货币的真假，却不能识别二十八种货币的真假。既然大部分人不知道货币真假，那必然滋生出大批盗铸的人。

在推行货币政策过程中，王莽没有仔细论证，想到了就干，干坏了就废，而没有考虑一点点漏洞会给百姓带来多大伤害。通过一道政令就让百姓的合法财产缩小九成以上，这样的政权岂不令人寒心？

王莽上台后，从政治、经济、文化、社会等各个方面进行改革。改革，就是打破旧制度，建立新制度，打破和建立需要时间，让人们适应更需要时间。旧制度被否定，不允许使用，而新制度都还停留在理论层面。于是旧制度千疮百孔，新制度还未建立，那么在改革的领域就必然出现混乱。作为改革者，必须预料到这些混乱，做好政策衔接。官员们面对纷至沓来的新指示、新称谓、新政策，都会不知所措，更别说普通百姓了。

王莽的好想法到后来都没有落实，归根结底还是他不注重执行。他喜欢讲理念、提方案，可是新理念和方案有没有可行性呢？如何执行呢？这个他就不仔细研究了。

王莽不注重执行，其原因一方面是在他看来，只要有好的制度，天下就可以垂拱而治，所以他想得最多的是制度改革、重新规划地理、确定新王朝文化等宏观工作，这样一来，自然就没有精力去考虑执行层面的事情了。

另一方面，由于曾经的经历，他担心臣子的权力过大，就把权力牢牢掌握在自己手中，称帝十多年来，几乎看不出谁是他的得力干将。所以即便他通宵达旦，仍然干不完活。下面一大堆事情等待王莽决策，可王莽一个人就只有那么多精力，根本不可能做完，整个国家机器就不能正常运行。有时实在干不过来，他宁愿相信宦官，也不相信有可能当皇帝的官员，于是他身边的宦官就胡作非为起来。

官员的上书，都得通过他的秘书（尚书）上呈，可他非常忙，于是秘书们就在这上面做文章，有时迟迟不肯把上书递给王莽，有的上书官员们为了等批复，竟然要在京城等待几年时间；犯人的案情呈了上去，久久得不到批复，地方上不知道能否释放，就把人一直关着，直到等来朝廷的赦令（类似面向所有人的大赦天下），就把人一股脑儿放了；有些县没有县令，几年都配不上，只好其他人兼着，人的精力有限，这些县自然得不到有效治理，贪污腐败日益严重。

王莽又派人到地方上传达政令、鼓励耕作，这些人每到一个地方就开会，地方官稍不如意就被逮捕。地方官员没办法，只好从百姓那儿巧取豪夺、横征暴敛，用这些搜刮来的财富给朝廷使者行贿……

于是理想和现实就形成了鲜明对比：一方面，王莽致力于构建新王朝的伟大蓝图，开拓万世之基；另一方面，这个被他寄予厚望的王朝，乱象丛生、民怨载道。

如果让王莽兢兢业业，做好当下之事，他没有问题，这在他当汉朝臣子的时候就已经证明；然而王莽是个有志向的人，他希望创立一个新的王朝，建立一套新的制度，创造前所未有之业，那就很难全身心投入当下的具体事务之中。理想的状况原本是：一把手王莽主抓方针路线，设计好各种制度；得力干将狠抓落实，使社会井然有序，一步步朝着美好目标前进。然而王莽的多疑导致他身边不可能出现这样的股肱之臣，那么当他挖空心思建造大厦上层的时候，其实根基已经千疮百孔了。

也许，王莽应该在遇到得力干将之前、在执政之基未稳之前，改革更稳健一点，铺的摊子更小一点。想要一步登天，还不找帮手，到最后只能一事无成。

* * *

王莽在国内的改革虽然最后是一地鸡毛，但至少可以说理念是好的，然而他的对外政策实在没有能够圈点之处，因为他的政策直接激化了中国和边疆各族的矛盾，使中国陷入战争泥沼。

王莽和匈奴翻脸后，王莽二年（始建国二年，10），派出三十万大军，计划一举荡平之，这一番用兵，天下骚动，耗费巨甚。王莽五年（13），匈奴单于囊知牙斯去世，乌累若鞮单于继位。双方约定和亲，却因为王莽之前杀了乌累若鞮之子而流产。这时两国虽然不再剑拔弩张，但已经貌合神离，匈奴明里说自己对中国恭恭敬敬，暗地里却派人侵犯边境，王莽不得不在边境投入大量兵力。

西南夷乱了，还杀了新朝的地方官，到王莽六年（天凤元年，14），朝廷派平蛮将军冯茂前去平乱，但冯茂根本不行，不但没成功，他的士兵反而因为疾病和瘟疫死去十分之六七；王莽八年（天凤三年，16），王莽召回冯茂，再派廉丹和史熊，他们前后发动了二十万人进攻益州，但没有效果，他们得到朝廷的进一步支持后到当地横征暴敛，征收赋税达到百分之四十。只是当地已被掏空，根本无法支持这么大规模作战，廉丹和史熊不但不能平乱，反而葬送了数万士兵；西南夷地区，王莽完全不能控制了。

西域诸国也不听新王朝的了。王莽二年（10）时，车师后国投降匈奴；王莽五年（13），焉耆国杀死西域都户但钦，投降匈奴；王莽八年（天凤三年，16），王莽派五威将王骏、新的西域都户李崇率兵巡行西域，遭到焉耆国袭击，损失惨重，从那之后，西域就不再受新王朝控制了。

高句骊也跟新王朝作对。王莽四年（12），王莽指示严尤击杀高句骊侯，那之后高句骊也反了。

这些地方都乱了，王莽得派兵镇压。打仗就需要钱、粮和士兵，连年战争，朝廷的物资储备根本不够，那就只有伸手向民间索取。帝国时代生产力有限，老百姓就那么点儿家底，根本扛不住连年征战时朝廷的徭役赋税。

国内的改革，把百姓折腾得半死不活，又因为战争加大了赋税和徭役，于是整个国家"陷刑者众""众庶各不安生""愁苦死者什六七"（《汉书·食货志》）。百姓受尽了苦，活不下去了，就落草为寇。

如果说王莽的国内改革和对外政策将他送向了悬崖边上，那么他对待民变的政策则直接将他推向了深渊，最终导致新王朝的覆灭。

在本书一开始已经讲过，王莽对待百姓动乱采取了武装镇压、引诱招安、舆论引导、建立压力传导机制及赈济灾民等手段，然而这些办法不但没有收到效果，举事的武装还越来越多。

导致这个后果的原因就是，他没有找到百姓起事的原因。

在他看来，老百姓聚集成百上千人造反，是谋逆，而绝非因为贫困饥寒无法生活。那些说百姓因贫穷而造反的官员，王莽都不待见。为此他还专门下发文件批评这种观点，谁如果仍旧这么说就被问罪。（《汉书·王莽传》：而妄曰饥寒所为，辄捕系，请其罪。）

既然如此，那他就不会承认他的改革弊端，更不会改变他那一系列给百姓带来烦恼的政策。问题根源不能消除，任何手段都无济于事的。

* * *

王莽的政治改革，其中官爵、宗庙社稷、车马服饰等制度都是效法周朝制度；他的土地国有化政策也模仿周朝的井田制；他的五均六筦政策似乎也借鉴了周朝做法……据《汉书·食货志》记载：他"每有所兴造，必欲依古得经文"，于是人们便称他的改革是复古改革，似乎王莽所做的，只是退回到周朝，或者把古书上的治国理念和名词生搬硬套而已。

简单将王莽所发动的如此全方位的、触及根本的改革，理解为他想要个复古的壳子，想回到古代（周朝）未免草率。古法那么多，王莽又没有照单全收，反而不遗余力推进一不小心就可能导致社会动荡的土地改革和经济改革。何况王莽也不可能将古法照搬，他最多能够从有限的资料中看到些古法的影子，真正要推行的，必定是他思考过后、源于古法的新政策，至于新政策有无效果，是否适于他的时代，则是王莽的改革方案是否高明的问题，而非他不思考、生搬硬套。相比于"王莽只想让自己的王朝看起来像古代，或者回到古代，因而对古代制度照搬"的观点，我更愿意认为，王莽做这些的最终目的，是使这个国家不再有汉朝那些深层问题。

为何要选择古法呢？一方面，是王莽的知识结构如此，让他创造一套全新理论，然后用这个理论指导自己改革，有些苛求他了。另一方面，那是个做什么都讲究查询经典的时代，你想做一件事情，就得在古代典籍中寻找根据，哪怕胡乱解释，也一定要跟圣人的思想和言论挂钩，因为这样你的行为就是圣人支持的、合理的、正确的了。王莽要实施那么大的改革，许多人的利益会由此受损。他如果说要推行的改革理论都是"王莽制造"，那么利益被侵犯的人一定觉得他在胡搞，一定会增加改革的难度，可如果把这些理论都套上"经典"和"圣人"的外衣，那么谁反对新政策，就是反对圣人了。王莽的改革措施，是在分析了社会问题根源之后，以复古为旗帜，有选择性地将措施饰以古法，而非看了古书然后拿着书中的概念硬往实践上套。

翦伯赞在《秦汉史》中这样评价王莽改制：

> 虽然如此，假如我们离开"袒刘"的立场，则王莽仍不失为中国史上最有胆识的一位政治家，这就从他大胆的执行改良政策表现出来。当王莽篡位天下以后，眼看他所接收的天下已经陷入崩溃决裂的现象，而且他知道，这种现象是从社会经济最深刻的地方爆发出来的，即由于土地兼并而引致之农民流亡所致。他知道，为了要抢救土地所有者的政权，已经不是减租、免税、救灾、恤贫等小恩小惠所能奏效；他认为要将当时矛盾百出的社会经济制度加以改良，也许是最有效的。于是而有王莽的改制。

但王莽的改革又的确有局限性，他在改革过程中过于迷信古制。他吸收了古法之中有利于解决现实问题的办法，但同时也采纳了其中不合时宜、脱离实际的内容，比如那变来变去的地名、那慕古的官爵名……这些起不到改良社会的效果，反而徒增混乱。也正因为这些举措，许多人将他评价为"一味慕古""抄袭者"。

王莽失败了，但他的改革仍不失为一次伟大的尝试，他完全可以像其他朝代那样照搬前朝制度，然而他没有坐享其成。他看到了西汉政治体制的诸多弊端以及引起这些弊端的更深层矛盾，勇敢对旧有制度进行通盘改革，他的改革虽然有着诸多缺点，但其展示出来的政治魄力及政治智慧，仍然值得人称道。

王莽改制失败的主要原因，之一是疏于执行，之二在于用力过猛，没有考虑到当时的社会现实，用了不合时宜的法子来推行他的美好理念。

* * *

《汉书·王莽传》评价王莽时，说王莽"不仁而有奸佞之材"，意思是王莽是个没有仁义而只擅长阿谀奉承的邪恶之徒；他当皇帝，多亏了王家人掌权且汉朝衰弱，而非他本人有多大本事（亦天时，非人力之致也矣）；他当皇帝后，"穷凶极恶，流毒诸夏""颠覆之势险于桀纣"。

对王莽的整体评价，非常铿锵：咨尔贼臣，篡汉滔天，行骄夏癸，虐烈商辛①。伪稽黄虞，缪称典文，众怨神怒，恶复诛臻。百王之极，究其奸昏。（《汉书·叙传》）

对王莽的外形，是这样形容的：侈口蹙䫇，大声而嘶。长七尺五寸，好厚履高冠，以氂装衣，反膺高视，瞰临左右。（《汉书·王莽传》）翻译过来大意是：大嘴短下巴，嗓音大而沙哑。身高一米七三（汉一尺约今23.1厘米），喜欢加高的鞋子和帽子，衣服中充了羽毛以显得蓬松、外张，看人时挺胸抬头，有居高临下之势。《汉书·王莽传》还说，有人称王莽"鸱目虎吻豺狼之声"，即鹰眼虎唇豺狼之声。

其实《汉书》对王莽的评价，参考价值有限，因为《汉书》作者班固就是东汉人，出生于王莽被杀九年之后。这些评价之中要考虑的政治因素太多。王莽是篡汉之人，是大汉王朝最恨的敌人，汉朝必须黑化他，才能体现诛杀王莽的正义性、篡汉的罪恶性。

《汉书》定下了这个基调，于是后人评价王莽时，首先骂他是乱臣贼子。有了这个结论，那么在评价他的时候，就要极力批判他所做的错事，同时对他做的所有有争议之事都进行道德审判，以得出王莽人品有问题的结论：

他当臣子时，打击政敌，史书说他"胁持上下""附顺者拔擢，忤恨者诛灭"（《汉书·王莽传》）；

朝廷提高他的地位，给他赏赐，他一再辞让，最后在众人的劝说下才答应，被认为是向上迷惑太后，向下取得众庶的信任（《汉书·王莽传》：上以惑太后，下用示信于众庶。）；

他掌握更多权力，是想"专断""擅权"（《汉书·王莽传》）；

至于他安排臣子给自己唱赞歌，安排人劝自己接受名号和赏赐，派

---

① 夏癸，即夏桀；商辛，即商纣。

人到全国各地采风，安排外邦国王改名、进献祥瑞……这些行为都证明了他的虚伪。

只是，倘若史书由王莽的史官撰写，那么打击政敌就会变为打击邪臣；他一再辞让就是为人谦逊、克己奉公，众人劝说就是深得人心，"专断""擅权"是挽救危亡局面，他自导自演的那些事情自然都是他民心所向、大家伙儿的自愿行为。

可是这世上之人，哪个不是在为着某种目的而扮演着各种各样的角色，谁还没有为了哪个目的言不由衷过！如果一个人能够在不干坏事的前提下，一直那样"演"，这个"演"是不是就是奋斗时的自我克制呢？倘若你认为别人活了一辈子的活法都是"虚伪的"，那么也许这个"虚伪的"他就是真实的他了。

王莽的这些做法，不过是他夺取政权过程中采取的必要手段，他没有伤天害理，所杀的都是政敌，而杀死政敌又是那个时代政治斗争的普遍甚至唯一做法，那么在不站队的情况下，就无须对他的这些行为进行道德审判。倘若非要认为王莽的这些行为"不道德"，那么王莽的原罪就是不该去改朝换代。

还有很多批评源自"王莽道德不高尚"这一结论，有了这个前提，他曾经得到的赞誉就被解释为骗来的，他不接受赏赐就是虚伪，他处决亲生儿子不是为了公平，而是有城府、藏得深、毒辣……

任何事情都有正反两面，支持你的人，会极力宣扬事情的正面；反对你的人，会极力发掘它的负面。既然已经有了"王莽道德不高尚"这个结论，那么对于王莽称帝之后的改革，评论者主要谈论的就是其中弊端了。只是，如果将为政过失归咎于王莽的道德水平，未免有诛心之嫌。真实的人，有好有坏，仅仅通过某一件事情，就给一个人贴上"善良""邪恶""高尚""无耻"之类的标签，实在草率。

我们尽量客观去分析王莽以及王莽所做之事，会发现他有着远大志向，而且从很早就开始了。

王莽虽然是王政君的侄子，但因为父亲早夭，故生活条件不佳。和其他堂兄弟相比,"莽独孤贫"(《汉书·王莽传》),平时姿态低,恭谨简朴,努力学习当时的主流文化——儒学。在家对待母亲、寡嫂和叔叔们,他谦恭有礼。在外他广结英俊,得到一片赞誉。

汉成帝二十五年(绥和元年,前8),王根去世,王莽成为大司马,年仅三十八岁。史书有明确记载,说他即已经脱颖而出,成为四个叔叔之后的辅政大臣,就希望自己的名誉能够胜过前人,于是克己奉公、孜孜不倦,聘请众多德才兼备之士担任自己的左膀右臂,得到的赏赐和从新都侯国收来的钱财,都用来慰劳自己的属下。钱给了别人,那他就只有更加节俭了。他母亲生病时,官员们派夫人前去探望,见迎接她们的是一个穿着俭朴、衣不曳地的布衣女子,还以为是个丫鬟,得知布衣女子是王莽妻子,都大吃一惊。

王莽想做出超越前人的成就,但当他准备大干一场的时候,汉成帝驾崩了,新来的傅太后要搞斗争,他成为这次政治斗争的牺牲品,好在姑姑王政君的庇佑以及他平时积累的名望,才能够在新都侯国蛰伏几年。然而这件事情让他深刻体会到:要想有所成就,必须掌握绝对的权力,否则干着干着就会被人搞掉。

再次复出的王莽,就集中于夺权了。他通过一系列手段,打击异己,为自己树立了良好形象,从大司马到安汉公,再到宰衡,地位一步步上升,到后来,他发现改朝换代并非不可能之事,于是就朝着这个目标前进了。

王莽最终当了皇帝了,但王莽一开始的大志向很可能不是当皇帝,毕竟在那个时代,你说一个穷困潦倒的、受儒家忠君思想熏陶的年轻人早早就树立了谋朝篡位的目标,有些可笑。王莽的大志向,是用自己的才学和理念经世济民成就叔叔们未有之功业。所以王莽在登基为帝后没有停下脚步。在他看来,当皇帝不是终点。

要经世济民,可以有两种做法。一种是沿袭汉朝制度,在其固有的政治经济文化等制度的基础上进行修补,积极解决执政过程中遇到的具体问题,像汉宣帝那样,在既有制度框架下,以积极的态度治国理政,这个国家就算不能像汉宣帝时代那样鼎盛,也不至于亡国的。事实上,在王莽改革之前，虽然老百姓生活艰辛，土地兼并严重，也有一些百姓揭竿起义，但都发生的零零星星，这些问题还不能对既有政权产生威胁。

其实，只要王莽像个传统的明君，做到勤政爱民、整顿吏治、推行仁政、公平公正，不浪费不折腾，要是担心政权不稳，大权旁落，就打压权臣，限制地方财团，遇到天灾了颁布诏书、开仓赈济……那他就是个好皇帝，新王朝也不至于短命的。

这些做法王莽都懂，他辅政期间就做过这些事情了。他知道这么做有效果，却也知道这样做解决不了根本问题。他可以做个传统的明君，用丰富的经验去解决国家运行过程中产生的问题，可是以后呢？以后，他的新王朝也许仍然稳定，可是老百姓仍然要疲于奔命只为温饱，他们仍然很苦很苦，土地兼并依然存在，不人道的奴婢制度也依然存在，遇到饥荒，仍然会发生易子而食、典妻鬻子的悲剧，百姓仍会饿死，那些历史上有过的"人相食"会再次出现……

这，不是王莽经世济民的理想，这样的社会也不是儒家经典所描绘的盛世。

那么要成就万世功业，就不仅仅是做好当代之事，更要解决根源问题，使当代的悲剧和问题不再流传到后世。

所以，王莽不愿意停下脚步，他要从源头上对现有制度进行全方位改革。那样，才不会有土地兼并，百姓才不会有"七死七亡"，不用活不下去卖身为奴婢，不会有"朱门酒肉臭，路有冻死骨"（杜甫《自京赴奉先县咏怀五百字》）的画面；到那时"里有序而乡有庠"（《汉书·食货志》）"七十者可以衣帛食肉，黎民不饥不寒"（《孟子·梁惠王章句下》）；那时礼乐兴盛，尊卑有序，祥瑞频现，四夷宾服，万国来朝，天下称赞……

皇帝的位置让王莽有了最好的平台去实现这些理想，所以王莽甫一登基，他思谋已久的各项改革就陆续展开了。

只是远大理想需要从现实做起，一步步实现，他做了策划的愿景使命、重要意义、指导思想、组织架构，却没有具体实施方案，谁干、怎么干、时间节点……都不明晰。

对政治经济进行全方位改革，将在很大范围内对利益进行重新分配，牵一发而动全身，但王莽没有想好应对措施。于是新政策弄得人心惶惶，既得利益群体想尽办法阻挠，并打着改革的旗号加大搜刮力度，理论上的受益者等待许久，却等来更为严重的压榨，对新政策失去耐心。新政策得不到任何一方的拥护，失败就成了必然。

*　　*　　*

除了以上，王莽这个人，很会做宣传工作的人。最开始体现在树立形象，那时他广交宾客，轻财好义，对哥哥的儿子王光视如己出，对母亲嘘寒问暖，给自己赢得了品德高尚、为人谦逊、仗义疏财、勤俭节约、重情重义、尊老爱幼的美誉。面对朝廷的赏赐和尊号，他从来不轻易接受，一定要通过翻来覆去折腾，让人觉得他是谦让踏实、不慕名利的。由于他的良好形象，所以后来他干出谋朝篡位这等不为主流价值观所接受的事情，在当时也没有受到太大谴责。当政权受到威胁，王莽会发表讲话，批驳敌人，展示自己的力量。如果威胁太大，他会及时发布诏书，稳定人心，让人都觉得自己是胸有成竹的。这样，很多不知道如何站队的人，看到如此自信的王莽，都会选择相信王莽。

王莽是个重视学问的人。他年轻时，勤于修身、博学多闻，对《礼经》更是颇有研究，行事依照儒家规范，谨言慎行。他掌权后，很重视学术传承和研究。汉平帝四年（4），王莽奏请为学者修筑一万间宿舍，将《乐》立为官学。那时候一门学问被官方视为正统，其标志就是被立为官学，并针对它设置博士官。王莽增加了每一门学问对应的博士官数量，还网罗各家学问、奇能异士，凡能通晓学问者都被邀请到官府作为人才储备。

王莽这个人有私心、有错误、有缺点，还很迷信，但倘若因为他失败了，从而质疑他做的所有之事，甚至把这些都归咎于人品不好，这不是公正的评价，也不是高明的评价。

本书主要历史大事件

年份	主要事件
汉宣帝二十三年（甘露三年，前51）	汉成帝刘骜出生。
汉宣帝二十五年（黄龙元年，前49）	汉宣帝刘询驾崩。
汉元帝元年（初元元年，前48）	王政君被立为皇后。
汉元帝二年（前47）	刘骜被立为皇太子。
汉元帝四年（前45）	王莽出生。
汉元帝五年（前44）	汉使谷吉被杀。
汉元帝十三年（建昭三年，前36）	甘延寿、陈汤斩郅支单于；匡衡当上丞相。
汉元帝十六年（竟宁元年，前33）	呼韩邪单于来朝；汉元帝刘奭驾崩，葬渭陵；王政君为皇太后，王凤为大司马大将军。
汉成帝元年（建始元年，前32）	封王崇为安成侯，王谭、王商、王立、王根、王逢时为关内侯。
汉成帝二年（前31）	开始修筑延陵；立皇后许氏；匈奴复株絫若鞮单于继位。
汉成帝三年（前30）	连日大雨，王凤建议太后、天子和后宫人员乘船避难，左将军王商反对；罢免车骑将军许嘉；丞相匡衡被免官。
汉成帝四年（前29）	左将军王商为丞相；陈汤准确预料到西域的战事，被大将军王凤重用。
汉成帝六年（河平二年，前27）	王政君的五个弟弟都被封为列侯；汉朝派兵攻打夜郎国。

续表

汉成帝八年（前25）	复株絫若鞮单于到长安朝见；丞相王商被免，三日后病死；张禹为丞相。
汉成帝九年（阳朔元年，前24）	大臣王章被杀，冯野王被免。
汉成帝十年（前23）	定陶王刘康薨；信都王刘兴为中山王。
汉成帝十一年（前22）	大将军王凤去世，王音为大司马车骑将军。
汉成帝十三年（鸿嘉元年，前20）	停止修建延陵，改修昌陵；刘骜开始出宫游玩；匈奴复株絫若鞮单于去世，搜谐若鞮单于继位。
汉成帝十四年（前19）	下诏向昌陵移民。
汉成帝十五年（前18）	皇后许氏被废。
汉成帝十七年（永始元年，前16）	封赵飞燕父亲赵临为成阳侯；封王莽为新都侯；封赵飞燕为皇后；放弃修筑昌陵。
汉成帝十八年（前15）	大司马王音薨，以王商（老五）为大司马卫将军；翟方进为丞相；王商弹劾陈汤，陈汤被流放至敦煌；朱博为左冯翊。
汉成帝十九年（前14）	朱博为大司农。
汉成帝二十一年（元延元年，前12）	王商薨，王根（老七）为大司马骠骑将军；匈奴搜谐若鞮单于欲到汉朝，未至而病死，车牙若鞮单于继位；囊知牙斯为左贤王。
汉成帝二十三年（前10）	淳于长为定陵侯。
汉成帝二十四年（前9）	中山王刘兴和定陶王刘欣入朝。
汉成帝二十五年（绥和元年，前8）	设置三公官，何武为大司空，王根为大司马，撤掉骠骑将军；罢刺史，设置州牧；车牙若鞮单于去世，囊知牙斯继位，为乌珠留若鞮单于；汉使夏侯藩和韩容到匈奴索取土地；王莽接替王根，成为大司马。

续表

汉成帝二十六年（前7）	丞相翟方进自杀，孔光为丞相；汉成帝驾崩；赵昭仪自杀。刘欣继位，立皇后傅氏，追尊定陶恭王刘康为恭皇，尊傅太后为恭皇太后，丁姬为恭皇后；推行限田、限奴政策；王莽辞职。
汉哀帝元年（建平元年，前6）	中山国冯媛自杀；司隶校尉解光写信揭发汉成帝杀害亲子。
汉哀帝二年（前5）	丞相孔光被免，朱博为丞相；大司马傅喜被免；傅太后被尊为帝太太后，刘欣生母被尊为帝太后；刘欣听从夏贺良之言，改变年号，自称"陈圣刘太平皇帝"；朱博自杀。
汉哀帝三年（前4）	王嘉为丞相；东平王刘云自杀。
汉哀帝四年（前3）	尊帝太太后傅氏为皇太太后；匈奴单于上书，欲朝见；董贤、息夫躬、孙宠被封为列侯。
汉哀帝五年（前2）	傅太后驾崩；丞相王嘉薨；孔光为丞相。
汉哀帝六年（前1）	匈奴单于和乌孙大昆弥来朝；汉哀帝刘欣驾崩，中山王刘箕子继位；董贤自杀；王莽为大司马；何武、公孙禄被免；赵飞燕自杀。
汉平帝元年（元始元年，1）	越裳氏献鸡；王莽为安汉公。
汉平帝二年（2）	黄氏国献犀牛；刘箕子更名刘衎；封刘氏子孙117人为列侯或关内侯；囊知牙斯单于上书，称愿意改名为"知"。
汉平帝三年（3）	王莽的儿子王宇自杀，王莽借此打击异己。

续表

汉平帝四年（4）	立王莽的女儿为皇后；王莽加封宰衡，三公向他奏事，要加上"敢言之"。
汉平帝五年（5）	给王莽赐予九锡之礼；开通从关中到汉中的子午道；毁坏傅太后、丁姬的坟冢和定陶王刘康的庙；王莽毒死汉平帝刘衎；王莽开始摄政。
居摄元年（6）	以刘婴为皇太子，号曰"孺子"；刘崇起兵，失败；王政君同意王莽朝见自己时自称"假皇帝"。
居摄二年（7）	窦况击破西羌；翟义起兵，失败；制造错刀、契刀、大钱。
始初元年（8）	西汉灭亡。
王莽元年（始建国元年，9）	大封臣子；更改官名、地名、爵制；第一轮货币改革；推行王田奴婢政策；派五威将颁布新王朝政令。
王莽二年（10）	设置五均官和五均司市师；王莽宣称将匈奴国分为十五块，派出十二个将军武力征讨；将汉平帝的皇后改封为黄皇室主。
王莽三年（11）	封孝单于、顺单于。
王莽四年（12）	召开授爵大会，开了大量空头支票；废除王田奴婢政策；高句骊反。
王莽五年（13）	王政君驾崩；焉耆国反，杀西域都户但钦；做出定都洛阳的决定。
王莽六年（天凤元年，14）	在全国各地办学校；匈奴囊知牙斯去世，咸继位，王莽求得叛变臣子，烧杀于长安城北；益州动乱。
王莽八年（16）	句町部落反，王莽派兵攻打。
王莽九年（17）	再次强调六莞政策；瓜田仪、吕母等起兵。

续表

王莽十年（18）	樊崇等起兵。
王莽十二年（地皇元年，20）	修建祖宗庙九座。
王莽十三年（21）	王临谋杀王莽被发现，自杀，国师公刘歆的女儿自杀；王莽之子王安病死；毁坏汉武帝和汉昭帝的庙。
王莽十四年（22）	遣太师王匡、更始将军廉丹东征；派人到地方教百姓用草木灰煮饭；廉丹、王匡遭遇赤眉军，廉丹战死；刘縯、刘秀兄弟起兵。
王莽十五年、更始元年（23）	立刘玄为更始帝；昆阳之战；国师公刘歆等人谋反失败，刘縯被杀；隗崔、隗义等占领河西走廊；汉军西征，攻入长安；王莽兵败，被杀；刘秀为大司马，至黄河以北。
更始二年（24）	更始帝大封诸王，委政赵萌；刘秀被立为萧王，与更始帝集团分道扬镳。
汉光武帝元年（建武元年，25）	赤眉军拥立刘盆子为帝；赤眉军攻入长安，更始帝刘玄投降；刘秀称帝。

# 主要参考书目

1. [汉] 班固. 汉书[M]. 北京：中华书局，2012.
2. [汉] 荀悦. 汉纪[M]. 北京：中华书局，2002.
3. [汉] 刘歆等. 西京杂记（外五种）[M]. 上海：上海古籍出版社，2012.
4. [南朝宋] 范晔. 后汉书[M]. 北京：中华书局，1965.
5. [唐] 魏征，令狐德棻. 隋书[M]. 北京：中华书局，1973.
6. [唐] 杜佑. 通典[M]. 北京：中华书局，1988.
7. [宋] 司马光. 资治通鉴[M]. 北京：中华书局，2007.
8. [清] 孙星衍等辑. 汉官六种[M]. 北京：中华书局，1990.
9. [清] 王先谦. 汉书补注[M]. 上海：上海古籍出版社，2008.
10. [民国] 蔡东藩. 前汉演义[M]. 郑州：中州古籍出版社，2013.
11. [高丽] 金富轼. 三国史记[M]. 长春：吉林文史出版社，2003.
12. 徐正英，常佩雨译注. 周礼（全二册）[M]. 北京：中华书局，2014.
13. 何清谷. 三辅黄图校释[M]. 北京：中华书局，2005.
14. 杨树达. 汉书窥管[M]. 上海：上海古籍出版社，2007.
15. 翦伯赞. 秦汉史[M]. 北京：北京大学出版社，1983.
16. 吕思勉. 秦汉史（全二册）[M]. 上海：上海古籍出版社，1983.
17. 陈垣. 陈垣全集（二十史朔闰表）[M]. 合肥：安徽大学出版社，

2009.

18. 柏杨. 柏杨版通鉴纪事本末（第二部）[M]. 北京：中信出版社，2008.

19. 柏杨. 柏杨曰：读通鉴·论历史[M]. 北京：中国友谊出版公司，1999.

20. 谭其骧主编. 中国历史地图集（第二册）[M]. 北京：中国地图出版社，1982.

21. 郭沫若主编. 中国史稿地图集（上册）[M]. 北京：中国地图出版社，1985.

22. 钱穆. 中国历代政治得失[M]. 北京：九州出版社，2011.

23. 辛德勇. 秦汉政区与边界地理研究[M]. 北京：中华书局，2009.

24. 金少英. 汉书食货志集释[M]. 北京：中华书局，1986.

25. 罗琨，张永山. 中国军事通史（第五卷）[M]. 北京：军事科学出版社，1998.

26. 丘光明. 中国历代度量衡考[M]. 北京：科学出版社，1992.

27. 钱穆. 国史大纲[M]. 北京：商务印书馆，1994.

28. 易中天. 易中天文集：帝国的终结[M]. 上海：上海文艺出版社，2011.

29. 王利器. 盐铁论校注[M]. 北京：中华书局，1992.

30. 韩建业，王浩. 中国古代钱币[M]. 北京：北京大学出版社，2007.